Mechthild R. von Scheurl-Defersdorf

In der Sprache liegt die Kraft

Das Buch

„Sprache entfaltet erst dann ihre volle Kraft, wenn wir sie nicht nur denken, sondern auch gleichzeitig fühlen.“ (Mechthild R. von Scheurl-Defersdorf) Wörter sind machtvoll – im Positiven wie im Negativen. Sage ich das, was ich wirklich meine? Oder transportiere ich mit meinen Wörtern, meinem Satzbau und meiner Körpersprache widersprüchliche Botschaften? Oder unklare? Alles geht leichter von der Hand, wenn Denken, Fühlen und Handeln im Einklang sind. Mechthild R. von Scheurl-Defersdorf schöpft aus langjähriger Erfahrung, die immer wieder zeigt: Schon kleine, gezielte Änderungen der gewohnten Ausdrucksweise bewirken eine wohltuende Wandlung, die sofort spürbar wird. Dieses Buch enthält viele Beispiele, Tipps und Übungen, die leicht umzusetzen sind und Freude machen. Mit einem Vorwort von Anselm Grün.

Die Autorin

Mechthild R. von Scheurl-Defersdorf, Sprachwissenschaftlerin und Kommunikationstrainerin, hat zahlreiche sehr erfolgreiche Bücher veröffentlicht, auch unter dem Namen Roswitha Defersdorf. Nach ihrem Hochschulabschluss war sie einige Jahre in der Industrie im Bereich Kommunikation tätig. Die zweifache Mutter brachte 1991 bei Herder spektrum ihr erstes Buch heraus, das zum Bestseller wurde: „Drück mich mal ganz fest. Geschichte und Therapie eines wahrnehmungsgestörten Kindes“. Es folgten weitere Publikationen zum Thema Sprache und Kommunikation, auch im Bereich der Erwachsenenpädagogik. Aus dieser Arbeit heraus entwickelte sie Mitte der 1990er-Jahre das Lingva Eterna Sprach- und Kommunikationskonzept und gründete 1999 in Erlangen das LINGVA ETERNA Institut für bewusste Sprache. Sie bietet Seminare und Ausbildungen an und ist publizistisch tätig.

Mechthild R. von Scheurl-Defersdorf

In der Sprache liegt die Kraft
Klar reden, besser leben

Mit einem Vorwort von Anselm Grün

HERDER

FREIBURG · BASEL · WIEN

MIX
Papier | Fördert gute Waldnutzung
FSC® C014496

Überarbeitete Neuausgabe 2022

Hermann-Herder-Str. 4, 79104 Freiburg

www.herder.de

Bei Fragen zur Produktsicherheit wenden Sie sich an
produktsicherheit@herder.de

Satz: Arnold & Domnick, Leipzig
Herstellung: GGP Media GmbH, Pößneck

Lingva Eterna ist eine eingetragene Marke

Printed in Germany

ISBN Print 978-3-451-03391-9
ISBN E-Book (EPub) 978-3-451-82876-8

Inhalt

Vorwort 7

1 Einleitung 9
Was ist Lingva Eterna? 11

2 Sprache neu erleben 23
Entdecken Sie Ihre Muttersprache neu 23
Wissen Sie wirklich, was Sie sagen? 42
Die Satzmelodie ist verräterisch 57
Überwinden Sie Ihr Grammatik-Trauma! 75
Die Etymologie eröffnet neue Blickwinkel 123
Sprache hat auch etwas mit Sprechen zu tun 129

3 Sprache in alltäglichen Situationen 137
So stellen Sie den Kontakt sicher her: die drei A 138
Wie bestellen Sie Essen? 142
Wie melden Sie sich am Telefon? 145
Einkaufsfreuden 149
Wie fragen Sie in einer fremden Stadt nach dem Weg? 154
Komplimente machen und annehmen 156
Was ein alltäglicher Bericht alles zeigt 162
Wie danken Sie für ein Geschenk? 171

4 Sprache und Lebensthemen 177
Lassen Sie die Hetze bewusst hinter sich 179
Gewalt in der Alltagssprache erkennen und wandeln 184
Krieg und kriegen in der Alltagssprache 189
Der Körper meldet sich zu Wort 194
Vom Suchen und Finden 197

Die Ahnen klopfen an 204
Voller Name – volle Kraft 208

5 Sprache und Wert 215
Der „Wert“ in der Alltagssprache 216
Wie sagen Sie „Wert“? 218
Bewerten – was ist das? 220
Ehrlich und unehrlich 224
Die Treue in der Alltagssprache 227
Achtung: Achtung! 229

Ausklang 237

Anhang 239
Kontaktadresse 239
Literaturhinweise zum Lingva Eterna Konzept 240

Register 242

Vorwort

Von Anselm Grün

Mechthild R. von Scheurl-Defersdorf hat in zahlreichen Kursen – viele davon hielt sie in unserem Haus Benedikt in Würzburg – die Menschen behutsam auf ihre Sprache aufmerksam gemacht. Sie hat ihnen gespiegelt, wie sie sprechen und mit welchen Worten sie ihre innere Haltung verraten. Sie hat ihnen aufgezeigt, dass manche Redewendungen und Worte auf alte Verletzungen hinweisen und dass sie sich mit solchen Worten von der eigenen Kraft abschneiden. Und sie hat den Teilnehmern und Teilnehmerinnen bei ihren Kursen geholfen, für sich eine Sprache zu finden, die ihrem Wesen entspricht und die sie in ihre eigene Kraft kommen lässt.

„Deine Sprache verrät dich ja", sagen die Leute im Vorhof des Hohenpriesters zu Petrus. (Mt. 26,73) Im Griechischen heißt es hier: Dein Sprechen offenbart dich. Dein Sprechen zeigt deutlich, wer du bist. Petrus reagiert heftig. Er verleugnet seine Sprache, verflucht sich selbst und verrät Jesus. Unsere Sprache verrät uns, das zeigt dieses Beispiel sehr eindrücklich. Wie wir sprechen, welche Worte wir benutzen, in welchem Tonfall wir reden, all das verrät unsere Seele. In Firmen wird oft eine kalte Sprache gesprochen. Eine kalte, unpersönliche Sprache verschließt die Zuhörer. Niemand möchte sich an der Kälte des Sprechenden erkälten. Wenn manche Menschen zu reden beginnen, hört man sofort das Vorwurfsvolle oder das Bewertende heraus. Unsere Sprache verrät uns. Aber umgekehrt gilt auch: Wenn wir unsere Sprache verleugnen, wenn wir sie nicht achtsam und voller Wertschätzung sprechen, dann verraten wir uns selbst. Wir verfluchen uns dann selbst.

Wir sprechen dann negative Worte gegen uns selbst, die uns schaden und uns von unserem wahren Selbst entfernen. Unsere Sprache drückt dann unsere innere Entfremdung aus.

In ihrem Buch „In der Sprache liegt die Kraft. Klar reden, besser leben" beschreibt Mechthild R. von Scheurl-Defersdorf einfühlsam, welche oft unbewussten Redewendungen unser Sprechen prägen. Und sie lädt uns ein, mit einem anderen Sprechen unsere innere Verfassung zu verwandeln und so authentischer zu werden. Authentisch kommt von „autos". „Autos" ist für die stoische Philosophie das innere Heiligtum des Menschen, sein wahres Selbst, sein innerster Kern. Wenn wir mit diesem wahren Selbst in Berührung sind, dann sprechen wir aus unserem Herzen, dann werden unsere Worte echt und stimmig. Aber es gilt auch: Wenn wir auf unsere Sprache achten, wenn wir eine Sprache einüben, wie sie unserem Wesen entspricht, dann führt uns unser Sprechen zu unserem wahren Selbst, zum inneren Raum, in dem wir bei uns selbst zuhause sind.

So wünsche ich allen Lesern und Leserinnen, dass sie mit neuen Augen auf ihre Sprache sehen. Es geht nicht darum, sich in seinem Sprechen zu kontrollieren. Sonst würden wir es gar nicht mehr wagen, zu sprechen. Wir sollen uns selbst in unserer Sprache nicht verurteilen. Wir sollen uns bewusst werden, wie wir sprechen, und mit einem Wohlwollen uns selbst gegenüber behutsam ein anderes Sprechen einüben. Dann werden wir die Wohltat und die heilende Kraft der Sprache für uns entdecken. Und wir tragen dazu bei, dass auch die Menschen um uns herum anders zu sprechen beginnen. Mit der Sprache fängt die Verwandlung des einzelnen, aber auch der Gesellschaft an. So wünsche ich, dass ein neues Bewusstsein für unser Sprechen die Sprache unserer Gesellschaft wandelt und so unsere Welt heller, menschlicher und liebevoller macht.

1 Einleitung

Wir leben in einer Zeit, in der Kommunikation und eine gute Vernetzung von außerordentlicher Bedeutung sind. Dank einer hochentwickelten Technik können wir große Mengen an Daten in Sekunden über den ganzen Erdball senden und empfangen. Darin liegt eine große Chance – und eine große Herausforderung. Es ist für den Empfänger entscheidend, dass er aus dieser verfügbaren Menge an Informationen die jeweils für ihn richtige und wichtige zur rechten Zeit erhalten und mit dieser möglichst effizient umgehen kann. Nur dann ist die große Datenmenge ein Gewinn.

Je klarer und verständlicher die jeweiligen Informationen sind, desto leichter ist die Auswahl und desto leichter ist es für den Empfänger, sich diese zu merken und damit etwas anzufangen. Derjenige wird sich in einer Informationsgesellschaft am leichtesten tun, der mit dem Gut Information am effizientesten umgeht.

Und doch bleiben zu viele wertvolle Informationen durch Fehler in der Kommunikation auf der Strecke. Missverständnisse und Fehlinformationen beeinträchtigen den fruchtbaren Austausch in privaten und beruflichen Situationen.

Mit der stetig wachsenden Quantität an gesprochener und geschriebener Sprache ist die Qualität der täglichen Sprache in den Hintergrund getreten. Das Wort Qualität kommt von dem lateinischen „qualis“ und benennt die Art und Weise, das „Wie“. Die deutsche Sprache gilt als die Sprache der Dichter und Denker. Tatsächlich verfügt sie über ein außerordentlich reiches Ausdrucksvermögen im Hinblick auf Wortschatz, Wortbildung und Grammatik. Mit ihr sind feine, differenzierte Darstellungen und Betrachtungen möglich. Die Sprache ist mit der Zeit in erster Linie ein Mittel zum Zweck der Weitergabe von Informationen geworden. Das Gefühl für Sprache und der differenzierte Ausdruck sind mit der Quantität und der Schnelligkeit des Informationsaustauschs in den Hintergrund getreten, ja teilweise sogar verloren gegangen. Diese Entwicklung hat sich in den letzten Jahren stark beschleunigt.

Gemessen an ihren Eltern oder gar Großeltern haben die mittlere und die junge Generation einen vergleichsweise geringen, wenig differenzierten Wortschatz. Der aktive Wortschatz ist ebenso stark zurückgegangen wie der sichere Umgang mit Grammatik und Satzbau. Erzieher, Grundschullehrer, Lehrer an weiterführenden Schulen und Ausbilder können davon berichten, und auch Weiterbildern in den verschiedensten Bereichen von Wirtschaft, Pädagogik und Medizin ist diese bedauerliche Entwicklung bekannt.

Es lohnt sich, neben der Quantität auch der Qualität der Informationen Aufmerksamkeit zu schenken. Die Auswirkungen eines geringen Wortschatzes und einer schwachen Grammatik reichen weit und sind dramatisch. Eine nuancierte Sprache hingegen fordert und fördert den Geist und formt differenzierte Persönlichkeiten.

Menschen, die vor dem Zweiten Weltkrieg heranwuchsen, wurden mit einem reichen Wortschatz und einem reichen Lied- und Gedichtgut groß und kannten viele Märchen auswendig. Sie haben nicht nur einen umfangreicheren und differenzierteren Wortschatz als ihre Kinder und Enkel. Sie haben auch reichere Grammatikkenntnisse.

Noch ist dieses Wissen an Wortschatz und Grammatik vorhanden. Bei der mittleren Generation ist es allerdings vielfach nur noch ein passives Wissen. Sie kennen zahlreiche der schon weitgehend aus dem allgemeinen Sprachgebrauch verschwundenen Wörtern und auch Grammatikformen noch aus dem Sprachgebrauch ihrer Eltern und Großeltern. Jedoch setzen sie sie nicht mehr aktiv ein.

Unseren heutigen Kindern, Jugendlichen und jungen Erwachsenen fehlt das Verständnis für manche Lieder und Gedichte und auch Märchen. Ihnen sind die Wörter und Grammatikformen unbekannt. Die Lösung kann nun nicht sein, alle Texte so zu gestalten, dass sie nur aus einfachsten Sätzen mit minimaler Grammatik und minimalem Wortschatz bestehen. Vielmehr ist es bedeutsam, die eigene Sprache wieder zu entdecken und neu zu beleben.

Hier ist ein großer Schatz verborgen, der nur darauf wartet, gehoben zu werden. Sprache ist weit mehr, als dies allgemein bekannt und bewusst ist. Jedes Wort wirkt – und auch jeder Laut und jeder Satz. Sie wirken und schaffen Wirklichkeit. Jeder Mensch schafft und gestaltet sich seine Wirklichkeit und seine eigene Welt durch sein persönliches Denken, Sprechen und Handeln. Die individuelle Sprache offenbart von einem Menschen weit mehr, als dieser auch nur im Entferntesten ahnt. Und sie bewirkt auch mit ihm selbst mehr, als er es auch nur im Entferntesten für möglich hält.

Jeder Mensch kann jederzeit damit beginnen, auf seine persönliche Sprache zu achten und damit einen großen Schatz heben. Gleichzeitig ist dies der Beginn für eine große Abenteuerreise: die Reise zu sich selbst.

Was ist Lingva Eterna?

Lingva Eterna ist ein Sprach- und Kommunikationskonzept. Es befasst sich mit der differenzierten Wirkung von Sprache. Es macht deutlich, wie sich die eigene Sprache auf die Kommunikation und auf das eigene Denken und Handeln auswirkt – und damit auf die Entwicklung unserer Persönlichkeit.

Dieses Konzept lenkt den Blick auf den Wortschatz, den Satzbau und die Grammatik und macht deren Wirkung bewusst. Es ist ein Unterschied, ob jemand sagt „Ich schreibe noch schnell den Satz zu Ende“ oder ob er sagt „Ich schreibe den Satz zu Ende“. Das „schnell“ hat eine Wirkung. Dabei weiß der Sprecher meistens nicht, dass er „schnell“ gesagt hat. Viele Menschen gebrauchen dieses Wort und viele andere gewohnheitsmäßig und inflationär.

Wir Menschen haben kein spontanes Bewusstsein für die Wörter, die wir genau gebrauchen. Wir haben alle gelernt, auf die Inhalte zu achten. Wenn wir etwas noch einmal erzählen, das wir gerade erst gesagt haben, dann bilden wir völlig neue Sätze. Wir wissen nicht mehr, welche Wörter wir vorher gebraucht haben, ob unsere Sätze vollständig waren und ob wir einen Aktivsatz oder einen Passivsatz gebildet haben.

Und doch sind diese Aspekte der Sprache wichtig, denn die Struktur der Sprache – Wörter, Grammatik, Satzbau und weitere Elemente – transportiert eine eigene Botschaft. Diese ist weitgehend unabhängig von den Inhalten des Gesagten. Beispielsweise laden häufige Passivformulierungen andere Personen ein, über denjenigen zu bestimmen, der so spricht. Dasselbe gilt für den häufigen Gebrauch von „man“.

Lingva Eterna fördert das Bewusstsein für die Struktur der Sprache und leitet Menschen an, ihre Ausdrucksweise mit dem Inhalt ihrer Aussage in Einklang zu bringen. Damit entsteht eine Kongruenz von Inhalt und Form, und die Wirksamkeit der Aussagen steigt. Fehlt diese Kongruenz, dann kommt es leicht zu Missverständnissen und Fehlinterpretationen.

Es gibt noch weitere Missverständnisse. Der Satz „Ich fahre beim Bäcker vorbei“ soll im Allgemeinen heißen „Ich fahre zum Bäcker und kaufe dort ein“. Doch er sagt das nicht. Seine Aussage ist eine andere. Wir achten mit Lingva Eterna auf einen sinnkonformen Wortschatz und auf eine widerspruchsfreie Grammatik. Damit wird die Kommunikation klar. Das wirkt sich auch auf das Denken aus: Es wird präziser und schlüssiger.

Wir lernen alle unsere Sprache von unseren Eltern, Lehrern und Ausbildern. Mit ihrer Sprache übernehmen wir auch deren Denkmuster und Sichtweisen vom Leben. Mit der gewohnten Ausdrucksweise erhalten Sie oft auch noch als Erwachsene diese alten Muster unbewusst aufrecht.

Es kommt noch etwas hinzu: Die individuelle Ausdrucksweise eines Menschen steht in direktem Zusammenhang mit seiner Lebensgeschichte. Mit jedem Wort sind individuelle Erinnerungen und Gefühle gespeichert. Diese schwingen bei allen Äußerungen mit und können die ursprünglich beabsichtigte Botschaft verändern und belasten. Dabei gibt es Wörter und Formulierungen, die gut tun und aufbauen, und es gibt auch solche, die belasten und herunterziehen.

Diesen Unterschied machen wir mit Lingva Eterna bewusst. Wir begleiten Menschen dabei, eine Sprache zu entwickeln, mit der sie sich wohlfühlen und die ihnen entspricht.

Durch eine gezielte Änderung der eigenen Wortwahl oder des eigenen Satzbaus erreichen sie eine ungeahnte und nachhaltige Wirkung auf ihr Denken, Sprechen und Handeln. So eröffnen sie sich neue Handlungsspielräume.

Hier sei angemerkt, dass jegliches Wort seine eigene Bedeutung und an der rechten Stelle seine Berechtigung hat. Es geht uns bei unserer Arbeit um den häufig inflationären Gebrauch von Wörtern. In diesem Fall korrigieren wir und bieten eine sprachliche Alternative an.

Daneben fördern wir einen differenzierten Umgang mit Wortschatz und leiten Menschen an, ihren aktiven Wortschatz deutlich zu erweitern. Es dient der Sprachpflege, und es stärkt die Persönlichkeitsentwicklung: Eine differenzierte Sprache bringt differenzierte Persönlichkeiten hervor.

Das Entsprechungsprinzip

Zwischen der Sprache eines Menschen und dem, was er erlebt oder erleben will, gibt es vielfache Entsprechungen. Die Wörter, die ein Mensch gebraucht, entsprechen den Bausteinen seines Lebens. Und sein individueller Satzbau entspricht dem Bauplan seines Lebens. Mit ihnen zeigt er sich, und mit ihnen gestaltet er immerfort sein Leben neu. Das ist eine Wechselwirkung!

Mit diesem Wissen können wir Erfreuliches und Wünschenswertes fördern. Ebenso können wir Belastendes schrittweise hinter uns lassen oder doch zumindest einen anderen, freieren Umgang damit finden. Der Schlüssel ist immer wieder der bewusste Umgang mit Wortschatz, Grammatik und Satzbau. Wir sprechen hier vom Entsprechungsprinzip. Doch geht es um mehr als um ein Prinzip: Es geht um einen dynamischen Prozess zwischen zwei Polen. Dieser Prozess geht in beide Richtungen. Der eine Pol ist die individuelle Sprache eines Menschen, und der andere Pol ist das, was dieser Mensch in seinem Leben erlebt.

Mit Lingva Eterna können wir offene Fragen, Blockierungen oder Konflikte auf der rein sprachlichen Ebene lösen.

Die drei Säulen

Die drei Säulen stellen eine bildhafte Zusammenfassung der wesentlichen Aspekte unseres Konzepts dar. Wir fördern und stärken alle drei durch unsere Arbeit mit der Sprache.

Die erste Säule ist die Präsenz des Sprechers. Mit ihr zeigt er sich. Er bringt seine Ideen und Stärken ein und steht zu seinen Schwächen und Ängsten. Er handelt selbstbestimmt und übernimmt in seinem Leben Verantwortung. Zur Präsenz des

Sprechers gehört auch, dass er mit seiner Aufmerksamkeit in einer Situation ganz da ist. Er denkt nicht gleichzeitig an etwas anderes oder an jemanden anderen. Seine Präsenz ist als Energie in seiner Umgebung wahrnehmbar.

Die zweite Säule ist die Klarheit der Botschaft. Das Medium der Botschaft ist die Sprache. Zu der Klarheit gehören kurze, vollständige Sätze mit einem sinnkonformen Wortschatz und einer widerspruchsfreien Grammatik. Komplexe Satzstrukturen gelten bisweilen als ein Zeichen von Bildung. Doch weisen sie oft darauf hin, dass der Sprecher seine Gedanken noch nicht klar gefasst hat.

Dies gilt für die Sprache im Alltag. In der Dichtung gelten andere Regeln. Der Dichter spielt mit der Struktur der Sprache und erzeugt auf eine künstlerische Weise Emotionen.

Die dritte Säule ist die wertschätzende Grundhaltung des Sprechers gegenüber dem Gesprächspartner und zum Menschen überhaupt. Sie schließt auch die Achtung vor der Natur und den anerkannten sozialen Regeln mit ein. Diese fundamentale Wertschätzung beinhaltet auch die Achtung vor der Meinung und den Wertvorstellungen eines anderen. Sie schließt jegliche Manipulation bewusst aus.

Die drei Säulen beziehen sich auf den Sprecher, auf seine Botschaft und auf den Gesprächspartner. Alle drei sind gleichermaßen wichtig für eine gelingende Kommunikation.

Lingva Eterna ist ein fach- und themenübergreifendes Konzept. Es bewährt sich in der Wirtschaft, in der Verwaltung, im Handwerk, in der Personalentwicklung sowie im therapeutischen, pflegerischen und pädagogischen Bereich. Außerdem bewährt es sich für die eigene Entwicklung, für die Familie und für eine lebendige Partnerschaft.

Die Bemerkung einer Ärztin

Ich hatte schon als junges Mädchen Freude an Sprachen und studierte nach dem Abitur Englisch, Französisch und Arabisch mit dem Schwerpunkt Sprachwissenschaften. Am Ende meines Studiums glaubte ich, als typische Anfängerin, nun wüsste ich alles Wesentliche zum Thema Sprache. Ich war nach dem Studium mehrere Jahre in der Industrie im Bereich Kommunikation tätig. Dort befasste ich mich als Terminologin mit Fachwortschatz und wirkte am Aufbau einer mehrsprachigen Terminologie-Datenbank mit. Ich erkannte neben anderem, wie wichtig und zeitsparend eine klare, eindeutige Kommunikation ist, sowohl innerhalb eines Unternehmens vor Ort als auch global, und auf was es dabei ankommt.

In dieser Zeit heiratete ich. Wir bekamen zwei gesunde, muntere Kinder. Mit der Geburt des ersten Kindes beendete ich meine Berufstätigkeit und widmete mich von da an vor allem meiner Familie. Sie wurde bald größer, denn es kam noch ein Geschwisterchen dazu. In diesen Jahren lernte ich, wie bedeutsam die Entwicklung der Sinne für die Sprachentwicklung ist, und bildete mich im pädagogischen und sonderpädagogischen Bereich weiter. Damit eröffnete sich mir ein weiterer neuer Blickwinkel auf die Sprache. Mir wurde immer klarer, dass Sprachentwicklung und Sinnesentwicklung Hand in Hand gehen. Mir wurde auch immer klarer, dass dies nicht nur bei Kindern gilt: Auch beim Erwachsenen gewinnt die Sprache an Kraft, wenn er sie fühlt und mit Leib und Seele bei der Sache ist.

Mein in diesem Bereich gesammeltes Wissen wurde später ein wesentlicher Baustein in dem sich nach und nach entwickelnden Sprach- und Kommunikationskonzept.

Zu diesen Erfahrungen mit der Entwicklung der Sprache im Kindesalter kam nur wenig später ein weiterer wichtiger

Erfahrungsbereich. Damals erkrankte mein Mann an einem chronischen Leiden, an dem er Jahre später starb. Er war schon früh immer mehr auf meine Hilfe angewiesen. Dabei kam ich oft an meine Grenzen und auch über sie hinaus. Mit ihm und durch ihn lernte ich die Sprache und ihre Wirkung nochmals von einer neuen Seite kennen. Der Besuch bei einer Ärztin und ihre ebenso kluge wie mutige Bemerkung sollten ein Wendepunkt in meinem Leben werden.

Ich hatte meinen Mann wegen einer Untersuchung zu ihr gefahren und ihm die Treppe hinauf geholfen. Nach der Untersuchung wechselte die Ärztin auch einige Sätze mit mir. Dann hielt sie inne, schaute mich aufmerksam an und machte eine Bemerkung, die mich aufhorchen ließ: „So wie Sie reden, denken Sie falsch. So können Sie Ihr Paket nicht tragen. Lernen Sie, neu zu denken!" Diese Bemerkung öffnete mir die Augen und die Ohren. Von da an schenkte ich jedem Wort auf eine ganz und gar neue Weise Aufmerksamkeit. Das war die Geburtsstunde von Lingva Eterna.

Sie nannte mir eine Adresse und sagte noch: „Das alles ist jetzt viel zu umfangreich, als dass ich es Ihnen auf die Schnelle erklären könnte. Gehen Sie dahin. Ich kenne den Mann. Er bietet Mentaltraining an. Er wird Ihnen erklären, was das ist. Sagen Sie ihm schöne Grüße von mir!" Dabei schaute sie mich aufmunternd an.

Ich nahm ihren Rat dankbar an und ging zu dem von ihr genannten Herrn. Ich lernte Mentaltraining kennen und erkannte, dass ich die Themen, mit denen ich mich oft befasse, geradezu in mein Leben einlade, indem ich meine Aufmerksamkeit dorthin lenke. Ich lernte auch, wie wichtig es ist, klare Ziele zu haben und sich gedanklich vor allem mit ihnen zu befassen – und nicht mit dem, was ich nicht oder nicht mehr haben will. Das leuchtete mir ein.

Die Sprache der Erfolgreichen

Bei diesen Trainings gab es einige Menschen, die in ihrem Leben weit mehr erreichten als die anderen, und die mit den Empfehlungen unseres gemeinsamen Mentaltrainers bemerkenswerte Erfolge erzielten, weit mehr als die meisten der Teilnehmer. Das machte mich stutzig. Die Bemerkung der Ärztin begleitete mich die ganze Zeit: „Lernen Sie, anders zu denken!"

Erfolge können ganz unterschiedlich sein: Der eine strebt eine Weltreise an, der andere eine ganz normale Stelle und viel Zeit zum Musizieren, der nächste wünschst sich viel Zeit mit seinen Kindern, und ein weiterer plant eine glanzvolle Karriere – was immer ein Mensch ersehnt und was er erreicht, macht ihn erfolgreich. Erfolg ist immer die Folge einer Ursache – es geht also immer darum, ob jemand sein Ziel klar vor Augen hat und es auch verfolgt.

Dabei will ich freilich etwas hervorheben, was für mich von großer Wichtigkeit ist: Wir Menschen können das Schicksal nicht durch unser Denken bezwingen. Der mentale Materialismus ist ein Irrglaube. Wir brauchen bei aller Entschlossenheit und allem klaren Willen auch die Weisheit, uns dem Schicksal zu beugen und auch Widrigkeiten anzunehmen und aus ihnen zu lernen.

Ich fand bei den Menschen, die ich als erfolgreich bezeichne, bald einige markante sprachliche Eigenarten heraus: Sie hatten einen anderen Satzbau und verwendeten auch andere Wörter als der Großteil der Bevölkerung. Sie bildeten beispielsweise so gut wie immer klare, vollständige Sätze mit einem hörbaren Punkt am Satzende. Sie kamen auch im Leben auf den Punkt! Es gab noch weit mehr Aspekte der Sprache, die ich bei solchen Menschen immer und immer wieder fand.

Mir wurde klar, dass die individuelle Sprache eines Menschen und das, was er im Leben erlebt, direkt miteinander zu tun haben. Der Schlüssel sind eben nicht nur die Themen, von denen Menschen sprechen, sondern die Sprache selbst. Die Ärztin hatte recht mit ihrer Äußerung: „So wie Sie reden, denken Sie falsch. Lernen Sie, neu zu denken!"

In mir keimte der Wunsch, einen Sprachkurs zu entwickeln, bei dem jeder Mensch die Sprache der Erfolgreichen lernen und mit ihr deren innere ziel- und lösungsorientierte Grundhaltung entwickeln kann.

Ich lernte „zufälligerweise" noch etwas kennen, was auch mit Sprache zu tun hat und was noch gefehlt hatte: Es war die Erfahrung, dass mit einzelnen Wörtern individuelle Speicherungen einhergehen und dass diese in der Kommunikation immer mitschwingen und – wenn auch unbewusst – immer eine Wirkung haben.

Ein lebenslanges Lernen aus Erfahrungen

In dieser Zeit kam ich mit der Feldenkrais-Methode in Berührung und lernte sie immer mehr zu schätzen. Seitdem praktiziere ich sie regelmäßig. Dabei geht es um Bewegung, und vor allem um die Bewusstheit der Bewegung. Wir können uns nur so bewegen, wie wir wollen, wenn wir wissen, wie wir uns bewegen. Ich lernte, dass Bewegung auch leicht sein darf. Alles Hemmende können wir nach und nach hinter uns lassen, wenn wir erkennen, wie wir uns unbewusst hemmen. Und wenn etwas noch nicht geht, dann ist es auch in Ordnung. Eines Tages wird es vielleicht möglich sein.

Es geht um ein lebenslanges Lernen aus Erfahrungen und ohne Druck. Diese Sichtweise habe ich mir über die Jahre zu Eigen gemacht, und sie ist in unsere Arbeit mit der Sprache eingeflossen.

Von all diesen Dingen rund um das Thema Sprache hatte ich in meinem Studium und auch während meiner Jahre in der Industrie im Bereich Kommunikation noch nie auch nur ansatzweise etwas gehört.

Mitte der Neunzigerjahre entwickelte ich aus diesem reichen Fundus an Wissen und Erfahrung mein Sprachkonzept. Ich nannte es anfangs Energetisches Sprachtraining. Es brauchte Training, um die Energie der Wörter und der Sätze zu spüren.

Mein Lebensweg führte mich ein ums andere Mal zu diesen einzelnen Erfahrungen. Wäre in meinem Leben alles einfach gegangen, hätte ich sie kaum kennengelernt. Es waren viele glückliche Fügungen dabei, die ich immer mehr als solche sehen und dankbar annehmen konnte. Die nächste Fügung kam im Jahr 2003.

Etwas Neues entstand

Im Jahr 2003 lernte ich bei einem Symposium Dr. med. Theodor von Stockert kennen. Er leitete damals eine neurologische Reha-Klinik in Erlangen.

Er ist Neurologe und Psychiater und hat eine Zusatzausbildung im Qualitätsmanagement sowie weitere Zusatzqualifikationen. Er hatte sich in Deutschland und im Rahmen eines DFG Stipendiums in Boston/USA viele Jahre mit Neuropsychologie, Neurolinguistik und Transaktionsanalyse befasst und dazu etliche Publikationen verfasst.

Er hatte sich viel mit Sprache und Sprachstörungen befasst und interessierte sich für mein Sprachkonzept. Der Zufall wollte es, dass er zum Jahreswechsel aus Altersgründen aus der Klinik ausschied.

Seitdem arbeiten wir zusammen. Unsere unterschiedlichen beruflichen Hintergründe und Erfahrungsbereiche sind zu einem Nährboden für eine überaus fruchtbare Zusammenarbeit geworden. Theodor von Stockerts naturwissenschaftlich geprägte Vorgehensweise stellt eine ideale Ergänzung für den bislang pädagogisch geprägten Ansatz dar.

Wir bauten in unserer Zusammenarbeit auf dem auf, was ich bereits entwickelt hatte. Dabei entstand etwas Neues. Wir entdeckten miteinander die Bedeutung der Grammatik und des Satzbaus sowie weitere strukturelle Aspekte der Sprache. 2005 entschlossen wir uns, die Bezeichnung Energetisches Sprachtraining hinter uns zu lassen und eine neue Bezeichnung zu finden.

Wir nannten unser Konzept von nun an das Lingva Eterna Sprach- und Kommunikationskonzept. Die Bezeichnung Lingva Eterna trifft den Kern: Sie bedeutet wörtlich „ewige Sprache". Es geht hierbei um die schöpferische Kraft der Sprache, die von Anfang an da war. Das Johannesevangelium benennt diese Kraft in seinem ersten Satz: Im Anfang war das Wort.

Seitdem hat unser Arbeit mit der Sprache erheblich an Struktur, Klarheit und Kraft gewonnen. Und wir haben damit mehr Leichtigkeit und Humor entwickelt.

Wir schreiben Lingva Eterna mit einem „V" in Lingva und mit einem „E" in Eterna. Das hat markenrechtliche Gründe. Die zutreffende Schreibweise „lingua aeterna" mit einem „U" und mit einem „AE" ist Teil der lateinischen Sprache und damit Allgemeingut. Daher ist es als Markenname nicht schützbar.

Ein bedeutsamer Hinweis

Mit diesem Buch gebe ich Ihnen etliche Anregungen, Ihren eigenen Sprachgebrauch noch bewusster zu gestalten, als Sie dies vermutlich bislang getan haben.

Dabei habe ich eine Bitte an Sie: Bitte wenden Sie diese Anregungen nur bei sich selbst an. Vielleicht wollen Sie anderen Menschen von Ihren Erfahrungen erzählen. Das können Sie selbstverständlich machen. Vielleicht wird der eine oder andere neugierig und will mehr wissen. Doch nehmen Sie bitte davon Abstand, andere Menschen zu missionieren oder ihre sprachlichen Gewohnheiten ändern zu wollen. Sie könnten damit in Ihrem Umfeld auf Unverständnis und Ablehnung stoßen und sich damit Möglichkeiten verbauen.

Unsere Vorgehensweise ersetzt keinen Arzt und auch keine Psychotherapie. Doch hat sie mit Sicherheit eine förderliche Wirkung für die Entwicklung der Seele und auch des Körpers.

2 Sprache neu erleben

Entdecken Sie Ihre Muttersprache neu

Ich lade Sie ein, Ihre Muttersprache neu zu erleben und sie mit allen Sinnen zu entdecken. Erlauben Sie sich, Sprache zu fühlen. Horchen Sie in sich hinein. Vielleicht ist das neu für Sie. Es ist ganz einfach. Lassen Sie sich überraschen.

Sprache entfaltet erst dann ihre volle Kraft, wenn wir sie nicht nur denken, sondern auch gleichzeitig fühlen. Dann sprechen Kopf und Herz dieselbe Sprache. So entwickeln Sie ungeahnte Kräfte. Doch bevor dies möglich sein wird, lassen Sie sich bitte auf einige für Sie wahrscheinlich völlig neue Anregungen und Erfahrungen ein.

Sprache ist nicht nur zum Denken da

Denken geschieht mit dem Kopf. Menschen denken und machen sich viele Gedanken. Es ist eine herausragende Fähigkeit des Menschen, sich Gedanken machen und bewusst denken zu können. Tiere können das in diesem Maße nicht.

Viele der Gedanken, die sich Menschen machen, bleiben im Kopf. Sie finden nicht den Weg ins Tun, in die Handlung. Menschen machen sich Gedanken und nochmals Gedanken. Sie überlegen noch dieses und jenes und machen es sich auf diese Weise kompliziert, komplizierter, als es sein müsste. Das Wort „überlegen“ zeigt schon, dass sie etwas „darüber legen“. Irgendwann ist die Mauer so hoch, dass sie darüber nicht mehr hinaussehen können.

Der bewusste Umgang mit der Sprache und mit dem Wort führt aus diesem Kreis der Gedanken heraus. Jedes einzelne Wort bezeichnet nicht nur einen Gedanken. Es benennt auch eine Handlung, ein Lebewesen oder einen Gegenstand. Ich sage „Hund“, „Haus“ oder „singen“, und jeder weiß, was ich meine. Oder besser gesagt: Er denkt, dass er weiß, was ich meine. Es hat nämlich jeder sein eigenes inneres Bild. Für den einen ist ein Hund ein Dackel und für den zweiten ist er ein Schäferhund.

Ein Wort ist nicht nur ein abstrakter, nur gedachter Gedanke. So etwas gibt es nicht. Ein Wort greift immer ins konkrete Leben hinein. Und das Leben ist handfest und nicht abstrakt. Es umfasst neben dem Gegenstand oder der Handlung, die es bezeichnet, immer auch Gefühle und Empfindungen. Diese inneren Bilder, Klänge und Empfindungen bleiben im Allgemeinen unter der Schwelle des Bewusstseins. Menschen reden schnell und viel und geben dem einzelnen Wort nur wenig Raum. So erfassen und spüren sie nicht, was ein Wort oder eine Redewendung für sie selbst und auch für einen Gesprächspartner wirklich bedeutet. Und „wirklich“ heißt, etwas wirkt und bewirkt auch etwas.

Erlauben Sie sich, Sprache mit allen Sinnen wahrzunehmen. Hören Sie in sich hinein und lassen Sie einzelne Wörter nachklingen. Kosten Sie Wörter. Lassen Sie sie sich auf der Zunge zergehen. Sind sie wohlschmeckend? Oder hinterlassen sie einen bitteren Beigeschmack? Spüren Sie in sich hinein.

Es ist aufregend, Sprache auf diese Weise neu zu erleben. Indem Sie sich auf diese Erfahrung einlassen, geschieht etwas Bemerkenswertes. Sie werden ein Wort nicht nur hören und mit dem Kopf verstehen. Sie werden es denken und gleichzeitig fühlen: Sie werden ein lebendiges inneres Bild haben.

Herz und Verstand sprechen dieselbe Sprache. Damit bündeln Sie Ihre Energie und fokussieren sie auf einen einzigen Punkt. Diese Erfahrung ist für viele Menschen gänzlich neu. Manche Teilnehmer unserer Seminare beschreiben dies mit dem Gefühl, dass sie wie ein Pflock in die Erde gerammt sind und auf einmal einen klaren, festen Standort haben. Oder sie wählen das Bild vom Sturm, in dessen Mitte das Auge ist. Dort ist es windstill. Sie sagen dann, dass sie sich nun an dieser ruhigen Stelle befinden, dort, wo in der Ruhe die Kraft liegt.

Es ist eine machtvolle Erfahrung, zu erleben, wie bei einem bewusst gesprochenen und gefühlten Wort Denken, Handeln und Fühlen in Einklang kommen. So finden Körper, Seele und Geist zusammen. Der Geist gelangt zur Ruhe. Und in dieser Ruhe liegt die Kraft, von der so oft die Rede ist.

In unserer Kultur nimmt das Denken noch viel zu viel Raum ein. Das viele Denken hindert uns daran, ins Fühlen und auch ins Handeln zu kommen. All das gehört zusammen. Das Denken darf sich nicht verselbstständigen. Sonst wird die Sprache herz- und kraftlos.

Das Wort „denken" ist in der Alltagssprache weit verbreitet, viel mehr als das Wort „fühlen". Entsprechend denken die Menschen mehr, als sie fühlen. Die Gefühle haben in unserer Gesellschaft einen deutlich geringeren Stellenwert als die Gedanken. So kommt es, dass viele Menschen von ihren Gefühlen abgeschnitten sind. Sie sind dann gefühllos, oder genauer gesagt: Sie wirken gefühllos. Und sie wirken tatsächlich: Sie haben eine Wirkung. Andere behandeln sie dann leicht so, als ob sie gefühllos wären. Dies setzt dann eine Negativspirale in Gang.

In Gefühlen ist viel Kraft gebunden. Wenn jemand mit seinen Gefühlen gut in Kontakt ist, dann kann er aus dieser Quelle schöpfen. Gefühllosen Menschen ist dieses Potenzial weitgehend versperrt.

Denken ist ein bewusster Akt. Häufig jedoch denken Menschen nicht wirklich, wenn ihnen hundert Gedanken durch den Kopf gehen. Vielmehr kreist in ihnen eine Schallplatte, die alte Gedankengänge und Argumentationsketten immer wieder von neuem abspielt. Oder es drängen sich ihnen Gedanken auf, die sie sich nicht selbst machen. Sie denken nicht. Sie denken nur, dass sie denken. Die guten Lösungen und die guten Ideen, die aus schwierigen Situationen herausführen können, kommen selten aus dem Kopf und auch selten am Schreibtisch. Sie sind auf einmal da, beim Duschen, beim Spazierengehen oder ganz einfach über Nacht.

Statt „denken" und „nachdenken" sagen manche Menschen, dass sie „sich etwas durch den Kopf gehen lassen" oder gar, dass sie „sich deswegen den Kopf zerbrechen". Das sind erstens merkwürdige Bilder. Und zweitens zeigen diese Redewendungen deutlich, dass das Denken im Kopf angesiedelt ist und nicht im Bauch oder Herzen.

Zu viel Denken lädt Kopfschmerzen ein

Es ist naheliegend, dass sich bei so viel Denken Kopfschmerzen einstellen können. Der Kopf ist einseitig überlastet und meldet sich auf seine Weise. Der Gebrauch des Wortes „denken" ist vielfach nur durch eine jahrelange Gewohnheit zu erklären. Meist hat der Gebrauch dieses Wortes mit Denken nichts zu tun.

Ich lade Sie für eine Entdeckungsreise ein. Entdecken Sie, wie oft Sie das Wort „denken" hören und sagen. Achten Sie in einem weiteren Schritt auch auf Zusammensetzungen mit „denken" wie „nachdenken", „ausdenken", „bedenken" und zahlreiche andere. Dann probieren Sie Alternativen aus. Was können Sie noch sagen statt immerfort „ich denke" oder „ich denke nach" oder „ich denke schon" oder auch „ich denke nicht"?

Gelegenheiten dazu bieten sich bei immer wieder. Ich nenne Ihnen zwei Beispiele. Ich stelle mir vor, dass jemand Sie anspricht und sagt: „Kommst du heute Abend zu der Informationsveranstaltung in den Gemeindesaal?“ Sie können sagen: „Ich denke schon.“ Sie können stattdessen auch sagen: „Ich werde voraussichtlich kommen.“ Oder: „Ich habe vor, zu kommen.“ Oder: „Ja, ich werde heute Abend kommen.“ Sie werden sicher noch weitere Möglichkeiten finden.

Da, wo das Wort „denken“ wirklich hingehört, da behalten Sie es bitte bei. In dem Moment, in dem Sie nicht mehr gewohnheitsmäßig „denken“ sagen, machen Sie sich und damit auch dem anderen bewusst, was Sie wirklich meinen. Sie gewinnen Präsenz und Klarheit. Und Sie eröffnen sich mehr von Ihrem Potenzial und bleiben nicht nur in Ihrem Kopf, indem Sie das einseitige Denken beenden. Dies ist die wesentliche Bedeutung und Wirkung dieser scheinbar kleinen Sprachübung.

Denkfasten hilft weiter

Ich empfehle meinen Seminarteilnehmern gern ein „Denkfasten“ für vier Wochen. In dieser Zeit wählen sie bewusst Alternativen für das Wort „denken“ und seine Zusammensetzungen und Ableitungen oder lassen es einfach weg. Danach können sie das Wort „denken“ wieder gebrauchen, so wie es ihnen dann angenehm ist. Dieses Denkfasten klingt ganz einfach. Und doch ist die Durchführung eine wirkliche Herausforderung und erfordert eine Portion Humor und Durchhaltevermögen.

Parallel lenke ich die Aufmerksamkeit des Seminarteilnehmers auf das Wort „fühlen“ und damit auf die Sinne. So lädt der Seminarteilnehmer gleichzeitig mehr Fühlen in sein Leben ein und lädt allzu einseitiges Denken aus seinem Leben aus.

Wenn Menschen in ihrer alltäglichen Sprache bewusst dem Fühlen Raum geben und das Denken auf einen angemessenen Platz weisen, dann kommt sanft eine wohltuende Entwicklung in Gang. Diese wird schon bald sichtbar und spürbar.

Die Frage „Wie fühlst du dich?“ ist eine freundliche Frage an den anderen. Kaum jemand fragt bewusst nach dem Fühlen. Ist die Frage nach dem Fühlen eine Floskel geworden?

Viele Menschen sagen, dass sie sich schlecht fühlen, wenn sie ihren Körper so deutlich spüren, wie schon lange nicht mehr. Das Wort „fühlen“ gibt es für sich allein und auch in vielen schönen Zusammensetzungen. Etliche davon sind aus der Mode gekommen und es lohnt sich, sie wieder zu beleben. Das „Wohlgefühl“ und das „Mitgefühl“ sind zwei von ihnen.

Sprache ist nicht nur zum Denken da. In ihr ruht eine große Kraft. Sie wird frei, sobald wir bereit sind, Sprache zu fühlen, zu tun und gleichzeitig zu denken. Dies erlebe ich als ein großes Geschenk. Es liegt an jedem Einzelnen, wie er mit diesem Geschenk umgeht.

Mit dieser Einsicht bin ich vom Denken zum Danken gekommen. Das Leben ist schön und ich sehe das Schöne mit dieser inneren Haltung viel mehr als früher. Ich mache mir nun nicht mehr so viele Gedanken: Ich Geh-Danken.

Ich lade Sie zu einer Wortprobe ein

Eine Wortprobe ist so etwas Ähnliches wie eine Weinprobe. Da nehmen wir einen Schluck Wein in den Mund und kosten ihn. Wir achten auf den Geschmack und auch auf den Nachgeschmack. Nur wenn ein Wein uns schmeckt, nehmen wir mehr davon.

So ähnlich ist es mit der Wortprobe. Auch da nehmen wir ein Wort in den Mund und schmecken ihm nach. Dann merken wir, ob ein Wort uns angenehm ist und uns wohltut, oder ob es uns unangenehm ist. Jedes Wort wirkt und hat eine Wirkung. Beim normalen Sprechtempo achten wir nur auf die Inhalte und nicht auf die Wirkung der einzelnen Wörter.

Diese bekommen wir nur mit, wenn wir einem einzelnen Wort bewusst Aufmerksamkeit schenken und es langsam sagen. Dann erst ist es uns möglich, die Bilder und Assoziationen wahrzunehmen, die das jeweilige Wort in uns auslöst.

Jeder Mensch hat seine eigene Geschichte und auch seine eigene Geschichte mit den einzelnen Wörtern. Seine individuellen Erfahrungen sind in den Wörtern gespeichert. Diese Speicherungen schwingen bei jeder Kommunikation mit. Der Hörer nimmt sie ebenso unbewusst auf, wie der Sprecher sie ihm beim Sprechen unbewusst mit auf den Weg gibt.

Es gibt noch etwas weiteres Bedeutsames bei den Wortproben: Wir entdecken, dass manche Wörter uns angenehm sind und sogar ein wohliges Empfinden auslösen – und dass wir sie dennoch kaum oder gar nicht benützen. Umgekehrt lösen manche ganz alltägliche Wörter spontan ein unangenehmes Gefühl aus – und wir gebrauchen sie oft!

Die Schlussfolgerung liegt nahe: Es liegt an jedem selbst, welche Wörter er gebraucht. Es ist leicht, wohltuende Wörter in die eigene Sprache aufzunehmen und sie bewusst zu gebrauchen.

Ich greife noch einmal das Bild mit der Weinprobe auf. Niemand würde sich eine oder gar mehrere Kisten von einem Wein kaufen, der ihm nicht schmeckt oder gar Kopfschmerzen bereitet. So sollten wir es auch mit den Wörtern halten. Dann können wir mit der Zeit einen wahren Wort-Schatz entwickeln, der den Namen Wortschatz verdient.

Ich biete Ihnen nun einige Wörter an. Ich schreibe sie nacheinander mit Gedankenstrichen zwischen den einzelnen Wörtern. Lesen Sie sie langsam und halblaut und machen Sie jeweils eine kurze Pause zwischen den Wörtern. Lauschen Sie dem Klang und horchen Sie in sich hinein. Vielleicht wollen Sie nach dem Lesen einzelner Wörter die Augen schließen. So ist es für viele Menschen am leichtesten, sich auf die Wortprobe einzulassen und mit allen Sinnen zu lauschen und zu fühlen.

Beginnen Sie nun bitte mit dem halblauten Lesen:

„Quelle – Quellwasser – Apfelbaum – behutsam – müssen – schnell – Flughafen – Airport – Wohlwollen – Lächeln – Dankeschön".

Gibt es dabei ein Wort, das bei Ihnen eine angenehme Empfindung auslöst? Gibt es eines, das eine unangenehme Empfindung auslöst?

Wie ist für Sie das Wort „Apfelbaum"? Und wie sieht Ihr Apfelbaum aus? Ist es ein bestimmter Apfelbaum?

Übrigens ist es bedeutsam, dass ein Mensch mit einem Wort innere Bilder und eigene Erfahrungen gespeichert hat. Die lebendigen inneren Bilder machen uns und unsere Sprache lebendig und wirksam. Wie geht es Ihnen mit dem Wort „behutsam"? Ist es Ihnen angenehm? Gehört es in Ihre aktive Sprache? Wenn nicht, dann können Sie das ganz leicht ändern. So ist es auch mit den anderen Wörtern, die Ihnen angenehm sind.

Als Nächstes komme ich zu den beiden Wörtern „müssen" und „schnell". Wie haben Sie die Wirkung von „müssen" empfunden, und wie die Wirkung von „schnell"? Wo haben Sie sie gespürt?

Sie lösen in den meisten Menschen ein unangenehmes Gefühl aus. Sie spüren es körperlich als Druck, manche empfinden den Druck im Bauch, andere auf der Brust und wieder andere ballen ihre Fäuste. Diese beiden Wörter kommen in der gängigen Alltagssprache oft vor. Viele Menschen gebrauchen sie inflationär. Damit machen Sie sich und anderen

Druck. Die Wortprobe macht ihre nachteilige Wirkung deutlich. Wie ist Ihr Sprachgebrauch?

Als letztes komme ich zu den beiden Wörtern „Flughafen" und „Airport". Hatten Sie dieselben Bilder und Empfindungen? Jeder weiß, dass beide Wörter dasselbe bedeuten. Das eine ist deutsch und das andere englisch. Bemerkenswerterweise lösen beide Worte bei so gut wie allen Menschen gänzlich unterschiedliche Empfindungen und Erinnerungen aus. Das eine mag Erinnerungen an den fröhlichen Urlaub in der Karibik auslösen und das andere hektische Aktivitäten am übervollen Flughafen vor einem Kongress. Diese Empfindungen schwingen beim Sprechen mit und haben einen Einfluss darauf, ob Sie einen Menschen als sympathisch oder als unsympathisch empfinden.

Wortproben sind dafür da, sich die Wirkung eines Wortes bewusst zu machen. Jeder kann sie jederzeit machen und sich ein einzelnes Wort auf der Zunge zergehen lassen. Es gibt so viele schöne Wörter. Wir können uns immer wieder neu bewusst machen, ob uns einzelne Wörter gut tun. Die können wir dann bewusst gebrauchen oder auch bewusst in unsere Sprache aufnehmen. Umgekehrt können wir uns belastende Wörter erkennen und sie dann reduzieren oder ganz aus unserer Sprache streichen.

Noch etwas geschieht bei den Wortproben: Wir üben, Denken und Fühlen in Einklang zu bringen. Wer seine Gedanken fühlt und gleichzeitig denkt, der steigert damit die Kraft seiner Gedanken und somit seine eigene Wirksamkeit.

Mit jedem Wort schwingen Speicherungen mit

Das bewusste Fühlen einzelner Wörter und Sätze ist für die meisten Menschen völlig neu. Es war für mich eine Offenbarung, als ich damit begann, einzelnen Wörtern in dieser Weise Aufmerksamkeit zu schenken. Dies war lange nach dem Abschluss meines Sprachstudiums. Während meiner Jahre an der Hochschule hatte ich nie darauf geachtet, und auch meine Lehrer haben mich nie darauf hingewiesen. Ein sogenannter Zufall wies mir eines Tages den Weg.

Mit jedem einzelnen Wort schwingen Speicherungen mit. Sie sind ganz und gar individuell. Jeder Mensch hat dabei seine eigenen Erfahrungen, Bilder und Klänge und Assoziationen gespeichert. Diese Speicherungen können angenehm und wohltuend sein oder auch belasten und irritieren. Das habe ich Ihnen mit der Wortprobe gezeigt.

Ich gehe nun noch einen Schritt weiter: Wir aktivieren die Speicherungen jedes Mal, wenn wir ein Wort sage, hören oder lesen. Wörter mit angenehmen Speicherungen bewirken Angenehmes und solche mit unangenehmen Speicherungen Unangenehmes. So hat jedes Wort eine Wirkung und erschafft immer wieder neu Wirklichkeit.

Mir wurde mehr und mehr bewusst, dass sich Themen im Leben eines Menschen in seiner Sprache wiederfinden. Es gibt eine Wechselwirkung zwischen der Sprache, die ein Mensch spricht, und dem, was er in seinem Leben erlebt. Die Wörter, die ein Mensch gebraucht, sagen und bewirken mehr, als ihm bewusst ist.

Die Steine wurden zum goldenen Schlüssel

Eine Frau bat mich um Rat und kam zu mir für eine Beratung. Cornelia Balthasar brachte ihr Anliegen vor und erzählte mir ihre Geschichte. Dabei wurde ich das erste Mal bewusst darauf aufmerksam, auf welche Weise sie ihre Geschichte erzählte. Sie hatte einen bemerkenswerten Wortschatz. Darin wurde eine eigenartige Konsequenz sichtbar. Hätte ich nicht „zufälligerweise" ihre gesundheitliche Vorgeschichte gekannt, wären mir diese Zusammenhänge wohl kaum bewusst geworden. Sie wurden mir das erste Mal in diesem vollen Umfang bewusst, als Cornelia Balthasar, eine Frau um die Mitte sechzig, mich bei einer Beratung um Hilfe im Umgang mit ihrer alten Mutter bat. Während sie von ihrer alten Mutter sprach, gebrauchte sie in einer merkwürdigen Häufung folgende Redewendungen: Sie steht bei Belastungen „wie ein Fels in der Brandung", ihr Lebensweg ist „steinig" und sie hat gerade wieder einen „Brocken" auf ihrem Lebensweg.

Das klang bei ihr folgendermaßen:

„Ich komme zu Ihnen wegen meiner Mutter. Sie ist alt, und ich muss sie betreuen. Ich glaube, dass ich von mir sagen kann, dass ich bei Schwierigkeiten im Leben im Allgemeinen wie ein Fels in der Brandung stehe. Ja, und zurzeit habe ich einen großen Brocken vor mir: Meine Mutter ist wieder ins Krankenhaus gekommen. Ich habe Mitleid mit ihr, schließlich hatte sie einen steinigen Lebensweg und kann ja auch nichts dafür. So gut als dies mir möglich ist, will ich ihr gern Steine aus dem Weg räumen und es ihr erleichtern …"

Ich horchte bei all ihren Steinen auf. Sie hatte viele Steine, Brocken und Felsen in ihrer kurzen Darstellung. Ich hörte zwei Geschichten parallel. Da war die vordergründige Geschichte mit der Mutter. Und dann war da noch eine zweite Geschichte im Hintergrund. Ich konnte sie noch nicht sicher entschlüsseln. Ich hörte immer wieder Steine und begann zu ahnen, dass dies von Bedeutung war.

In diesem Moment erinnerte ich mich daran, dass Cornelia Balthasar lange Zeit mit ihren Nieren Schwierigkeiten und wiederholt Nierensteine gehabt hatte. So unterbrach ich ihre weiteren Ausführungen und stellte ihr eine Frage: „Frau Balthasar, darf ich Ihnen eine Frage stellen? Ich höre aufmerksam Ihre Geschichte mit Ihrer Mutter. Und ich höre noch etwas. Was bedeuten Steine für Sie?"

Sie war verwundert und irritiert. Sie sagte, dass sie sich für Steine nicht interessiere und dass sie sie auch nicht sammle oder ihnen in irgendeiner Weise besondere Aufmerksamkeit schenke. Steine seien einfach Steine. Ich folgte einer inneren Stimme und bat sie, das Wort „Stein" mehrfach langsam zu sagen und bei jedem einzelnen Wort „Stein" bewusst in sich hinein zu horchen. Dies tat sie und begann: „Stein – Stein – Stein – Stein". Bei den ersten drei Malen klang das Wort neutral. Beim vierten Mal zuckte sie und griff mit ihrer rechten Hand spontan an ihre rechte Niere. Beim fünften und letzten Mal verzerrte sich ihr Gesicht. „Dieses Wort weckt in mir schreckliche Erinnerungen wach. Ich hatte so fürchterliche Nierenkoliken und wurde schließlich auch operiert." Sie begann schwer zu atmen. Das bewusst gesprochene Wort „Stein" hatte diese Erinnerungen wieder aufsteigen lassen.

Ihr Arzt hatte ihr aufgetragen, positiv zu denken und die Nierensteine hinter sich zu lassen. Sie sollte nicht mehr von der Operation und all den vorangegangenen Koliken sprechen. Sie hatte sich all die Jahre an diese Weisung gehalten. Doch hatte sie dieses Thema noch nicht wirklich aufgeräumt. In ihrem Wortschatz lebte es als „Steine", „Felsen" und „Brocken" weiter. Mit diesem Sprachgebrauch reaktivierte sie die Steine jedes Mal neu, wenn sie eine Ausdrucksweise mit der entsprechenden unbewussten Speicherung gebrauchte. Dies geschah immer, auch wenn sie von völlig anderen Themen sprach. So hatte sich das Thema mit den Steinen auf einen anderen Lebensbereich verlagert. Die Energie war noch da.

Ich erklärte ihr meine Sichtweise. Sie blickte mich fragend und staunend an: „Das leuchtet mir ein. Doch ist dies für mich völlig neu, die Nierensteine von früher nun im Kontext mit meiner Mutter zu sehen." Nach einem kurzen Schweigen fügte sie in der ihr eigenen Sprache an:

„Nun bin ich wie versteinert." Diese Ausdrucksweise entsprach ihrer sprachlichen Prägung und auch ihrem langjährigen Lebensthema. Sie bemerkte sie selbst.

Wir sammelten danach gemeinsam Wörter und Redewendungen zum Thema „Steine", die sie in ihrem aktiven Sprachgebrauch hatte. Etliche davon verwendete sie häufig und selbstverständlich. Nie hatte sie sich etwas dabei gedacht. Sie waren ihr so normal vorgekommen. Sie waren ihr eben „vor gekommen", wirklich hervor gekommen, und haben sich auf diese Weise als Schlüsselwörter gezeigt. Dann begleitete ich sie dabei, Alternativen zu finden und so ihre Ausdrucksweise zu wandeln. Von nun an konnte sie auch auf der sprachlichen Ebene die Steine, Brocken und Felsen hinter sich lassen. Damit gab sie ihrem Leben eine heilsame Wende.

Danach sprachen wir noch von dem Thema, dessentwegen sie zu mir gekommen war: von dem Umgang mit ihrer Mutter. Als wesentliche Erkenntnis nahm Cornelia Balthasar von diesem Beratungsgespräch die Hinweise auf ihr Steine-Vokabular mit. Sie war entschlossen, die vielen Steine in ihrem täglichen Denken und Sprechen aufzuspüren und hinter sich zu lassen.

Nach einigen Monaten rief sie mich an und sagte mir freudig, dass vieles in ihrem Leben in Bewegung gekommen sei und dass sie nun eine noch nie gekannte Leichtigkeit erlebe. Ich freute mich mit ihr und wurde meinerseits hellwach für den individuellen Sprachgebrauch und die darin enthaltenen Bilder und Speicherungen.

Seitdem habe ich diese Entsprechungen auch bei anderen Lebensthemen vielfältig wiedererlebt. Sie spielen bei unserer Arbeit mit der Sprache eine große Rolle. So war dieses Beratungsgespräch ein großes Geschenk für mich.

Speicherungen können auch lustig sein

Speicherungen zeigen sich auch in der Körpersprache, in Gestik und Mimik sowie in der Körperhaltung. Des Weiteren werden sie hörbar durch die Sprechgeschwindigkeit, die Stimmlage und den Tonfall. Aus diesem Grund hat jeder Mensch seine eigene Art, ein Wort zu sagen. Meist ist das jeweilige Wort bis hin zu Mimik und Gestik spontan immer wieder auf die gleiche Weise abrufbar. Ein bewusstes Ändern der gewohnten Formulierungen hat eine nachhaltige Wirkung.

Es geht uns immer wieder darum, diese individuellen Speicherungen bewusst zu machen. Beim normalen Sprechtempo bleiben sie verborgen. Darum bitten wir unsere Teilnehmer in Seminaren, einzelne Wörter und Sätze noch ein zweites Mal zu sagen. Erst dann werden ihnen die Speicherungen bewusst.

Ich lade Sie nun zu einer weiteren Übung ein: Ich bitte Sie, einzelne Wörter und Sätze einmal zu sagen und dann noch einmal zu wiederholen. Begleiten Sie die Wörter und Sätze jeweils spontan mit Mimik und Gestik. Handeln Sie so, als ob Sie Pantomime machen würden.

Viel Spaß kann diese Übung bereiten, wenn Sie sie mit einer oder mehreren weiteren Personen gemeinsam machen. Dann können Sie Unterschiede sehen. Jeder bewegt sich nämlich auf seine Weise. Sie können dann auch probieren, jeweils die Bewegungen des anderen möglichst genau nachzumachen. Wie fühlen diese sich an? Manche dieser Bewegungen wirken bei einem anderen auf einmal kurios, während sie bis dahin normal zu sein schienen. Manche neue Bewegungen sind eine wohltuende Alternative und ein wertvoller Fund. Probieren Sie Verschiedenes aus und entdecken Sie neue Möglichkeiten, sich auszudrücken.

Beginnen Sie mit einem kleinen, alltäglichen Wort, mit „klappen" wie in dem Satz: „Es wird schon klappen." Sagen Sie bitte: „klappen“ und wiederholen dieses Wort ein weiteres Mal. Wie bewegen Sie sich? Was machen Ihre Hände und Ihr Kopf und Ihre Füße? Wie bewegt sich Ihr Mund und wie Ihre Augenbrauen und die Stirn?

Danach machen Sie das gleiche mit dem Wort „gelingen“. Der entsprechende Satz dazu heißt „es wird dir schon gelingen“. Dieser Satz drückt inhaltlich scheinbar das Gleiche aus wie der Satz „es wird schon klappen“. Und doch gibt es erhebliche Unterschiede. Wie bewegen Sie sich bei dem Wort „gelingen“? Erleben und spüren Sie beide Varianten.

Als Nächstes biete ich Ihnen einen ganzen Satz an. Sagen Sie bitte: „Ich muss jetzt noch schnell einkaufen.“ Wiederholen Sie diesen Satz noch ein weiteres Mal halblaut und fühlen Sie seine Wirkung. Wie bewegen Sie sich? Was machen Ihre Hände und Ihr Gesicht? Wie schnell sprechen Sie?

Dann wiederholen Sie denselben Satz und lassen dabei das „muss“ weg. Geht das? Oder ändern Sie spontan noch mehr als das Wörtchen „muss“? Wie klingt Ihr neuer Satz? Erleben Sie, wie dieser Satz ist und welche Wirkung er hat.

Erst beim wiederholten Sprechen können Sie Ihre Wörter, Ihre Stimmlage, Ihren Tonfall und Ihre Körpersprache bewusst wahrnehmen. Der Körper spricht immer mit, selbst wenn er einmal wie erstarrt oder einfach nur reglos sein sollte. Dann ist auch dies eine Aussage. Die normal gesprochene Sprache ist so schnell, dass niemand diese feinen Nuancen mitbekommt, es sei denn, er hat ein geübtes Ohr und einen geübten Blick.

Diese unbewussten Signale beinhalten oftmals eine andere Botschaft, als der Sprecher beabsichtigt. Im Zweifelsfall kommt beim Angesprochenen die körperliche oder emotionale Botschaft an und nicht diejenige, die der Sprecher mit seinem Kopf denkt.

Diese Inkongruenzen sind eine reiche Quelle für sogenannte Missverständnisse. Hier kommt bei Hörenden eine Botschaft an, die dem Sprecher oder Schreiber nicht bewusst ist und die dennoch mitschwingt. Er fängt etwas auf, das dem anderen nicht bewusst ist. Darum sage ich „sogenanntes" Missverständnis.

Wir machen diese Inkongruenzen bewusst und begleiten Menschen dabei, eine in sich stimmige Sprache zu entwickeln und zu pflegen. Diese wiederum fördert ein klares Denken und Handeln.

Was ist Ihnen lieber: wählen oder entscheiden?

Manchmal rühren wir beim Sprechen im anderen etwas an, von dem wir keine Ahnung haben. Ein Schlüsselwort löst beim Angesprochenen eine Speicherung aus. Ein Paradebeispiel ist hierfür das Wort „entscheiden". Die Aufforderung „Entscheiden Sie sich!" kann beim Angesprochenen unterschwellig die Geschichte seiner geschiedenen Eltern oder seine eigene Scheidungsgeschichte wachrufen und reaktivieren. Dies wird ihm nicht bewusst werden. Die Entscheidung wird ihm einfach unangenehm sein, so wie die Scheidung mehr als unangenehm ist oder war. Mit der Alternative „Wählen Sie bitte!" wird er leichter eine Wahl treffen können als mit dem Satz „Entscheiden Sie sich!", egal wie freundlich der jeweilige Sprecher diesen Satz sagt.

Es gibt auch lustige und lustvolle Schlüsselwörter und Redewendungen. Sie lösen angenehme und heitere Empfindungen und Wohlgefühl aus. Auch diese sind individuell. Hierbei kommt mir immer eine Zeile aus einem Gedicht von Christian Morgenstern in den Sinn. Sie löst in mir ein solches Wohlgefühl aus: „Selig lächelnd wie ein satter Säugling". Wohlgefühl lösen auch die Wörter „gemütlich" und „wonnig" aus oder auch „ein köstliches Abendessen". Es gibt noch viel mehr wohltuende Wörter.

Finden Sie Wörter, die Ihnen gut tun, und schreiben Sie sie auf. So können Sie sich einen eigenen, wahren Wort-Schatz schaffen. Integrieren Sie diese wohltuenden und wohlklingenden Wörter langsam in Ihren täglichen Sprachgebrauch. Es genügt, wenn Sie jede Woche eines dazu nehmen.

Mit einer neuen Ausdrucksweise wandelt sich die Körperhaltung

Kleine, gezielte Änderungen im täglichen Sprachgebrauch haben eine Auswirkung auf die Körperhaltung. Dies geschieht sofort und nachhaltig. Ich sehe dies immer wieder an Seminarteilnehmern. Sie kommen an einem Wochenende zum Seminar und vier Wochen später wieder. Schon beim zweiten Mal kommen sie anders zur Tür herein. Sie sind aufrechter und glatter, und die Augen leuchten mehr als vorher. Manchmal erkennen Teilnehmer ihre Mit-Teilnehmer kaum wieder und sagen dies auch. Und jedes Mal freuen sich diejenigen, die sich wiedersehen, und nehmen glücklich ihre sichtliche Ent-Faltung und wachsende Lebendigkeit wahr.

Wie ist das möglich? Die scheinbar so kleinen Änderungen auf der sprachlichen Ebene setzen in Wahrheit an der Wurzel an. So gesehen haben wir einen radikalen Ansatz: Wir setzen an der Radix an, an der Wurzel. „Radix" ist ein lateinisches Wort und bedeutet Wurzel. Schon von der Bibel wissen wir, dass im Anfang das Wort war.

Wir lehren Menschen, ihre Muttersprache noch einmal neu zu erlernen. Wir leiten sie an, Wörter neu zu erfahren und mit ihrem ganzen Sein zu erleben. Des Weiteren machen wir ihnen ihre tiefsitzenden und an einzelne Wörter gekoppelten Bewegungsmuster bewusst. Sie erleben voller Freude, dass ihr Körper spontan reagiert, wenn sie eine für sich neue Alternative wählen. Sie merken es selbst, wie sie beim Wort „Problem" in sich zusammensinken und wie sich ihre Wirbelsäule aufrichtet, wenn sie „Herausforderung" sagen. Sie haben dabei auch einen anderen Gesichtsausdruck und eine andere Körperhaltung. Sie strahlen mehr Kraft und mehr Präsenz aus. Ihr Umfeld nimmt sie neu wahr und behandelt sie auch entsprechend. Es bereitet mir große Freude, diese Entwicklungen miterleben zu dürfen.

Eine Verkäuferin wächst über sich selbst hinaus

Ein wunderbares Beispiel lieferte eine Leserin meines Kartensatzes „Die Kraft der Sprache. 80 Karten für den alltäglichen Sprachgebrauch". Sie hatte die Anregungen der Anleitung aufgegriffen und hatte täglich vor einem großen Spiegel die Wirkung der einzelnen Sätze ausprobiert. Bei diesen Karten steht in der oberen Hälfte der Vorderseite jeweils ein üblicher Satz und in der unteren Hälfte eine Alternative. Auf der Rückseite befindet sich eine Erklärung zu der jeweiligen Redewendung. Sie hatte einen Satz nach dem anderen ausprobiert und laut gesprochen und sich dabei beobachtet.

Sie arbeitet in einem Herrenoberbekleidungsgeschäft und war zu jener Zeit im Verkauf eingesetzt. Wenn gerade keine Kunden da waren, hatte sie sich eine der Karten herausgegriffen, sich vor einen der Spiegel gestellt und die beiden Textvarianten ausprobiert. Dann sagte sie beispielsweise: „Ich rede über die neue Kollegin." Und dann: „Ich spreche von der neuen Kollegin." Dabei hatte sie sich beobachtet und im Spiegel die Wirkung der jeweiligen Sätze auf ihre Körperhaltung und ihre Mimik und Gestik gesehen. Sie bemerkte, dass sie bei den beiden Sätzen eine unterschiedliche Kopfhaltung einnahm und bei dem zweiten Satz ihr Rücken gerade war. Diese

Beobachtungen hatten sie ermuntert, auf ihre tägliche Sprache zu achten. Dies tat sie konsequent und mit Humor.

Nach vier Monaten rief ihr Chef sie zu sich. Er sagte ihr, dass irgendetwas mit ihr geschehen sein müsse und dass sie eine so klare und kraftvolle Ausstrahlung entwickelt habe. Er sagte, dass er ihr nun eine wesentlich verantwortlichere Tätigkeit zutraue, und bot ihr eine neue und höher gestellte Position im Unternehmen an. Sie freute sich und nahm die neue Stelle an. Ihre Freundin kam daraufhin zu uns ins Seminar und erzählte uns diese Geschichte.

Mit einer neuen, nicht gewohnten Ausdrucksweise können Menschen ihre automatisierten Verhaltensweisen und ihre Muster hinter sich lassen. Sie machen sich bewusst, was sie sagen und was sie sagen wollen. Dadurch haben sie einen guten Kontakt mit sich selbst. Sie sind mit ihrer ganzen Aufmerksamkeit da. Auf diese Weise beruhigen sich auch ihre Gestik und Mimik. Ebenso beruhigt sich auch ihre innere Unruhe, an der viele Menschen leiden.

Bewusstes Sprechen entschleunigt das Denken, das Handeln und schließlich den Menschen als Ganzes. Denken, Handeln und Fühlen gehören zusammen. Sie sind nicht voneinander zu trennen. Und wenn es dennoch geschehen ist und sie auseinandergefallen sind, dann steht jemand ganz wörtlich neben sich und ist neben der Kappe: Er muss sich dann im besten Sinn des Wortes wieder zusammennehmen. Die Sprache kann ihm dabei helfen.

Oft fragen mich Menschen, wie es kommt, dass sich jemand allein durch gezielte Änderungen der gewohnten Ausdrucksweise in so kurzer Zeit derart ändern kann. Das stimmt jedoch so nicht. Niemand ändert sich dabei. Das wünsche ich auch niemandem. Jeder ist in Ordnung so, wie er ist. Ich wünsche Menschen, dass sie sich finden, dass sie die werden, die sie in Wahrheit in ihrem Innersten sind. Wer sich auf die Kraft der

Sprache einlässt und beginnt, einzelne Wörter und Sätze zu fühlen und ihre Wirkung wahrzunehmen, der kommt mit einer Kraft in Berührung, die in ihm liegt. Sie macht ihn stark und richtet ihn auf. Diese Kraft ist für jeden da und wartet darauf, entdeckt zu werden.

Wissen Sie wirklich, was Sie sagen?

Kennen Sie Ihren Wortschatz?

Jeder Mensch wächst mit der Sprache seiner Umgebung auf. Er lernt sie als Erstes von seinen Eltern und Verwandten, dann von seinen ErzieherInnen und LehrerInnen und dem Umfeld, in dem er lebt und sich aufhält. Er hört sie von klein auf und wird mit ihr groß – und behält sie im Wesentlichen bis ins Alter bei.

Einzelne Wörter und Redewendungen sind ihm so selbstverständlich und vertraut, dass er sie im Allgemeinen nicht hinterfragt, ja nicht einmal wirklich wahrnimmt. Er kennt sie und gebraucht sie in den gleichen Situationen, in denen er sie als Kind oder junger Mensch kennengelernt hat.

Und diesen so selbstverständlichen Sprachgebrauch wird derselbe Mensch an seine Schüler, Auszubildenden und an seine eigenen Kinder weitergeben. Dies wird ihm dabei nicht bewusst sein. Und so wird die nächste Generation mit seinem Sprachgebrauch groß werden. Dies geht so lange weiter, bis einmal jemand aufwacht und der Alltagssprache Aufmerksamkeit schenkt.

Das ist ein vielfältiges und reiches Entdeckungsfeld. Da gibt es die Sprache der Visionäre und Anführer, die Sprache der Opfer und Abhängigen, die Sprache der Hektiker, die

Sprache der Erfolglosen, die Sprache der Gesunden und die Sprache der Kranken, die Sprache der Krieger, die Sprache der Schläger und die Sprache der Friedlichen und noch viele weitere Variationen. Kaum jemand achtet auf den individuellen Sprachgebrauch, weder bei sich selbst noch bei anderen Menschen.

Der individuelle Sprachgebrauch eines Menschen spiegelt seine bewussten und auch seine unbewussten Gedanken und seine Prägungen wieder. Er hat immer etwas mit ihm selbst zu tun und zeigt etwas von ihm. Wenn jemand sich ausdrückt, dann drückt er etwas aus sich heraus. Es kann nichts sein, was nicht in ihm wäre. Er drückt sich selbst aus.

Es lohnt sich, auf den eigenen Wortschatz zu achten. Wie Sie bereits wissen, sind die Wörter, die ein Mensch gebraucht, gleichsam die Bausteine seines Lebens. Und die Grammatik und der Satzbau entsprechen dem Bauplan seines Lebens. Es ist immer wieder aufregend und erhellend, auf die eigene Sprache zu schauen und zu horchen.

Wollen Sie mehr von sich selbst erfahren? Dann lernen Sie Ihren eigenen Sprachgebrauch kennen. Fragen Sie sich: Was sagen Sie wirklich? Welche Wirkung haben Sie mit Ihrem Denken und Sprechen? Und wollen Sie das so?

Es kann gut sein, dass Sie mit Ihrer persönlichen Sprache glücklich sind und erkennen, dass Sie selbst sich mit Ihrem Denken und der damit einhergehenden inneren Einstellung einen großen Anteil Ihres Glücks schaffen. Dann behalten Sie Ihre Sprache bitte so bei, wie sie ist. Es kann anders sein und Sie wollen bewusst Ihre Sprache weiterentwickeln.

Es ist immer interessant, auf die eigene Sprache zu achten. Ich biete Ihnen in den folgenden Kapiteln vielfältige Möglichkeiten an, Ihre eigene Alltagssprache kennenzulernen. Ich wünsche Ihnen dabei Entdeckerfreude und Humor!

1. Tipp für den Alltag

Die erste Möglichkeit ist eine praktische Übung für den Alltag. Sie ist einfach und gleichzeitig wirksam. Führen Sie sie am Tag zwei- oder dreimal für jeweils fünf bis zehn Minuten aus:

Denken Sie laut und wiederholen Sie bitte jeden einzelnen Satz noch einmal. Hören Sie sich sprechen und nehmen Sie jedes einzelne Wort wahr. Nehmen Sie seine wörtliche Bedeutung wahr und horchen Sie in sich hinein. Fühlen Sie die Wirkung jedes einzelnen Satzes.

Es genügt, wenn Sie bei jedem Üben zwei oder drei Sätze beleuchten. Vielleicht fühlen Sie sich mit Ihren Sätzen wohl. Dann nehmen Sie dies freudig wahr. Vielleicht stört Sie auch etwas. Dann ändern Sie Ihre Wortwahl.

Das Üben kann bei Ihnen so klingen: „Oh, wie schön die Sonne scheint! – Oh, wie schön die Sonne scheint!" Das klingt fröhlich und auch friedlich. Möglicherweise denken Sie laut weiter, und Sie denken so: „Das ist ein guter Tag für meine Gartenarbeit! Da kann ich gleich die Zwiebeln in die Erde stecken." Vielleicht erinnern Sie sich danach an den gestrigen lustigen Abend und sprechen Ihre Gedanken laut aus: „Wir hatten gestern eine Mordsgaudi miteinander."

Dann wiederholen Sie bitte auch diesen Satz noch einmal und machen sich jedes Wort bewusst. Nehmen Sie den Mord bei der Mordsgaudi wahr?

Sie werden bei dieser Übung viele schöne Sätze entdecken und auch manche, die Sie erschrecken.

2. Tipp für den Alltag

Wählen Sie ein bestimmtes Wort, das Sie oft sagen oder bei anderen oft hören und das Sie stört. Vielleicht beginnen Sie mit „muss“, mit „Problem“ oder auch einem anderen Wort. Wiederholen Sie dieses Wort noch einmal und lassen Sie es nachklingen. Horchen Sie in sich hinein. Wie geht es Ihnen mit diesem Wort? Hat es eine Wirkung auf Sie? Wie beschreiben Sie diese Wirkung?

Lenken Sie Ihre Aufmerksamkeit für vier Wochen auf dieses eine Wort. Nehmen Sie es in Ihrer eigenen Sprache wahr und auch bei anderen. Korrigieren Sie dabei bitte niemanden. Sie können andere bitten, Sie bei Ihrer Sprache auf Ihre Formulierungen aufmerksam zu machen.

Dann wandeln Sie dieses eine von Ihnen gewählte, belastende Wort. Finden Sie neue Formulierungen, die Ihnen gut tun. Nehmen Sie auch hier die Wirkung wahr. Beobachten Sie, wie sich Ihre neue Wortwahl in Ihrem Leben auswirkt.

Martin muss und Hildegard hat ein Problem

Martin machte diese Übung mit einem Wort, das zu seiner Lebenssituation passte. Er hatte einen übervollen Terminkalender und stand täglich unter großem Druck. Er wollte an seiner Situation etwas wandeln. Er wählte das Wort „müssen“ als sein erstes Schlüsselwort und achtete vier Wochen lang auf dieses eine Wort. Erst jetzt merkte er, wie oft er „müssen“ sagte. Er sagte es beinahe in jedem Satz, als er mit dieser Übung anfing. Erst da wurde es ihm bewusst. Wenn er von seiner Tagesplanung sprach, klang dies bei ihm bis dahin so: „Ich muss heute Vormittag zu zwei Besprechungen. Da müssen wir einige wichtige Fragen klären und dann einen Beschluss fassen. Am Nachmittag muss ich dann schon wieder in eine Sitzung. Dann muss ich schauen, dass ich rechtzeitig nach Hause komme, denn wir müssen heute ins Konzert. Da haben wir Karten.“ Martin erschrak, als ihm sein Sprachgebrauch bewusst wurde. Er spürte den Druck, den er sich selbst und natürlich auch anderen damit machte, zusätzlich zu dem Druck, der sowieso schon da war. Nun sah er manche Bemerkungen seiner Mitarbeiter und auch seiner Frau in einem neuen Licht. Sie klagten oft darüber, dass er so viel Druck ausstrahle. Diese Einsicht machte es ihm leicht, auf seinen Sprachgebrauch zu achten.

Mit der Zeit gelang es ihm immer besser, sein „müssen" zu bemerken. Oftmals konnte er es einfach weglassen. Martin hatte Humor und er lachte immer wieder, wenn er bei sich schon wieder ein „müssen" entdeckt hatte. Er nahm es heiter und gelassen und wandelte so gut als möglich seinen Sprachgebrauch. Von Martin fiel Druck ab, und er entspannte sich sichtlich. Nun konnte er mit den täglichen Anforderungen besser umgehen und fand kreative Lösungsansätze, die ihm vorher vor lauter Druck nicht in den Sinn gekommen waren. Damit strahlte er mehr innere Sammlung aus und gewann in seinem Tun an Effizienz. Als Folge davon behandelte ihn sein Umfeld anders als vorher.

Für Martin war „müssen" das erste Schlüsselwort. Bei Hildegard war es ein anderes Wort. Bei ihr war es das Wort „Problem". Sie sprach bis dahin immer von Problemen, auch wenn keines da war. Dies wurde ihr bewusst, als sie ihre Gedanken laut aussprach: „Ich werde heute ein Geschenk für meine Kollegin kaufen. Das wird kein Problem sein." Sie bemerkte, wie oft sie dieses Wort gebrauchte – in allen möglichen Variationen wie „unproblematisch", „problembeladen" und „problemlos".

Sie machte Wortproben mit diesen einzelnen Wörtern und empfand sie als schwer. Sie sah im Spiegel, wie sie sich nach vorn beugte und ein ernstes Gesicht machte. Dieses Wort war in ihren persönlichen Sprachgebrauch geraten und hatte dort einen großen Platz eingenommen. Nun machte sie sich daran, das gewohnheitsmäßig gebrauchte Wort „Problem" aus ihrer Alltagssprache herauszunehmen und dafür Alternativen zu finden.

Hildegard sagte nun beispielsweise nicht mehr: „Der Kunde X. ist ein großes Problem für uns." Sie sagte jetzt neu: „Der Kunde X. stellt uns vor eine große Herausforderung." Oder: „Der Kunde braucht unsere volle Aufmerksamkeit", je nachdem, um was es jeweils ging. Statt „Mein Pferd ist völlig unproblematisch" sagte sie nun: „Mein Pferd hat einen guten Charakter und ist gut zu haben."

Sie hatte Freude daran, Wörter und Redewendungen mit „Problem" zu entdecken und eines nach dem anderen zu wandeln. Sie beobachtete die Wirkung in ihrem Leben. Anfangs konnte sie es kaum glauben, und doch war es so: In der Folge lösten sich manche Schwierigkeiten in ihrem Leben und sie gewann an Leichtigkeit. Sie hatte dem Problem-Denken den Rücken gekehrt und ihren inneren Blickwinkel gewandelt.

3. Tipp für den Alltag

Was ist Ihr erstes Schlüsselwort?

Wählen Sie ein Wort, das Sie reduzieren oder ganz hinter sich lassen wollen. Schreiben Sie drei oder mehr Sätze auf, in denen Sie es bislang oft gebrauchen. Es können berufliche oder auch private Sätze sein. Finden Sie für jeden dieser Sätze eine Alternative und schreiben sich diese auch auf.

Integrieren Sie diese neuen Sätze in Ihre alltägliche Sprache. Achten Sie vier Wochen lang auf dieses Wort. Beobachten Sie die Wirkung in Ihrem Leben!

Muss ich Sie wörtlich nehmen?

Die alltägliche Sprache ist manchmal kurios, und zwar erst auf den zweiten Blick. Ausländer und Kinder merken dies manchmal schneller als jemand, der die allgemein übliche Ausdrucksweise schon oft gehört und als normal angenommen hat. Wir gewöhnen uns alle an die Sprache, mit der wir groß werden, und wir empfinden die uns bekannte Ausdrucksweise als völlig normal. Wir wissen, was jemand wahrscheinlich meint, auch wenn er etwas anderes sagt, als er in Wirklichkeit meint. Und doch haben jedes Wort und auch jede Redewendung eine Wirkung, auch wenn wir sie so bestimmt nicht meinen.

Wie ist es beispielsweise, wenn ein Außendienstler bei seinen Kunden vorbeifährt? Will er nun halten und läuten? Oder will er wirklich vorbeifahren? Es ist einsichtig, dass er sie nicht oder oft nicht erreicht. Er fährt bei ihnen nur vorbei.

Ähnlich ist es, wenn jemand einen Besuch abstatten will und sagt, dass er bei diesem Menschen vorbeischaut. Er kann ihn gar nicht sehen, wenn er nur vorbei schaut.

Ein Arzt aus dem Iran erzählte aus dem Krankenhaus, in dem er in Deutschland tätig ist. Er sprach von einer Situation, die er direkt nach der Mittagspause miterlebt hatte. Ein Patient bat die Mitarbeiterin an der Anmeldung um einen Termin am Nachmittag. Diese Frau sagte, wie gesagt direkt nach dem Mittagessen, folgenden bemerkenswerten Satz: „Das geht leider nicht. Wir sind voll bis oben." Dieser Satz klingt wie eine etwas derbe Darstellung des Sättigungsgrades. Erst nach einem verschraubten Entschlüsseln der Botschaft ist klar, dass sie mit „wir" nicht sich, sondern ihren Terminkalender meint.

Der allgemeine Umgang mit Sprache ist wenig bewusst. So nimmt kaum jemand die Ungereimtheiten der wörtlich genommenen Sprache wahr. Dabei können sie Anlass zu viel heiterem Gelächter sein.

Manche dieser gebräuchlichen Redewendungen befinden sich bei genauem Hinhören an der Grenze des Spaßes und sind damit nur bedingt lustig. So ist es beispielsweise mit dem locker gemeinten Satz: „Ich habe ein Attentat auf dich vor! Ich bitte dich, mich bei der nächsten Sitzung zu vertreten." Der Angesprochene wird die Ankündigung des Attentats nicht ernst nehmen und dem Kollegen sagen, ob er dessen Wunsch erfüllen wird oder nicht. Und doch ist es bedenklich, dass Menschen so leicht über die Ankündigung eines Attentats hinweggehen. Wir haben uns an Berichte von Attentaten gewöhnt. Sie sind leider ebenso alltäglich geworden wie sie in der Alltagssprache normal sind.

Es gibt zahlreiche Redewendungen, die im Allgemeinen – hoffentlich! – nicht wörtlich zu nehmen sind. Da ist beispielsweise der friedliche Ehemann, der seine mitteilungsfreudige Schwägerin regelmäßig am Telefon „abwürgt". Dann ist da die vielgeschätzte Nachbarin, die von der „Bombenstimmung" bei ihrer letzten Einladung berichtet. Was sie wohl in Wirklichkeit mit ihren Gästen gemacht hat? Ebenso gefährlich klingt die an sich freundliche Therapeutin, die ihre Patienten „umlegt", während sie in Wirklichkeit Änderungen in ihrem Terminplan vornimmt.

Besorgniserregend klingt es auch, wenn jemand seinen Gesprächspartner in einem Gespräch auf etwas „festnageln" oder aber „auf die Folter spannen" will. Es gibt da ein ganzes Qual- und Foltervokabular, das so manchen Menschen schrecklich leicht über die Lippen kommt. Obendrein gebrauchen sie es oftmals in an sich angenehmen Situationen. Vielleicht gehören Sie ja auch dazu und spannen jemanden vor seinem Geburtstag auf die Folter und verraten ihm nicht, mit welchem Geschenk Sie ihm eine Freude machen werden. Das ist schon fast sadistisch.

Ich ermuntere Sie, die allgemein übliche Sprache in ihrer wörtlichen Bedeutung zu betrachten. Beginnen Sie, die Sprache mit neuen Augen zu sehen und mit neuen Ohren zu hören. Sie werden zahlreiche Ausdrucksweisen irritierend und merkwürdig oder auch abstrus finden, die Sie bis dahin nie so wahrgenommen hatten. Der nächste Schritt mag dann sein, dass Sie solche Ausdrucksweisen für sich prüfen und wählen, ob Sie sie in Ihrem eigenen Sprachgebrauch behalten wollen oder nicht.

Viele der wörtlich genommenen Redewendungen und Ausdrucksweisen sind lustig. Ein Brasilianer erzählte mir, wie es ihm erging, als er das erste Mal von einem einwandfreien Gebäude gehört hatte. Er war sicher, dass es sich um eine Garage mit einer offenen Wand handeln würde. Er hatte herzlich gelacht, als er die wahre Bedeutung von „einwandfrei" erfuhr. Ähnlich ist es mit dem „klappen". Was für ein Bild haben Sie, wenn Sie hören, dass bei jemandem alles „klappt"? Ist das nicht recht laut, wenn eine Klappe nach der anderen klappt?

Ich wünsche Ihnen Freude beim wörtlichen Beleuchten der täglichen Sprache!

Bilden Sie ganze oder halbe Sätze?

Wir achten auf die Struktur der Sprache. Die Art und Weise, wie Menschen Sätze bilden, sagt viel über sie aus und hat gleichzeitig eine starke Wirkung auf sie selbst und auf ihr Umfeld.

Manche Menschen bilden vollständige Sätze. Bei ihnen ist jeder Satz komplett und rund. Ihre Sätze haben ein Subjekt, ein Prädikat und ein Objekt und am Ende einen Punkt, ein Fragezeichen oder ein Ausrufezeichen.

Ein einfacher Aussagesatz heißt dann beispielsweise so: „Ich öffne das Fenster." Dabei ist „ich" das Subjekt, „öffne" das Prädikat und „das Fenster" das Objekt.

Subjekt	Prädikat	Objekt
Ich	öffne	das Fenster

Als Frage an eine zweite Person heißt dieser Satz: „Öffnest du das Fenster?" und als Aufforderungssatz: „Öffne das Fenster!" Es klingt so einfach und so selbstverständlich. Hier ist jeder Satz vollständig. Das ist eine Wohltat für den Hörer und auch für den Leser. Gleichzeitig wirken die vollständigen Sätze wohltuend auf den Sprecher selbst.

Menschen mit ganzen, vollständigen Sätzen wirken klar und gut strukturiert. Sie strahlen dies auch aus. So bedingt ihre Art zu sprechen ihre Art der Körperbewegung und ihre Ausstrahlung. Damit geben sie ein klares Signal, ohne sich dessen im Einzelnen bewusst zu sein. Ihnen ist meist nicht klar, dass ihr Satzbau vollständig ist. Sie sprechen so von klein auf.

Es ginge ihnen gegen den Strich, unvollständige oder abgebrochene Sätze zu bilden. So tun sie es auch nicht oder fast nie. Diese Menschen bilden die Minderheit der Bevölkerung.

Der Großteil bildet unvollständige Sätze. Viele Menschen brechen ihre Sätze ab und setzen unvermittelt wieder neu an. Der abgebrochene Gedanke hängt unvollständig in der Luft, und der Gesprächspartner muss schauen, wie er mit den Satz- und Gedankenfragmenten klarkommt. Ein Satz kann dann so klingen: „Also, gestern bin ich die Stadt gefahren zum, äh, die Handwerker kamen nicht rechtzeitig und dann kam halt alles durcheinander, in der Stadt war ich erst bei der Bank …"

Solche Art zu reden ist für den Sprecher und auch für den Hörer ermüdend. Menschen, die ihre Sätze und damit Gedanken nicht zu Ende bringen, wirken konfus und desorganisiert. Sie verwirren und verwickeln sich und ihre Gesprächspartner durch ihre Art zu sprechen und zu denken. Auch in ihrem Leben bringen sie oftmals Handlungen nicht oder nur mit großem Aufwand zu einem Ende.

Es gibt vielerlei Möglichkeiten, unvollständige Sätze zu bilden. Eine davon ist das Fehlen des Subjekts. Ein Beispiel dafür ist die Nachricht, die an so mancher verschlossenen Tür hängt oder an einem gerade nicht besetzten Tresen steht: „Bin gleich wieder da." Das wirkt wenig wertschätzend. Da fehlt etwas Wesentliches: Das Subjekt, das „ich". Der Wartende wird sich ärgern, dass er warten muss – nur weil das Subjekt im Satz fehlt!

Ganz anders klingt die Variante mit dem Subjekt: „Ich bin gleich wieder da." Jetzt hat der Wartende gefühlt einen Ansprechpartner. So ist er eher bereit, geduldig zu warten.

Solche ich-losen Sätze sind weit verbreitet. Viele Frauen, seltener auch Männer, bilden oftmals Sätze ohne Subjekt. Bei ihnen kann ein Satz so klingen: „Gehe jetzt zur Sitzung." Oder: „Hole die Kinder vom Fußball ab." Sie selbst kommen in ihrem eigenen Denken gar nicht vor. Es ist einsichtig, dass auch andere sie nicht sehen und ihnen folglich auch keinen Dank sagen. Sie selbst geben ein entsprechendes Signal und laden ihr Umfeld zu diesem Verhalten ein.

Bei anderen Sätzen fehlt das Prädikat. Da heißt es dann einfach: „Kannst du mal?" Da muss der andere raten, was derjenige meint! Es ist mühsam, die Sätze der anderen zu vervollständigen. Auf Dauer ist das anstrengend und macht ärgerlich. Menschen, die so sprechen, wirken überfordert und gehetzt.

Bei Kindern ist diese Art von Stummelsätzen verbreitet. Sie fragen beispielsweise: „Kannst du mich mal zum Fußball?" Das soll heißen: „Kannst du mich zum Fußballtraining fahren?“ Oder beim Essen bitten sie: „Kannst du mir mal die Butter?“ Auch hier fehlt das, was der andere machen soll. Korrekt heißt die Aufforderung: „Bitte gib mir die Butter!“

Interessanterweise gebrauchen die Mütter immer das Prädikat. Bei ihnen fehlt vermehrt das Subjekt. Das gebrauchen die Kinder nach meiner Beobachtung immer. Das Prädikat bezeichnet die Tätigkeit – und die bleibt ja bei der Mutter.

Bei den Sätzen kann auch das Objekt fehlen. Auch das ist weit verbreitet. Das kann dann so klingen: „Ja, mach ich!“ statt: „Ja, das mache ich!“ Es können auch Subjekt und Prädikat fehlen: „Weiß schon!“ Das soll heißen: „Das weiß ich schon!“

Meistens ergibt er sich aus dem Zusammenhang, was der andere genau meint. Der Kontext ermöglicht es, sich dennoch gut zu verstehen. Das funktioniert so, solange alle Beteiligten ausgeruht sind und alles glatt läuft. Dann haben sie die Energie frei, all die scheinbar kleinen Unzulänglichkeiten der Kommunikation innerlich zu übersetzen. Denn genau das tun wir bei den Stummelsätzen.

Sobald auch nur ein Sandkörnchen ins Getriebe gerät, fängt es jedoch an, an allen Ecken zu knirschen. Es kommt zu Fehlern in der Kommunikation. Missverständnisse, Fehlinformationen und Unterstellungen nehmen dann ihren Lauf. Es geht auch anders. Wir wollen eine krisensichere Sprache! Sie trägt auch dann, wenn es einmal schwierig wird.

Dazu gehören ganz wesentlich die vollständigen Sätze. Vollständige Sätze erleichtern eine klare, wertschätzende Kommunikation. Sie haben noch eine weitere Wirkung: Auf der Ebene der Entsprechung sind sie ein Sinnbild für Erfüllung und Ganzheit. Wer vollständige Sätze bildet, der entwickelt einen Blick dafür, ob Dinge vollständig sind oder ob vielleicht noch etwas fehlt. Sie sind ein hervorragendes Training für Fehlervermeidung in allen Bereichen des Lebens. Ganze Sätze laden Erfüllung regelrecht ein. Es ist so einfach – doch erfordert dies Aufmerksamkeit. Das gilt auch für das Schreiben von E-Mails, von SMS und WhatsApp-Nachrichten. Vollständige Sätze wirken immer auf den Sprecher und Schreiber selbst.

Ebenso wirken unvollständige Sätze auf den Absender zurück. Bei ihnen fehlt immer etwas. Entweder fehlt das Subjekt oder das Objekt oder auch ein ganzer Satzteil. Halbe und abgebrochene Sätze laden Fehler und Mangel förmlich ein. So wie die Worte eines Menschen den Bausteinen seines Lebens entsprechen, so entspricht sein individueller Satzbau dem Bauplan seines Lebens.

Dazu sage ich gern einen einprägsamen Satz: „Halbe Sätze halbes Glück – ganze Sätze ganzes Glück!" Die meisten Menschen haben sich auf ein Dreiviertelglück eingerichtet und meinen, es ginge nicht mehr. Sie irren sich. Es geht weit mehr! Der Schlüssel liegt tatsächlich in der Struktur der Sprache. In ihr ruht eine ordnende Kraft.

Jeder Mensch kann jederzeit lernen, vollständige Sätze zu bilden. Die Voraussetzung dafür ist einzig und allein seine Bereitschaft, auf seinen Satzbau zu achten und bewusst vollständige Sätze zu bilden.

Cordula ordnete ihren Satzbau

Cordula kam zu uns in einer zermürbenden Lebenssituation, die für sie schier unerträglich war. Wenn sie sprach, dann waren die meisten Sätze unvollständig. Bei vielen Sätzen fehlte das Subjekt, und oftmals brach sie den Satz mittendrin ab und setzte immer wieder neu an. Dieser Satzbau spiegelte direkt ihre Lebenssituation wider. Sie machte immer wieder einen neuen Anfang, und jedes Mal gab es einen neuen Bruch. Es war wie bei Sisyphus. Sie kam nicht wirklich weiter. Sie fing immer wieder von vorne an und war erschöpft.

Dann begann Cordula auf ihren Satzbau zu achten. Sie bemerkte erst jetzt, wie viele ihrer so dahin gedachten Sätze unvollständig waren. Hier konnte sie ansetzen. Nichts und niemand konnte ihr hier im Weg stehen, auch nicht die sogenannten äußeren Umstände. Cordula lenkte in den nächsten vier Wochen ihre Aufmerksamkeit in erster Linie auf den Satzbau. Danach griff sie weitere sprachliche Anregungen auf. Sie wurde in den kommenden Wochen emotional sichtlich stabiler und konnte ihre extrem schwierige Situation zunehmend souverän handhaben.

Während sie Ordnung in ihren Satzbau brachte, ordnete sich Schritt für Schritt manches in ihrem Leben und fügte sich auf wundersame Art. Dies begann damit, dass sie wie im Handumdrehen eine neue Wohnung fand, die für sie wie maßgeschneidert und gut bezahlbar war. Und so ging es mit einigen Dingen, die sie sich schon lange gewünscht hatte. Sie sah und staunte. Ihr wurde die Wirkung von Denken und Sprechen auf das Erleben im Alltag klar. Sie erkannte, welche schöpferische Kraft in der Sprache liegt und welche Möglichkeiten sich ihr nun auftaten. Eine tiefe Ehrfurcht packte sie und gleichzeitig eine riesige Freude. Sie fühlte große Dankbarkeit.

Als ich sie wieder sah, strahlten ihre Augen. Sie kam mit anmutigem Schritt aufrecht herein. Sie war innerlich und auch äußerlich sichtlich aufgerichtet. Das Bittere und Traurige war von ihr gewichen. Stattdessen strahlte sie etwas Weiches und Hoffnungsfrohes aus.

Einfache Sätze machen das Leben leicht

Lange, komplizierte Sätze gelten vielfach als Ausdruck von Bildung. Sie erfordern und schulen ein kompliziertes Denken. Sie sprechen in erster Linie den Verstand und das Denken an, wobei sie das Denken einseitig überbetonen. Die guten Ideen kommen nicht aus dem Verstand und dem Denken. Sie kommen oftmals gerade dann, wenn ein Mensch innerlich gelöst ist, sich einfach wohlfühlt und an gar nichts denkt. Aus diesem Grund lohnt es sich, das übermäßige Betonen des Denkens zu erkennen und an manchen Stellen bewusst einfach zu werden. Die langen Sätze bieten sich hier als Übungsfeld an.

Es ist für viele Menschen eine große Herausforderung, statt langer Sätze mit ein oder mehr Nebensätzen kurze Sätze zu bilden. Ihnen fehlt am Anfang das Komplizierte, Verschachtelte, an das sie sich in ihrer Alltagssprache und in ihrem Leben so gewöhnt haben. Vieles wird dann in der Ausdrucksweise auf einmal so einfach und so klar, dass es ihnen erst einmal neu und beinahe fremd ist. Sie erleben in der Folge, dass sie mit ihren Mitmenschen viel leichter klarkommen als vorher und dass ihnen manches leicht gelingt, was vorher nur schwer oder mit Mühe möglich war.

Das Bilden kurzer Sätze bringt ein Umdenken mit sich. Ich gebe Ihnen dafür ein Beispiel. Dafür wähle ich einen ganz alltäglichen „weil"-Satz: „Ich lerne heute noch zwei Stunden, weil ich eine Prüfung vorbereite." Mit diesem Nebensatz liefert der Sprecher den Grund für das Lernen nach. Dadurch klingt dieser Nebensatz wie eine Rechtfertigung. Diesen komplexen Satz löse ich auf und mache daraus zwei Sätze: „Ich bereite eine Prüfung vor. Darum lerne ich heute noch zwei Stunden." Diese beiden Sätze sind in sich vollständig. Sie haben beide eine klare Aussage. Mit diesem Satz wirkt der Sprecher klar und zielorientiert. Er hat Kraft und Klarheit in seiner Aussage und auch in seinem Tun.

Die Wirkung von kurzen Sätzen ist faszinierend. Kurze, einfache Sätze bringen Klärung und Klarheit. Sie schaffen Ordnung und machen vieles einfach. Es gibt eine Wechselwirkung von komplizierten, verschachtelten Sätzen und komplizierten Lebenssituationen; und es gibt auch eine Wechselwirkung von einfachem, klarem Denken und Sprechen und klarem, gut strukturiertem Handeln.

4. Tipp für den Alltag

Wollen Sie die Wirkung von einfachen Sätzen erfahren? Ich biete Ihnen dafür eine Übung an. Ich nenne sie das Nebensatz-Fasten:

Fasten Sie vier Wochen lang Nebensätze. Bilden Sie täglich zweimal für eine halbe Stunde nur kurze, vollständige Sätze ohne jeglichen Nebensatz. Sprechen Sie langsam und hören Sie in sich hinein.

Wie empfinden Sie die Wirkung der kurzen Sätze auf sich selbst und auf Ihr Umfeld?

Beobachten Sie, was sich in dieser Zeit in Ihrem Leben bewegt.

Die Satzmelodie ist verräterisch

Die Satzmelodie zeigt viel von einem Menschen. In der Schule lernen Kinder zu lesen. Beim Vorlesen einer Geschichte lernen sie von ihren Lehrern und Lehrerinnen, am Ende eines Satzes mit der Stimme nach unten zu gehen. Der Punkt am Satzende zeigt ihnen an, wann sie die Stimme absenken. Beim Vorlesen senken die Kinder und auch viele Erwachsene die Stimme am Ende eines Aussagesatzes ab. Doch das normale Sprechen in den verschiedenen Situationen des Alltags folgt anderen Gesetzmäßigkeiten als das laute Lesen oder Vorlesen. Erwachsene, Schulkinder und auch deren Lehrer sprechen so, wie sie es schon als kleine Kinder in der Familie, auf der Straße und von ihrem Umfeld gelernt haben. Das gilt auch für die Satzmelodie. Beim Sprechen bleiben die meisten Menschen mit der Stimme in der Luft hängen.

Müssen Sie manches mehrmals sagen?

Beim Großteil der Erwachsenen bleibt die Stimme am Ende eines Aussagesatzes oben. Die Satzmelodie steigt bei ihnen vom ersten Wort eines Satzes an kontinuierlich nach oben an. Die Wörter fliegen gleichsam davon. Die Stimme senkt sich nicht wieder ab. Der Satz bleibt offen. Dann beginnt eine neue Aussage und wieder steigt die Satzmelodie von unten nach oben bis hin zum Ende eines Gedankens. Dann wiederholt sich das Muster. Das geht solange, bis demjenigen die Luft ausgeht. Dann senkt er kurz die Stimme ab, atmet ein und macht dann wieder weiter mit der vorher beschriebenen Satzmelodie.

Diese Menschen machen nur selten wirklich einen Punkt. Sie kommen auch im übertragenen Sinn in ihren Ausführungen nicht auf den Punkt. Es ist ermüdend, sie anzuhören. Bereits nach wenigen Minuten lässt auch beim besten Willen die Konzentration des Hinhörenden nach.

Menschen mit einer solchen beständig von neuem ansteigenden Satzmelodie arbeiten in ihrem Leben zu viel, gemessen an dem, was dabei herauskommt. Sie fangen immer wieder von vorne an: Sie roden, sie pflügen, sie eggen, sie säen, sie pflegen – und wenn es Zeit für die Ernte ist, dann sind sie nicht da. Sie überlassen die Ernte anderen, ohne dies bewusst zu tun. Sie laden Früchteklauer in ihr Leben regelrecht ein. Diese fahren dann die Ernte ein und leben auf ihre Kosten. Sie danken ihnen dafür nicht. Während die Früchteklauer ernten, sind sie schon wieder dabei, sich anzustrengen und sich Mühe zu geben. Sie roden dann schon wieder und pflügen und eggen usw. Das geht immer so weiter. Sie sind es so gewöhnt und kennen es nicht anders. Darum finden sie es auch so, wie es ist, normal. Sie sind wie in einem Hamsterrad. Menschen mit dieser Prägung haben eine charakteristische Satzmelodie: Es fehlt der hörbare Punkt – ihre Stimme bleibt am Satzende oben hängen.

Erika konnte sich nur schwer abgrenzen

Erika ist in dieser Hinsicht ein Musterbeispiel. Als ich sie kennenlernte, war sie beruflich chronisch überlastet, und privat hatte sie Schwierigkeiten, sich von Problemgeschichten ihrer Freundinnen abzugrenzen. Sie fühlte sich von ihnen belastet, und gleichzeitig wollte sie ihren Freundinnen helfen. Nach ihrer Aussage war sie offen für alles und konnte sich nicht abgrenzen. Diese Aussage ließ mich aufmerken. Ich sagte es ihr auch: „Seien Sie achtsam. Wer offen ist für alles, der ist nicht ganz dicht."

Erikas Lebenssituation fand ihre Entsprechung in der Satzmelodie: Ihre Sätze blieben am Ende offen. Es fehlten nach ihren Sätzen der Punkt und die minimale Pause, die mit einem Punkt einhergeht. Den Sätzen fehlte Struktur. Es war begreiflich, dass sie sich damit in ihrem Leben nur schwer abgrenzen konnte. Auch darauf machte ich sie aufmerksam.

Meine Erklärung leuchtete ihr ein. Ihr wurde noch mehr bewusst: Sie arbeitete ohne Pausen. Wenn ihre Kollegen eine Pause machten, ging sie schon wieder an die nächste Arbeit. Sie arbeitete ganz wörtlich pausenlos. Ihre Satzmelodie war ein Spiegelbild dieser Handlungsweise!

Während sie dies erzählte, sprach sie ohne Punkt und Komma. Sie reihte einen Gedanken an den anderen oder auch nur ein Gedankenfragment an das andere. Selbst bei einfachen, kurzen Sätzen blieb sie mit ihrer Stimme am Satzende hoch oben. Ihre Stimme war ermüdend – und sie kam nie auf den Punkt.

Ich bot Erika eine Übung an, bei der sie ihre Satzmelodie entdecken kann. Sie willigte interessiert ein. Ich bat sie, ein paar Sätze aus ihrem Alltag zu erzählen und kündigte ihr an, dass ich sie bereits nach einigen Sätzen unterbrechen würde. Ich erklärte ihr, dass ihr die Satzmelodie auf diese Weise am leichtesten bewusst wird und sie folglich dann auch etwas daran ändern kann, wenn sie dies will.

Erika begann aus ihrem beruflichen Alltag zu erzählen. Dabei hörte ich den Inhalt ihrer Aussage und achtete gleichzeitig auf ihren Satzbau und auf ihre Satzmelodie.

Ihr Satzbau war verwickelt und lang, und die Satzmelodie war nach oben offen. Dann unterbrach ich sie wie angekündigt und bat sie, dieselben Sätze nochmals zu sagen. Dabei sollte sie die Stimme am Satzende jeweils absenken.

Ich führte Erika schrittweise durch diese Übung. Sie stellte für sie eine große Herausforderung dar. Sie achtete nach ihrer Aussage das erste Mal in ihrem Leben auf ihre Satzmelodie und auf den Punkt am Ende des Satzes. Das war für sie völlig neu. Es gelang ihr kaum, die Stimme am Satzende abzusenken. Ich bot ihr eine Hilfe an und bat sie, am Satzende jeweils „Punkt" zu sagen und danach eine kleine Pause zu machen. Nach einigem Üben hatte sie den Bogen heraus und konnte mit jedem Satzende die Stimme absenken. Dabei bildete sie kurze, einfache Sätze. Sie fühlte sich damit gut und empfand sich als gesammelt. Sie wirkte sicher und klar, und das strahle sie auch aus.

Nach ihrem Erfolgserlebnis im Seminar behielt Erika diese Übung bei und lenkte auch daheim und an ihrem Arbeitsplatz immer wieder ihre Aufmerksamkeit auf ihre Satzmelodie. Bald schon bemerkte sie angenehme Auswirkungen auf ihr Leben.

Allem voran konnte sie jetzt Pausen machen und sie genießen. Sie kam innerlich zur Ruhe und fühlte sich kraftvoll und energiegeladen.

Mit dieser scheinbar kleinen Korrektur durch die Änderung der Satzmelodie stellte Erika eine neue Weiche in ihrem Leben. Sie merkte die Wirkung: Menschen nahmen sie auf einmal viel mehr wahr als vorher und schenkten ihr und auch ihrem Tun und ihren Anregungen weit mehr Aufmerksamkeit. Ihr Umfeld konnte sie von nun an deutlich wahrnehmen und auch ernst nehmen. Dabei ist sie genau derselbe Mensch geblieben, der sie schon immer war. Ihr Inneres kam zum Leuchten.

Die Satzmelodie ist ein kraftvoller Schlüssel auf dem Weg in ein selbstbestimmtes, von Eigenverantwortung getragenes Leben. Das Beleuchten der Satzmelodie und ihre jeweilige Wechselwirkung mit individuellen Lebenssituationen faszinieren mich immer wieder neu.

Erlauben Sie sich Wirkung!

Nur ein kleiner Teil der Bevölkerung wird von klein auf mit der Satzmelodie groß, die Erika als so wertvoll kennenlernte und sich bewusst aneignete. Bei ihnen hat jeder Satz einen klaren Anfang, eine klare Mitte und ein klares Ende. Die Satzmelodie begleitet die einzelnen Gedankengänge. Am Ende eines Satzes senken sie die Stimme ab und machen einen deutlichen Punkt. Er wird hörbar als eine minimale Pause. Die Satzmelodie bildet dabei gleichsam einen Bogen. Wir nennen Sätze mit dieser Satzmelodie Bogensätze.

Das Absenken der Stimme am Satzende zeigt dem Gesprächspartner, dass dieser Satz jetzt zu Ende ist. Dann kann er die Aussage speichern und sich merken. Bleibt die

Satzmelodie am Satzende dagegen oben, dann ist dies die Satzmelodie eines Fragesatzes. Doch merkt der Hörer schnell, dass er nicht antworten darf, denn der Sprecher redet gleich weiter. Folglich kommt der Satz mit der falschen Satzmelodie bei ihm als Fehler an, und es ist ihm kaum möglich, ihn sich dauerhaft zu merken.

Wer diese minimale Pause am Satzende nicht macht, wird manches fünf Mal sagen müssen und das Gefühl haben, dass andere nicht richtig hinhören, wenn er etwas sagt. Doch liegt der Schlüssel bei ihm selbst und seiner Sprache.

Die minimalen Pausen sind essentiell. Vor einer ganz bedeutenden Aussage wird eine Pause auch etwas länger sein als üblich. Der Sprecher hebt die Wichtigkeit seiner Botschaft dann durch die Pause hervor, und der Hörer weiß, dass jetzt etwas Bedeutendes kommt. Das macht es ihm leicht, das Folgende aufzunehmen und zu speichern.

Bei dieser Satzmelodie mit den Bogensätzen ist es angenehm und leicht, hinzuhören und mit der ganzen Aufmerksamkeit dabei zu bleiben. Menschen, die so sprechen, wirken und haben Wirkung.

Die Pause am Satzende ist von großer Bedeutung für eine erfolgreiche Kommunikation. Sie hat auch eine starke Wirkung auf den Sprecher selbst und auf seine Lebensgestaltung. Die meisten Menschen sprechen viel zu schnell weiter. Es ist so, als ob sie die Pause scheuen würden. Doch sind Pausen keine Löcher – sie sind Wirkzeiten! Wer sie überspringt, erschwert sich die Wirkung und macht sich das Leben schwer. Auch für unsere Gesundheit und unser Wohlbefinden brauchen wir gelegentliche Pausen. Wer sie missachtet, zahlt dafür irgendwann einen hohen Preis.

Die kleinen Pausen zwischen den Sätzen sind ein gutes Übungsfeld. Es ist viel leichter, zwischen den Sätzen minimale Pausen zu machen, als gleich im Leben etwas so umzustrukturieren, dass mehr Raum für Pausen möglich wird. Doch kommen diese Möglichkeiten wie von selbst, wenn jemand anfängt, auf die Pausen zwischen den Sätzen zu achten.

Michael strahlt Ruhe und Besonnenheit aus

Michael ist ein gebildeter und tüchtiger Geschäftsmann mit großem Können und Weitblick. Er strahlt eine wohltuende innere Ruhe aus und handelt bei allem besonnen. Er sieht, was erforderlich ist und handelt. Entweder er macht etwas selbst oder leitet es in die Wege. Sein Satzbau, seine Wortwahl und seine Satzmelodie spiegeln dies wider: Seine Sätze schwingen in einem Bogen und haben am Ende einen hörbaren Punkt mit einer kurzen Pause. Ihnen entsprechend hat er in seinem vollen Alltag immer wieder Ruhepunkte. Michael hatte das große Glück, mit diesem Denken und Sprechen groß zu werden.

Es wäre nun ein Trugschluss zu glauben, dass alle erfolgreichen und zielorientierten Menschen so sprechen und mit ihrer Stimme am Satzende heruntergehen und am Ende einen hörbaren Punkt machen. Es gibt in allen Lebensbereichen eine große Zahl von engagierten, tüchtigen Menschen, die mit der Stimme am Satzende oben bleiben und dennoch wirtschaftlich und beruflich die Füße auf dem Boden haben.

Dennoch kostet sie eine Satzmelodie mit stetig ansteigender Satzmelodie und einem zu hohen Tempo durch pausenloses Sprechen auf die Dauer Kraft und Lebensenergie. Sie fühlen sich irgendwann schlapp und müde und ausgelaugt. Sie können dem Druck nicht mehr standhalten und verlieren ihre Spannkraft. Dies kann bis zum Burnout gehen. Oder sie machen sich und anderen beständig Druck, um so die wegfließende Energie unbewusst auszugleichen. Dies ist anstrengend und macht auf Dauer krank.

So können auch erfolgreiche Menschen mit dem Wissen um die Wirkung der Bogensätze ihre Lebensqualität erheblich steigern. Mit einer gezielten Korrektur der gewohnten Satzmelodie eröffnen sich auch ihnen neue Perspektiven.

Satz-Salat mit gemischten Zutaten

Bis hierher habe ich nur von Aussagesätzen gesprochen und die Satzmelodie dieser Aussagesätze betrachtet: Sie haben am Ende einen Punkt, und der Sprechende senkt am Satzende die Stimme.

Wie Sie wissen, bleiben zahlreiche Menschen dennoch am Ende des Satzes mit der Stimme oben und bleiben damit stimmlich in der Luft hängen. Damit haben sie die Satzmelodie eines Fragesatzes auf den Aussagesatz übertragen, ohne eigentlich eine Frage stellen zu wollen. Das erzeugt beim Gesprächspartner eine Irritation. Diese ist meist unbewusst, und doch ist sie da.

Als Nächstes lenke ich Ihre Aufmerksamkeit nach den Aussagesätzen auf die beiden weiteren Satzarten: auf den Fragesatz und auf den Aufforderungssatz. Ich stelle diese drei Satzarten anhand eines Beispielsatzes nebeneinander. Als Ausgangssatz wähle ich den folgenden Satz: „Du gehst einkaufen."

Dieser Satz ist ein Aussagesatz. Mit ihm macht der Sprecher oder Schreiber eine Aussage. Die Stimme senkt sich am Aussagesatz ab. Am Ende steht ein Punkt.

Nun folgt der Fragesatz. Mit ihm stellt der Sprecher oder Schreiber eine Frage: „Gehst du einkaufen?" Beim Fragesatz bleibt die Stimme am Satzende oben. Am Ende des Fragesatzes steht ein Fragezeichen.

Als Drittes folgt der Aufforderungssatz. Der heißt bei unserem Beispiel: „Gehe einkaufen!" oder auch „Geh bitte einkaufen!“ Hier steht am Satzende ein hörbares Ausrufezeichen. Die Stimme klingt bestimmt und senkt sich gleichzeitig am Satzende geringfügig, weit weniger als beim Aussagesatz. Der Aufforderungssatz kann je nach Situation den Charakter einer Aufforderung, einer Bitte oder einer Anweisung haben. Manchmal hat er auch den Charakter eines Befehls. Das ist dann eine Frage des Tonfalls. Hier macht der Ton die Musik.

Soweit sieht alles klar und einfach aus. Die drei Satzarten haben eine gänzlich unterschiedliche Zielsetzung. Aussagen sind etwas anderes als Fragen, und Fragen sind etwas anderes als Bitten oder Aufforderungen, und sie bezwecken etwas anderes.

Im allgemeinen Sprachgebrauch gibt es ein weit verbreitetes Durcheinander von Fragen, Aussagen und Aufforderungen. Es gibt verschiedene Möglichkeiten für dieses Durcheinander.

Viele Menschen mischen einen Fragesatz mit einem Aufforderungssatz. Sie stellen dann eine scheinbar höfliche Frage, die jedoch keine ehrliche Frage ist. Sie tun nur so, als ob sie eine Frage stellten. Der Angesprochene kann darauf nur schwer „nein“ sagen. Bei diesen Sätzen widerspricht der auffordernde Ton und auch das „bitte“ einer ehrlichen Frage.

Ich gebe Ihnen ein Beispiel für einen solchen Satz: „Kannst du bitte das Licht anmachen?!“ Wir wissen alle, was jemand meint, der einen solchen Satz sagt. Wir haben alle gelernt, dass Menschen – auf der Ebene des Satzbaus – etwas anderes sagen, als sie meinen. Wir sind so erzogen und wissen, was solche Sätze sagen sollen: Wir sollen das Licht anmachen! Das ist nur scheinbar eine eindeutige Aufforderung.

Doch tun sich viele Menschen mit einer klaren und eindeutigen Aufforderung schwer. Sie fürchten, damit unhöflich zu sein. Vielfach ist der eindeutige Aufforderungssatz ohne eine Rahmeninformation tatsächlich zu fordernd. Dann ist vorher noch ein erklärender Satz einzufügen, beispielsweise: „Es wird dunkel. Bitte mach das Licht an!" Oder: „Du sitzt gleich beim Lichtschalter. Bitte mach das Licht an!"

Das sind dann zwei Sätze. Damit ist jeder Mensch höflich und wertschätzend und gleichzeitig klar. Wertschätzung und Klarheit passen gut zusammen. Der eindeutige Gebrauch der Satzarten hilft dabei.

Wir sind alle mit dem Vermischen der Satzarten groß geworden. Solange wir uns verstehen und ausgeruht sind, können wir diese Verdrehungen korrigieren und ausgleichen. Ansonsten empfinden wir Menschen mit einer solchen Ausdrucksweise als anstrengend und mühsam. Je nach Grad unserer eigenen Anstrengung beginnen dann Missverständnisse und auch emotionale Fehlreaktionen.

Diese Mischformen von Fragen und Bitten begleiten uns durch den ganzen Tag, von klein auf. Ich nenne Ihnen eine Auswahl solcher Sätze. Das Kleinkind hört „Kannst du bitte still sitzen bleiben?!" oder „Kannst du bitte deine Schuhe anziehen?" statt: „Bleib bitte still sitzen!" und „Zieh bitte deine Schuhe an!" Beim Einkaufen geht es mit den Mischformen weiter: „Können Sie mir bitte von dem Emmentaler ein schönes Stück herunterschneiden, etwa 300 Gramm?" statt: „Schneiden Sie mir bitte ein schönes Stück vom Emmentaler herunter, etwa 300 Gramm!"

So geht es den ganzen Tag weiter. Ich gehe mit Ihnen in Gedanken zu einer Gaststätte an die Garderobe. Da heißt es oft: „Würden Sie mir bitte den Mantel herüberreichen?!" Auch dies ist eine Mischung von Frage und Aufforderung. Hier heißt die eindeutige Variante: „Bitte reichen Sie mir den Mantel herüber!" oder je nach Situation mit einer erläuternden Vorbemerkung: „Darf ich Sie um etwas bitten?" – Reaktion abwarten – „Bitte reichen Sie mir den Mantel herüber!"

Das „bitte“ ist immer freundlich und höflich, und ich sage gern und oft „bitte“. Doch gehört ein „bitte“ in eine Aufforderung und eben nicht in eine Frage.

Die meisten Erwachsenen gehen davon aus, dass sie genau wissen, was der andere meint, wenn sie solche verdrehten Sätze mit Mehrfachbotschaften sagen. Kinder brauchen erst eine Weile, um zu erfassen, was Erwachsene von ihnen wollen. Blick, Gestik und die Satzmelodie sowie der eigene gute Wille helfen ihnen über die Verwirrung hinweg. Wenn Sie ein kleines Kind fragen und gleichzeitig bitten: „Kannst du mir die Tasse bitte bringen?“, dann wird es wahrscheinlich sagen: „Ja, das kann ich. Ich bringe dir die Tasse.“ Es entwirrt die Doppelbotschaft und antwortet auf jeden einzelnen Teil dieser entwirrten Botschaft. Schon mit vier, fünf Jahren verlieren sie ihre Klarheit und beginnen ebenso wie die sie umgebenden Erwachsenen ineinander gemischte Sätze zu bilden. Dies hat eine weitreichende Auswirkung auf ihr Denken und Handeln.

Die klare Struktur und Eindeutigkeit der Kinder gehen damit ein Stück weit verloren und mit ihnen etwas von ihrer wunderbaren, ursprünglichen Kraft. Verrückterweise bekommen die kleinen Kinder ein Lob, wenn sie die Erwachsenensätze verstehen und ihnen die Entwirrung gelungen ist und sie sogar selbst anfangen, so verdreht zu sprechen. Dies gilt aus einer missverstandenen Höflichkeit heraus sogar als erstrebenswert. Das sind dann übertrieben gesprochen Sätze wie: „Könntest du mir bitte, wenn es dir nicht zu große Umstände bereitet, gerade einmal eben die Türe aufmachen?!“

Bei einem Vermischen von Frage und Aufforderung sendet der Sprecher mit seinem Satz eine doppelte Botschaft. Und der Hörer empfängt eine verwirrende Botschaft. Er braucht etliche Augenblicke, um die Nachricht zu entschlüsseln und dann verspätet zu handeln oder zu antworten. Kleine Kinder können mit den doppelten Botschaften nichts anfangen und können darum nur verzögert reagieren und handeln. Diese Verzögerung wird ihnen oft als Trödeln oder Nicht-Hinhören ausgelegt und bringt ihnen Schelte ein.

Nicht nur für Kinder sind eindeutige Aufforderungen und eindeutige Fragen ein Segen. Auch Erwachsene profitieren davon. Dies gilt sowohl für den privaten als auch für den beruflichen Bereich. Die Kommunikation wird damit wesentlich klarer und wirksamer.

Ich habe noch eine weitere Anmerkung zu den gemischten Fragen und Aufforderungen. Auf eine Entscheidungsfrage darf der Angesprochene immer mit einem Ja oder einem Nein antworten. Die vermeintlich höflichen Bitten in der Form einer Frage erlauben dem Angesprochenen immer, dass der mit einem Nein antwortet. Dieses Nein kann auch auf der Handlungsebene sein. Das bedeutet, dass der Angesprochene schlicht und ergreifend nichts tut. Und das darf er nach einer Frage. Das jedoch ist sicher nicht im Sinn des Sprechers. Die Untätigkeit oder angebliche Faulheit eines anderen ändert sich oft wie von selbst bei klaren Satzstrukturen. So lassen sich viele Missstimmungen leicht vermeiden. Für die alltägliche Kommunikation ist der Gebrauch von eindeutigen Satzarten ein klarer Gewinn.

Sie haben darüber hinaus noch eine weitere bedeutsame Auswirkung: Sie wirken auf den Sprecher selbst. Sie helfen ihm, in seinem gesamten Denken und Handeln viel klarer zu werden!

Ich nenne Ihnen wieder ein Beispiel: Alexander, ein Geschäftsmann, entdeckte die Satzarten als einen entscheidenden Schlüssel für mehr Klarheit und Wirksamkeit in seinem Betrieb. Er sagte, es sei am Anfang eine große Herausforderung gewesen, in einer für ihn so neuen Weise zu denken. Doch die Früchte sind nach seiner Aussage großartig: Bevor er einen Mitarbeiter anspricht, macht er sich seitdem klar, ob er eine Frage an ihn hat oder ob er ihn auffordern will, etwas zu tun. Das macht er auch daheim mit seinen Kindern so. Seitdem ist im Betrieb und auch in der Familie viel Druck abgefallen, und er hat mehr Zeit. Die Dinge gelingen leichter.

Das Mischen von Fragen und Bitten ist die häufigste Mischung. Es gibt noch weitere Vermischungen. Auch sie lohnt es sich zu entwirren. Immer wieder geht es vor allem um das Entwirren und Ordnen des eigenen Denkens. Als nächste Form der Vermischung nenne ich Ihnen das Mischen von Aussagen mit einer Aufforderung. Ich nenne Ihnen dafür ein Beispiel aus einer Familie:

Ich stelle mir vor, dass der Angesprochene am Tisch sitzt und gerade mit etwas beschäftigt ist. Er hört: „Du hängst bitte die Wäsche auf!“ Das ist irritierend. Derjenige hängt sie ja gar nicht auf. Er macht gerade etwas anderes. Die Aussage ist nicht wahr, und das irritiert. Der Satz heißt richtig: „Häng bitte die Wäsche auf!“ Noch besser ist es, einen erklärenden Rahmen voranzustellen: „Die Waschmaschine ist fertig durchgelaufen. Häng bitte die Wäsche auf!“ Dann kann der Angesprochene sich auf die Situation einstellen.

Es gibt viele Sätze mit dieser Mischform. Sie folgen immer wieder dem gleichen verdrehten Muster einer vermeintlichen Aussage und einem „bitte“. Eine Aussage benennt etwas. Es ergibt wenig Sinn, zu einer Aussage ein „bitte“ zu fügen. Sie bewirkt nichts – und wenn der Angesprochene dennoch das Gedachte, jedoch nicht das Gesagte ausführt, dann hat er eine innere Übersetzungsarbeit geleistet. Sie ermüdet auf Dauer.

Ähnlich ist es bei den Passivsätzen in der Form eines Aussagesatzes. Fast jeder kennt sie aus seiner Kindheit oder Ausbildung und hat eine unangenehme Erinnerung daran. Sie gehen meist mit einem strengen Blick und einem scharfen Unterton einher: „Das Zimmer wird heute aufgeräumt!!“ Oder: „Das wird jetzt gemacht!!“, gefühlt mit zwei Ausrufezeichen.

Solche Sätze sind widersinnig. Jemand benennt etwas und behauptet, dass etwas gemacht wird. Genau das wünscht er sich jedoch und versucht, es anzuordnen. Doch damit erschwert derjenige, dass etwas geschieht und dass der Angesprochene aktiv wird. Das Vermischen eines Aussagesatzes mit der Intonation einer Aufforderung wirkt aggressiv. Es ist immer wieder erstaunlich, wie emotional Grammatik ist!

Das Mischen von Satzarten zu einem Satz-Salat gibt es ebenso bei freundlich und höflich gemeinten Bitten wie auch in ärgerlichen Situationen. Mit den verdrehten Satzstrukturen heizt sich die Situation schnell emotional auf und eskaliert dann auch leicht. Bei den ärgerlichen Sätzen kommt noch die Körpersprache dazu, beispielsweise die grünen Blitze aus den Augen oder ein erregtes Schnaufen vor oder nach dem Satz oder Falten auf der Stirn und um den Mund. Im Satz hören wir dann oftmals einen Fragesatz mit einem vorwurfsvollen Ausrufezeichen am Schluss. Damit wird klar, dass der Angesprochene gar keine Antwort zu geben braucht. Er fühlt sich einfach heruntergeputzt und natürlich nicht geachtet.

Ein solcher Satz kann die folgende ärgerliche Frage von Eltern an ihr Kind sein: „Warum hast du denn schon wieder deine Schuhe im Weg herumstehen lassen?!“ Es kann auch die vorwurfsvolle Frage der Frau an den Mann sein: „Warum hast du mir das nicht viel eher gesagt?!“, oder umgekehrt des Mannes an die Frau. Die Gestik und Mimik sowie die Stimmlage mögen Sie sich selbst ausmalen.

Bei diesen ärgerlichen Sätzen empfängt der Angesprochene mindestens vier unterschiedliche Signale: Dies sind erstens die jeweiligen mit dem Satz einhergehenden körperlichen Signale, zweitens der Satzbau eines Fragesatzes, drittens die Satzmelodie der Aufforderung – sie fordert den Angesprochenen auf, eine Antwort zu geben – und viertens die einzelnen Wörter. Sie alle soll er unter einen Hut bringen.

Die körperlichen Signale sind die lautesten. Sie kommen beim Gesprächspartner immer an. Es ist naheliegend, dass gleich nach der Körpersprache die in dem jeweiligen Satz mitschwingende Emotion den Angesprochenen erreicht. Die wesentliche und in Wahrheit vom Sprecher gewollte Botschaft kommt beim Angesprochenen kaum oder gar nicht an. Dagegen bleibt der Vorwurf. Er bleibt nach dem Wortwechsel oftmals gleich einem Fehdehandschuh zwischen dem Sprecher und dem Angesprochenem auf dem Boden liegen.

Markus bestellt seinen Cappuccino auf eine neue Weise

Markus wurde diese so weit verbreitete Verwirrung auf der Satzebene immer deutlicher bewusst. Er ahnte nach einigem Ausprobieren bald die Tragweite einer verwirrten und auch die Tragweite einer geordneten Satzstruktur.

Er ist ein blitzgescheiter, strebsamer und feinfühliger Student. Er weiß genau, was er will, und geht seinen Weg konsequent Schritt für Schritt. Als ich ihn kennenlernte, war er am Ende seines Medizinstudiums. Es war ihm ein Anliegen, noch genauer als bislang auf seinen Sprachgebrauch zu achten. Er sah darin einen wesentlichen Aspekt für seine Tätigkeit als Arzt, sei es bei Anamnesegesprächen, bei Beratungen oder auch beim Überbringen von schweren Nachrichten.

Markus' Sprache war geprägt von gemischten Satztypen. Er stellte Fragen, wenn er Bitten äußern wollte. Es war ihm peinlich, eine klare Bitte zu formulieren. Er empfand sich dann als fordernd und sogar als schroff, wenn er sich dies auch nur vorstellte.

Ich bot ihm eine Übung an. Dafür bat ich ihn, eine Situation aus seinem studentischen Alltag auszuwählen. Er beschrieb ein werktäglich wiederkehrendes Ritual. Er ging an Vorlesungstagen täglich einmal mit Kommilitonen ins Café und bestellte sich dort einen Cappuccino. Bislang klang seine Bestellung so: „Entschuldigung! Könnten Sie mir bitte gelegentlich einen Cappuccino bringen?!" Er wiederholte diesen Satz noch einmal und sprach dabei eine andere Seminarteilnehmerin als Bedienung an. Sie achtete darauf, wie sie sich dabei als Bedienung fühlt und welche Signale sie von Markus aufnahm. Bei dem wiederholten Bestellen hörte sie seine einzelnen Wörter und nahm seine Stimme wahr, und sie sah seine Körperbewegung.

Danach bat ich Markus, die gleiche Bestellung mit einer neuen Formulierung ohne Frage nochmals aufzugeben und dafür dieselbe Teilnehmerin zu wählen. Er sagte: „Bitte bringen Sie mir einen Cappuccino!" Auch hier achtete die Teilnehmerin auf die einzelnen Wörter, auf seine Stimme und auf die Körpersprache. Sie reagierte prompt spontan mit einem Ausruf: „Das ist ja ein Wahnsinn, was das für ein Unterschied ist!" Markus saß jetzt aufrecht und blieb auch aufrecht, seine Stimme war fest, und seine Augen hatten einen anderen Blick als bei der Ausgangsformulierung mit den gemischten Satztypen. Auch er empfand den Unterschied.

Nun wünschte ich ihm, dass seine Stimme noch weicher wird, als sie es bei dem kurzen Satz war. Ich fragte ihn, ob er den Namen der Bedienung kenne. Wenn ja, dann empfahl ich ihm, sie mit ihrem Namen anzusprechen. Des Weiteren bat ich ihn, die Bestellung in der neuen Form nochmals aufzugeben und sich dabei seine Lieblingsfarbe vorzustellen. Er wählte spontan ein warmes Grün. Er hatte Spaß bei dieser Vorstellung. Nun sagte er den Satz nochmals und malte dabei die Wörter in seiner Vorstellung grün an. Die Teilnehmerin lachte und strahlte. Spontan fragte sie in die Runde, wo denn der Cappuccino sei, den sie ihm jetzt gleich bringen wolle. Sie fühlte sich in der Rolle der Bedienung viel mehr als Mensch gesehen und spürte die Freude ihres Kunden auf den Cappuccino. Sie hatte ihrerseits Freude daran, ihn zu bedienen. Sie sagte noch: „Diesen Kunden werde ich mir merken!“ Markus freute sich schon auf seinen nächsten Café-Besuch und versprach uns, das nächste Mal von seinen Erfahrungen zu berichten.

Ich sah Markus acht Wochen später wieder. Er berichtete uns von seinen Erfahrungen. Die Besuche in dem Café hatten ihm bewusst gemacht, wie oft er Fragen und Bitten und Aufforderungen ineinander gemischt hatte. Er hatte in der Folge bemerkt, wie oft er in vielerlei Situationen seines Lebens die gleichen Satzmischungen machte, und daraufhin so gut als möglich Ordnung in seinen Satzbau gebracht.

Damit fühlte er sich wesentlich wohler und kraftvoller als vorher. Seine Augen leuchteten, und er strahlte eine warme Kraft und Tiefe aus. Er traute sich jetzt, sich zu zeigen. Ein Schleier war von ihm abgefallen. Mit dem geordneten Satzbau strahlte er deutlich mehr Präsenz und Klarheit aus. Markus fügte an, dass ihm auch sonst in diesen Wochen des Übens vieles klar geworden sei und dass er nun leicht anstehende Entscheidungen treffen könne.

Der Satz-Salat, den er bislang in seiner Sprache gehabt hatte, schien auf den ersten Blick nicht zu dem sonst so klaren und zielorientierten jungen Mann zu passen. Markus schüttelte bei meiner entsprechenden Bemerkung den Kopf und sagte, dass er sehr wohl zu seinen früheren Zeiten passe und alte Muster widerspiegele. Nun war er froh, dass er einen Schlüssel zu diesen alten Mustern gefunden hatte. Er spürte, dass er sie mit dem neuen Wissen ausmustern und hinter sich lassen konnte.

5. Tipp für den Alltag

Wählen Sie eine konkrete Situation aus Ihrem täglichen Leben, in der Sie von jemandem etwas wollen. Dies kann eine Bitte sein oder auch eine Aufforderung. Es gibt vielerlei mögliche Situationen für diese so einfache und wirksame Übung wie beispielsweise das Aufräumen, das Tischdecken, das Öffnen der Fenster, das pünktliche Weggehen oder Ankommen und viele, viele weitere.

Wählen Sie bitte eine konkrete Situation. Stellen Sie sich diese Situation bildlich vor und formulieren Sie Ihre Bitte oder Aufforderung so, wie Sie es üblicherweise machen. Wiederholen Sie Ihren Satz noch einmal. Hören Sie sich sprechen und hören Sie auch in sich hinein. Begleiten Sie den Satz mit Mimik und Gestik. Wie klingt der Satz? Wie bewegen Sie sich bei dieser Formulierung?

Nun wählen Sie für die gleiche Situation eine neue Formulierung. Achten Sie darauf, dass Sie dabei eine klare Aufforderung oder eine klare Bitte äußern. Sagen Sie diese neue Variante. Wie geht es Ihnen mit dem neuen Satz? Nehmen Sie wiederum Ihre Mimik und Gestik wahr und auch Ihre Satzmelodie.

Nehmen Sie schon bei der nächsten Gelegenheit die Chance wahr, und bilden Sie einen eindeutigen Satz mit einer klaren Satzart. Der Alltag bietet dafür viele Gelegenheiten. Erleben Sie die Wirkung von eindeutigen Satzarten! Achten Sie vier Wochen lang auf das Erkennen, Entwirren und Ordnen von Satz-Salaten. Ärgern Sie sich bitte nicht, wenn Sie bei sich wieder einen Satz-Salat bemerken. Sonst werten Sie sich ab, während Sie gerade einen großen Schritt nach vorne gehen. Freuen Sie sich, dass Sie das Durcheinander schon bemerken und dann in einem nächsten Schritt ordnen können.

Beobachten Sie die Wirkung dieser Übung.

Überwinden Sie Ihr Grammatik-Trauma!

Die meisten Erwachsenen, die ich kennengelernt habe, leiden an einem Grammatik-Trauma. Aus Schulzeiten erinnern sie sich an langweilige, öde Grammatikstunden. Sie haben vage Erinnerungen an verwirrende Bezeichnungen, die für sie inhaltsleer sind. Die Verwirrung wurde jedes Mal größer, wenn dasselbe Wort wieder einen anderen Namen bekam. Das Tunwort wurde ein Zeitwort, dann wurde es ein Verb und in bestimmten, meist wenig durchschauten Zusammenhängen hieß es auf einmal Prädikat. Spätestens hier stiegen die meisten Schüler innerlich aus dem Thema Grammatik aus. Es war für sie auch nicht einsichtig, wofür es gut sein sollte, dass sie den einzelnen Wörtern grammatikalische Bezeichnungen geben können sollten, wo sie ihre Sprache doch sicher sprachen und sie sich damit bestens verständigen konnten.

Das ist schade. Düstere Grammatik-Erfahrungen aus der Schulzeit versperren noch den Erwachsenen den Blick auf einen großen Schatz. So wie die Wörter gleichsam die Bausteine des Lebens sind, so entspricht die Grammatik dem Bauplan des Lebens. Es gibt eine Wechselwirkung von Satzbau und Lebensumständen.

Ich lade Sie ein, Grammatik neu zu entdecken und dabei Freude zu erleben!

Die Zeiten in der Sprache

Als Nächstes beleuchte ich den individuellen Gebrauch der Zeiten und die jeweiligen Wechselwirkungen mit der Lebensgeschichte und Lebensplanung eines Menschen. Der korrekte Umgang mit den grammatikalischen Zeiten macht das Leben leicht. Der allgemein übliche Sprachgebrauch ist hier arm geworden. Die meisten Menschen beschränken sich auf das Präsens und das Perfekt.

Es gibt hier viel zu entdecken.

Die saubere Vergangenheit

Eine Deutsch- und Englischlehrerin betrat das Klassenzimmer einer sechsten Klasse und kündigte an, dass sie heute im Fach Deutsch Grammatik durchnehmen werden. Das Perfekt und das Präteritum sollten das Thema der Stunde werden.[1]

Schon bei dem Wort „Grammatik" stöhnten die Schüler und Schülerinnen auf. Als sie dann noch die beiden Wörter „Perfekt" und „Präteritum" hörten, streckten einige der Buben und Mädchen gelangweilt einen Arm auf den Tisch und legten ihren Kopf darauf. Das Signal war klar.

Die Lehrerin hatte bei uns die kraftvolle Wirkung von Grammatik kennengelernt. Es war ihr ein Anliegen, ihren Schülern klar zu machen, dass angewandte Grammatik angenehme und praktische Auswirkungen auf das Wohlbefinden und das tägliche Leben hat.

So begann sie die Stunde mit einem Hinweis auf die Wirkung von Präteritum und Perfekt: „Grammatik kann interessant und nützlich sein. Das Wissen um Perfekt und Präteritum hat ganz praktische Auswirkungen. Mit Präteritum werdet ihr mit dem nächsten Liebeskummer viel leichter klarkommen als mit Perfekt!"

Nun waren alle Köpfe hochgekommen. Das Interesse der Schüler und Schülerinnen war erwacht. Davon wollten sie mehr wissen.

---

1 Ich merke an dieser Stelle an, dass das Präteritum früher Imperfekt hieß. Heute sprechen wie nur noch vom Präteritum.

Die Lehrerin nannte ihnen ein Beispiel: „Wenn ihr sagt: „Eva hat letzte Woche mit mir Schluss gemacht", dann ist das Perfekt. Und wenn ihr sagt: „Eva machte letzte Woche mit mir Schluss", dann ist das Präteritum. Merkt Ihr einen Unterschied?" Schon bald meldete sich ein Schüler und sagte: „Bei Perfekt ist das noch ganz frisch und tut weh. Bei dem Satz „Eva verließ mich" ist das schon vorbei. Da schaue ich nach einer neuen Freundin!" Damit brachte er die Wirkung der beiden grammatikalischen Zeiten auf den Punkt: Das Perfekt wühlt Gefühle auf und ist nah; das Präteritum beschreibt ganz sachlich etwas, was in der Vergangenheit geschah. Es bringt innere Ruhe und Gelassenheit

Nach dieser Erkenntnis folgte eine lebendige und freudvolle Grammatikstunde. Alle Kinder probierten eifrig und interessiert die unterschiedlichen Wirkungen von Sätzen mit Präteritum und Perfekt aus.

Viele Erwachsene und erst recht Kinder und Jugendliche kennen die Formen des Präteritums und des Plusquamperfekts nicht mehr genau und können diese Zeitstufen daher auch nicht sicher bilden. Für sie ist alles Vergangene im Perfekt. Das klingt dann beispielsweise so: „Wir haben letztes Jahr Urlaub auf dem Bauernhof gemacht. Vorher haben wir unser Haus renoviert."

Jeder versteht, was der Sprecher damit meint. Und doch stimmt der Gebrauch der Zeiten nicht. Der zweite Satz beschreibt eine frühere Handlung als der erste Satz. Daher gehört hier das Plusquamperfekt hin: „Wir haben letztes Jahr Urlaub auf dem Bauernhof gemacht. Vorher hatten wir unser Haus renoviert." Bei der ursprünglichen Variante fehlt die zeitliche Struktur in der Darstellung. Dies hat eine Auswirkung auf den Sprecher und sein Zeitempfinden.

Damit Sie sich leicht an die Vergangenheitsformen erinnern können, finden Sie in der Tabelle einen Überblick:

Präsens	Wir machen Urlaub.	Wir kommen gerade an.
Perfekt	Wir haben Urlaub gemacht.	Wir sind gerade angekommen.
Präteritum	Wir machten Urlaub.	Wir kamen gerade an.
Plusquam-perfekt	Wir hatten Urlaub gemacht.	Wir waren gerade angekommen.

Das Präteritum bilden wir bei den sogenannten schwachen Verben mit der Endung „-te" und „-ten": Sie lobte/sie lobten, sie hüpfte/sie hüpften usw. Bei den sogenannten starken Verben erfolgt die Bildung durch Ändern des Vokals in der Wortmitte: Er rief/sie riefen, er fuhr/sie fuhren usw.

Das Perfekt bilden wir durch die Kombination des Verbs mit den sogenannten Hilfsverben sein, haben und werden: Er ist gekommen/sie sind gekommen, er hat gerufen/sie haben gerufen usw.

Das Plusquamperfekt bezeichnet die Vorvergangenheit: Er war gekommen/sie waren gekommen, er hatte gerufen/sie hatten gerufen usw.

Beim Gebrauch von Präteritum und Perfekt gibt es regionale Unterschiede. Es gibt eine Trennlinie. Sie verläuft in etwa von Aachen über Frankfurt am Main bis Plauen. Nördlich dieser Linie ist der Gebrauch von Präteritum neben dem Perfekt gebräuchlicher als weiter südlich. Im Süden ist das Perfekt häufiger als nördlich der genannten Linie.

Beide Zeitstufen haben eine unterschiedliche Wirkung. Wir setzen beide gezielt ein.

Marianne konnte den Ärger hinter sich lassen

Marianne konnte mit Hilfe der korrekten Zeitenbildung alte Verletzungen aus der Kindheit hinter sich lassen. Als ich sie kennenlernte, sprach sie aufgeregt und empört davon, wie ihre Eltern mit ihr als Kind umgegangen waren. Bei ihrer Schilderung gebrauchte sie das Perfekt. Das klang so: „Meine Eltern haben mir nie erlaubt, mich schmutzig zu machen. Sie haben mir alles verboten, was mir Spaß gemacht hat. Und meinen Bruder haben sie mir immer vorgezogen..." Sie redete sich bereits mit diesen wenigen Sätzen in eine innere Erregung hinein.

Nun bat ich sie, das Gleiche noch einmal zu sagen und dabei statt des Perfekts das Präteritum zu benutzen. Sie ließ sich darauf ein. Nun klangen die Sätze so: „Meine Eltern erlaubten mir nicht, mich schmutzig zu machen. Sie verboten mir alles, was mir Spaß machte. Sie zogen meinen Bruder mir vor." Sie brauchte eine Weile, um in das Präteritum hineinzukommen. Diese Zeitform war ihr in der gesprochenen Sprache fremd. Sie kannte es bis dahin im Wesentlichen nur aus der Schriftsprache. Während sie die Sätze neu formulierte, sortierte sie sich neu. Interessanterweise änderte sie dabei nicht nur die Zeiten. Spontan wurde aus dem „nie erlaubt" ein „nicht erlaubt", und bei der Formulierung „immer den Bruder vorziehen" ließ sie das „immer" weg. Hier zeigte sich etwas Bedeutsames: Wenn jemand ein Wort oder einen Aspekt der Grammatik in seinem Satz ändert, dann kommt oft der ganze Satz in Bewegung.

Marianne horchte in sich hinein und wiederholte das Ganze noch ein zweites Mal. Sie lachte auf und sagte: „Jetzt kann ich mich gar nicht mehr so aufregen. Ich habe jetzt mehr Distanz. Das ist schon lange her." Sie atmete erleichtert durch. Bei der zweiten Darstellung mit dem Präteritum sprach sie deutlich langsamer als bei der ersten Darstellung mit dem Perfekt. Das Präteritum hat tatsächlich ein anderes Tempo als das Perfekt.

Marianne achtete in den kommenden Wochen auf ihren Sprachgebrauch und fokussierte ihre Aufmerksamkeit auf die Zeitenbildung in der Vergangenheit. Sie erkannte eine wohltuende Wirkung. In dieser Zeit wurde es auf einmal leicht, alte Gegenstände abzugeben, die sie nicht mehr gebrauchte und an denen sie bislang gehangen hatte. Sie fühlte sich befreit und konnte guten Mutes nach vorne blicken.

6. Tipp für den Alltag

Achten Sie für vier Wochen darauf, wie Sie auf der sprachlichen Ebene mit der Vergangenheit umgehen. Gebrauchen Sie bislang nur Perfekt? Oder haben daneben auch Präteritum und Plusquamperfekt in Ihrer Sprache einen Platz?

Perfekt ist immer dann angezeigt, wenn Sie von einem Geschehen erzählen, das noch ganz lebendig präsent ist und in die Gegenwart hinein wirkt und auch hinein wirken soll. Wählen Sie das Präteritum für Situationen, die bereits abgeschlossen sind oder in denen Sie bewusst eine emotionale Stimmung beruhigen wollen.

In welchen Situationen Ihres Lebens kann der gezielte Umgang mit den grammatikalischen Zeiten für Sie wertvoll sein?

Beobachten Sie die Wirkung des differenzierten Umgangs mit der Vergangenheitsbildung.

Erlauben Sie sich Zukunft!

Im allgemeinen Sprachgebrauch ist nicht nur die Vergangenheitsbildung arm und dürftig geworden. Auch die Gestaltung der Zukunft lässt Wünsche offen. Die meisten Menschen gebrauchen für alles, was sie jetzt und in der Zukunft beschreiben, die Gegenwartsform. Sie packen alles und jedes in die Gegenwart und machen sich damit Zeitdruck und Stress. Sie haben auf diese Weise in ihrem Denken und Sprechen keinen Raum mehr zwischen jetzt und dann. So fühlen sie sich schnell überfordert.

Philip war ein Beispiel für fehlende zeitliche Struktur. Er kam oft zu spät und hatte ein schlechtes Zeitgefühl, egal wie viel Mühe er sich gab. Dann unterbrach er eine Tätigkeit und ließ sie halbfertig liegen. So fing er vieles an und bekam nur wenig zu Ende. Das zeigte sich auch in seiner Sprache. Die Zeitenbildung war auf Perfekt und Präsens reduziert. Futur kam nie vor.

Ich bat ihn, von seinen Plänen für den nächsten Tag zu erzählen. Damit lud ich ihn ein, etwas Zukünftiges zu sagen. Ich wollte wissen, ob er dafür Futur oder Gegenwart gebrauchen würde. Es zeigte sich gleich, dass er nur in der Gegenwart sprach.

Philip stellte den gesamten nächsten Tag in der Gegenwart dar: „Ich gehe morgen früh erst zum Bäcker und kaufe Brötchen, und dann frühstücken wir, und danach muss ich zu einem Freund fahren. Der baut, und ich helfe ihm dann morgen wieder. Ich hoffe, dass das alles so klappt."

Philip gebrauchte nur Präsens. Darauf machte ich ihn aufmerksam. Er hatte sich wegen der Zeitform bis dahin noch nie Gedanken gemacht. Er redete eben so, wie er es von klein auf gewohnt war.

Danach stellte Philip nochmals seine Pläne für den kommenden Tag vor und gebrauchte dabei das Futur: „Ich werde morgen früh erst zum Bäcker gehen. Da werde ich Brötchen kaufen. Dann werden wir miteinander frühstücken, und danach werde ich zu meinem Freund fahren und ihm beim Bauen helfen."

Wie schon bei früheren Beispielen kamen mit der geänderten Zeitstufe die ganzen Sätze in Bewegung. Philips Sätze wurden mit dem Futur kürzer und damit klarer. Interessant war auch, dass das Futur das „muss" ablöste. Philip sagte nicht mehr: „Ich muss zu meinem Freund fahren." Er sagte: „Ich werde zu meinem Freund fahren."

Mit den neuen Sätzen fühlte er sich wohler als mit dem ursprünglichen Satz im Präsens. Das Futur gab ihm Struktur und Klarheit. Philip spürte die Wirkung deutlich und empfand sie als wohltuend. So achtete er in den nächsten Wochen auf die Zeitenbildung in seiner eigenen alltäglichen Sprache und auch in seiner beruflichen und privaten Umgebung.

Schon innerhalb weniger Tage erntete er die ersten Früchte. Es gelang ihm auf einmal, klare Termine festzulegen und diese auch einzuhalten. Er sagte nun nicht mehr: „Ich mache die Abbildung dann halt bis nächste Woche fertig und bringe sie dir dann." Jetzt sagte er: „Ich werde die Abbildung bis Freitag fertig machen und sie dir noch am selben Tag bringen." Wie auch schon bei anderen Beispielen kam mit der gezielten Änderung der Zeiten der ganze Satz in Bewegung.

Eltern und Pädagogen helfen Kindern und Jugendlichen, wenn sie durch den eigenen bewussten Umgang mit den Zeiten eine klare zeitliche Struktur vorgeben. Diese wird ihnen die Orientierung erheblich erleichtern. Eine Lingva Eterna-geschulte Förderpädagogin machte eine interessante Beobachtung: Die von ihr betreuten hyperaktiven Kindern und deren Eltern gebrauchten nur Präsens und Perfekt. Futur kam in ihrem aktiven Sprachgebrauch nicht oder fast nicht vor. Sie setzt die unterschiedlichen Zeitstufen in ihrer Arbeit mit den Kindern bewusst ein und macht damit gute Erfahrungen.

Nicht nur für Kinder ist eine klare zeitliche Struktur ein Segen. Auch geforderten und überforderten Erwachsenen bringt sie Orientierung und Halt und damit Entlastung. Hektische und getrieben wirkende Erwachsene gebrauchen selten Futur. Bei ihnen ist alles jetzt und in der Gegenwart. Das zeigt sich auch in der Sprache. Während sie so sprechen, wie sie es gewohnheitsmäßig tun, erzeugen sie sich immerfort eine neue Wirklichkeit, die wieder keinen Raum hat, in dem sich etwas in Ruhe entwickeln kann.

Der Gebrauch des Futurs schafft Freiräume und Gestaltungsräume. Beim Futur können wir differenzieren zwischen Futur I und Futur II.

Auch hier möge eine Tabelle Ihnen das Erinnern leicht machen:

Präsens	Ich komme.	Ich gieße die Blumen.
Futur I	Ich werde kommen.	Ich werde die Blumen gießen.
Futur II	Ich werde gekommen sein.	Ich werde die Blumen gegossen haben.

Wenn schon das Futur I in der gesprochenen Sprache selten geworden ist, so ist das Futur II eine Rarität. Es lohnt sich, ihm Aufmerksamkeit zu schenken.

Im allgemeinen Sprachgebrauch wird aus dem Futur I oft Präsens und aus dem Futur II Perfekt. Das kann dann so klingen: „Heute Nachmittag ist Sitzung. Bis dahin habe ich dann die Unterlagen zusammengestellt.“

In die richtige zeitliche Ordnung gebracht heißen diese beiden Sätze so: „Heute Nachmittag wird die Sitzung sein. Bis dahin werde ich die Unterlagen zusammengestellt haben."

Vielleicht ist Ihnen das Futur II noch recht fremd. Dann legen Sie es zur Seite. Vor dem Üben des Futur II kommt das Futur I. Ich empfehle Ihnen, damit zu beginnen. Schon diese Änderung Ihres Sprachgebrauchs wird eine starke Wirkung haben. Heben Sie sich den anderen Schatz einfach für später auf.

Bei aller eigenen Freude am Wandeln der Sprache lassen Sie alle anderen Menschen in Ihrem Umfeld bitte weiter so reden, wie sie reden, egal wie durcheinander deren Gebrauch der Zeiten auch sein mag. Ändern Sie bitte einzig und allein Ihren eigenen Sprachgebrauch. Diese Haltung hat viel zu tun mit der dritten Säule unseres Konzepts: mit der fundamentalen Wertschätzung für den Gesprächspartner. Natürlich können Sie ihm von sich und Ihren Erfahrungen im Umgang mit den Zeiten erzählen, doch ohne die Absicht, den anderen ändern zu wollen.

Die Sprache der Visionäre

Manche Menschen glauben, dass die Sprache der Visionäre die Gegenwart sei. Dies ist ein Irrglaube. Visionäre haben ein klares inneres Bild. Dieses Bild haben sie immer vor sich. Da streben sie hin, und sie wissen tief in ihrem Herzen, dass sie in der Zukunft dahin kommen werden. Doch sind sie gleichzeitig in der Gegenwart und handeln in der Gegenwart. Ihnen ist die zeitliche Spanne zwischen dem Jetzt und dem Zeitpunkt der Erfüllung ihrer Vision klar. Diese Spanne erzeugt eine Spannung und einen Sog. So zieht das Ziel sie kraftvoll an.

Handlungsstarke Visionäre sehen klar, was Realität und was Vision ist. Wenn sie sich gleichsam in das Bild ihrer Vision hineinbegeben, dann sprechen sie in der Gegenwart und erleben in diesen Momenten die Zukunft mit allen Sinnen. Sie sehen vor ihrem inneren Auge das eigene Seminarhaus mit der einladenden Gartenanlage und was immer sie sich noch vorstellen, genießen diese Szene und schauen sie sich immer wieder an und malen sie sich weiter aus.

Dabei strecken sie oftmals die Beine weit von sich, strecken sich in ihrem Sessel aus, blicken etwa im 45-Grad-Winkel nach oben und legen die gefalteten Hände hinter den Hinterkopf. Wenn sie in diesen Momenten laut denken, dann gebrauchen sie die Gegenwart: „Ich pflanze Rosen und lege eine Rabatte an." Wenn sie dann wieder in die Realität ihres Alltags gehen, dann können sie von ihren Plänen sprechen. Die werden sie im Futur formulieren:

„Ich werde Rosen pflanzen und eine Rabatte anlegen. Bis dahin werde ich mit einer Landschaftsarchitektin einen detaillierten Pflanzplan erstellt haben." Dabei werden sie spontan ihre Sitzposition ändern. Sie setzen sich wieder aufrecht hin, schauen wieder nach vorne und stellen beide Füße auf den Boden. So sind sie gut geerdet und ganz wörtlich bodenständig.

Es ist wesentlich, dass Sie wissen, was in Ihrem Leben Gegenwart ist und was Zukunft. Menschen, die alles Gegenwärtige und alles Zukünftige in der Gegenwart sagen, sind in ihrem Denken und Handeln oftmals schon einen oder auch mehrere Schritte voraus. Damit sind sie nicht ganz bei der Sache. Ein Teil ihrer Aufmerksamkeit eilt dem Geschehen schon voraus. Gleichzeitig ist die Gefahr groß, dass sie glauben, dass das Zukünftige schon Wirklichkeit sei, nur weil sie es in der Gegenwart benennen. Dies ist so bei den immerwährenden Träumern. Sie schweben auf einer Wolke und bekommen die Füße nicht auf den Boden der Tatsachen. Der achtsame

Gebrauch von Futur und Gegenwart ist für sie eine wesentliche Hilfe.

Manche Menschen sind ihrer Zeit voraus. Sie haben eine klare Vision von dem, was sie erreichen wollen und was einmal möglich sein wird. Auch für sie ist der bewusste Umgang mit dem Futur I und Futur II ein großer Schatz. Der Umgang mit dem Futur schafft Raum und Zeit und bringt noch mehr Klarheit bei der Planung und Gestaltung von großen und kleinen Vorhaben.

7. Tipp für den Alltag

Erzählen Sie, was Sie sich für morgen vorgenommen haben. Gebrauchen Sie dabei das Futur. Wie geht es Ihnen dabei? Wie geht es Ihrem Gesprächspartner dabei?

Schenken Sie vier Wochen lang dem Futur Ihre Aufmerksamkeit und nehmen Sie es für diese Zeit in Ihre Sprache hinein. Welche konkreten privaten oder beruflichen Situationen kommen Ihnen in den Sinn, mit denen Sie beginnen werden? Es genügt, wenn Sie die Übung in dieser Zeit täglich zweimal für eine Viertelstunde durchführen.

Beobachten Sie die Wirkung. Was geschieht in Ihrem Leben, während Sie sich auf der sprachlichen Ebene so aufmerksam mit der Gegenwart und mit der Zukunft befassen?

Wählen Sie danach, ob Sie das Futur weiterhin in Ihrer Alltagssprache beibehalten oder ob Sie es wieder weglassen. Wenn Sie Futur I beibehalten wollen, dann prüfen Sie, ob Sie schon neugierig sind, das Futur II und seine Wirkung zu entdecken!

Ein lohnender Unterschied: Genitiv oder Dativ?

Der Genitiv und der Dativ gehören zu den vier Fällen. Sie haben sie natürlich schon in der Schule kennengelernt: Der Nominativ oder erste Fall, der Genitiv oder zweite Fall, der Dativ oder dritte Fall und der Akkusativ oder vierte Fall.

Sie haben gelernt, in einem Satz die einzelnen Fälle zu bestimmen. Dabei haben Sie gefragt: wer, wessen, wem oder was und wen oder was: „Der Mann bringt dem Nachbarn seiner Eltern das Geschenk." In diesem Satz ist „der Mann" Nominativ, „dem Nachbarn" Dativ, „seiner Eltern" Genitiv und „das Geschenk" Akkusativ.

Wiederum möge Ihnen auch hier eine Tabelle den Einstieg in dieses Grammatikkapitel leicht machen:

Singular – Einzahl		
Nominativ 1. Fall	Wer oder was?	Das Haus ist groß und schön. Nominativ
Genitiv 2. Fall	Wessen?	Die Lage des Hauses ist für uns optimal. Genitiv
Dativ 3. Fall	Wem oder was?	Wir schenken dem Haus viel Aufmerksamkeit. Dativ
Akkusativ 4. Fall	Wen oder was?	Wir bauen das Haus um. Akkusativ

Diese Beispiele zeigen den Singular. Das gleiche gilt analog für den Plural:

Plural – Mehrzahl

Nominativ 1. Fall	Wer oder was?	Die Häuser sind groß und schön. Nominativ
Genitiv 2. Fall	Wessen?	Die Lage der Häuser ist für uns optimal. Genitiv
Dativ 3. Fall	Wem oder was?	Wir schenken den Häusern viel Aufmerksamkeit. Dativ
Akkusativ 4. Fall	Wen oder was?	Wir bauen die Häuser um. Akkusativ

Wenn die Betrachtung der Fälle hier stehen bleibt und ein Selbstzweck ist, dann ist Grammatik trocken und langweilig. Wir gehen weiter und beleuchten die Wirkung der einzelnen Fälle. Auch hier gibt es große Unterschiede: Es sind Unterschiede in ihrer Wirkung und Unterschiede in der Häufigkeit im allgemeinen Sprachgebrauch.

Der Nominativ, der Dativ und der Akkusativ sind gängig und haben allerorts einen festen Platz. Anders ist es mit dem Genitiv. Gängige und übliche Genitiv-Formulierungen sind vielfach Dativ-Formulierungen gewichen. Dies hat eine Wirkung. Ebenso hat es eine Wirkung, wenn wir dem Genitiv wieder seinen Platz geben.

Beim Genitiv fragen wir: Wessen Haus ist das? Beim Dativ fragen wir: Wem gehört dieses Haus? Diese Sätze bedeuten vordergründig dasselbe. Es ist klar, dass beide Sätze nach dem Hausbesitzer fragen.

Und doch gibt es einen großen Unterschied. Dieser liegt in ihrer unterschiedlichen Bedeutung und in der unterschiedlichen Funktion, die sie ursprünglich hatten. Sie haben damit auch eine unterschiedliche Wirkung. Es lohnt sich, diese kennenzulernen.

Der Genitiv fragt nach dem Woher. Er zeigt den Ursprung, die Herkunft von jemandem oder von etwas an. Das Wort Genitiv stammt von dem lateinischen Wort „genere", „erzeugen", „hervorbringen" ab. Es benennt den, der etwas erschaffen, hervorgebracht oder erworben hat: Bei „das Haus des Vaters" ist es klar, dass das Haus dem Vater gehört. Der Genitiv zeigt, was wohin gehört. „Die Position des Chefs" ist eindeutig. Das Gleiche gilt beim „Fahrrad der Schwester" und zahlreichen anderen möglichen Sätzen aus dem Alltag. Der Genitiv zeigt und schafft klare Ordnungen und Strukturen.

Der Dativ hat eine grundsätzlich andere Aufgabe. Dies wird bereits aus seiner Bedeutung ersichtlich. Das Wort Dativ kommt vom lateinischen „dare" und heißt „geben". Beim Geben wechselt etwas den Ort oder auch den Besitz. Nun ist es interessant, dass der Dativ im allgemeinen Sprachgebrauch vielfach den Genitiv verdrängt hat. Dann heißt es statt „das Haus des Vaters" „das Haus vom Vater".

Dies mag als schlechtes Deutsch gelten. Doch geht es bei Lingva Eterna nicht darum, ob etwas gut ist oder schlecht. Es geht einzig darum, auf die unterschiedlichen Wirkungen einzelner Formulierungen aufmerksam zu werden, denn sie schaffen jeweils eine andere Wirklichkeit.

Ich lade Sie wieder ein für eine Wortprobe. Sagen Sie die beiden Varianten bitte jeweils langsam zweimal: „Das Haus des Vaters – das Haus des Vaters". Und dann nach einer kleinen Pause des In-sich-hinein-Horchens ebenso: „Das Haus vom Vater – das Haus vom Vater". Wie empfinden Sie die beiden Varianten? Nehmen Sie Ihre Empfindungen und Ihre inneren Bilder wahr. Sind sie identisch? Unterscheiden sie sich? Und wenn sie sich unterscheiden, wodurch unterscheiden sie sich?

Es mag sein, dass Ihr Ergebnis Ihnen als zufällig erscheint. Darum biete ich Ihnen entsprechende Übung auch mit einem weiteren Beispiel an. Sagen und hören Sie nacheinander „die Position des Chefs" und „die Position vom Chef". Horchen Sie in sich hinein. Achten Sie bei der einen Formulierung den Chef in seiner Position mehr als bei der anderen?

Der Genitiv gibt ein anderes Signal als der Dativ. Damit bedingt er auch andere Handlungsweisen. Deutlich spürbar ist dies bei dem bereits genannten Beispiel mit dem Fahrrad: „Das Fahrrad der Schwester" ist etwas anderes als „das Fahrrad von der Schwester". Hier hat die Formulierung sogar eine Auswirkung auf das Verhalten beim Ausleihen des Fahrrads. Werden Sie bei beiden Formulierungen gleichermaßen die Schwester fragen, ob sie Ihnen ihr Fahrrad ausleiht? Oder nehmen Sie sich das Fahrrad vielleicht gar einfach, ohne zu fragen? Gilt dies bei beiden Formulierungen gleichermaßen? Probieren Sie es einfach aus!

Die Firma meines Vaters

Für Felix wurde der Genitiv zum Schlüssel. Er half ihm, einen großen Zwist mit seinem Vater beizulegen. Dieser hatte ihn ebenso aufgerieben wie seinen Vater.

Damals arbeitete er mit seinem Vater im eigenen Familienbetrieb zusammen. Jeder von ihnen gab sich Mühe, doch kamen sie nicht miteinander aus. Der Sohn fürchtete, dass der Vater mit seinem sturen Verhalten die Firma irgendwann zerstören werde. Er erzählte in einigen Sätzen von der für ihn so belastenden Situation. Er war voller Vorwurf und Enttäuschung und wusste sich nicht mehr zu helfen. Nichts hatte bislang geholfen, das Gespräch wieder in Gang zu bringen.

Felix" Ausdrucksweise zeigte mehr, als ihm bewusst war. Er sagte: „Ich arbeite in der Firma von meinem Vater." Er hatte eine gute Ausbildung genossen und fühlte sich fähig, die elterliche Firma zu übernehmen. Nun ärgerte er sich, dass der Vater die Firma behielt und die Führung nicht an ihn weitergab. Der Vater war gesund und tatkräftig und hatte die Firma in jungen Jahren gegründet. Seine Arbeit bereitete ihm viel Freude und erfüllte ihn. So war es klar, dass er seine Firma auch weiterhin führen würde.

Der Satz „Ich arbeite in der Firma von meinem Vater" enthält einen Dativ: die Firma „von meinem Vater". Ich bat Felix, seinen Satz langsam zu wiederholen und in sich hinein zu horchen. Er sagte zweimal langsam und halblaut: „Ich arbeite in der Firma von meinem Vater. – Ich arbeite in der Firma von meinem Vater." Erst kam ihm der Satz völlig normal vor. Dann spürte er, dass ihn etwas irritierte, was er jedoch nicht genau benennen konnte. Ihm wurde es dabei schwer, und sein Ärger wuchs. Danach bot ich ihm als Alternative eine Formulierung mit dem Genitiv an: „Ich arbeite in der Firma meines Vaters." Felix griff diesen Satz auf und sagte ihn zweimal langsam und halblaut. Wieder ließ er die Worte auf seiner Zunge zergehen und horchte in sich hinein. Er erkannte den Unterschied leicht. „Ja", sagte er und atmete dabei tief durch, „es ist die Firma meines Vaters. Er hat sie gegründet. Es ist seine Firma. Bei dem anderen Satz hatte ich immer das Gefühl, dass mein Vater mir die Firma endlich übergeben soll. So war ich immer unzufrieden. Nun kann ich Frieden finden."

Der Dativ ist der Fall des Gebens. Er gibt das Signal, dass jemand jemandem etwas gibt und er dies annehmen darf. Der Genitiv macht klar, was wessen Eigentum oder Schöpfung ist. Der Genitiv lenkt die innere Aufmerksamkeit auf die Ursache und die Herkunft und benennt sie. Die ordnende und heilsame Wirkung des Genitivs wurde für Felix zum Schlüsselerlebnis.

Als ich ihn kennenlernte, hatte er kaum Genitiv in seiner Sprache. Er hatte ihn nur in einigen allgemein gebräuchlichen festen Redewendungen in seiner Alltagssprache wie „meines Wissens", „meiner Meinung nach", „meines Erachtens" und einigen wenigen anderen. Hierbei war ihm der Genitiv freilich nicht bewusst gewesen. Er hatte nie darüber nachgedacht und nie darauf geachtet und auch keinen Anlass gehabt, dies zu tun. Schließlich hatte er darin keinen Sinn gesehen.

Nun begann er damit, dem Genitiv in seiner Sprache und damit in seinem Denken bewusst Raum zu geben. Auf diese Weise stellte er in seiner inneren Einstellung auf der sprachlichen Ebene ganz gezielt eine Weiche. Er musterte mit einem gewohnten sprachlichen Muster ein altes einengendes Denkmuster aus und schuf sich mit einem neuen Denken und Sprechen eine neue Wirklichkeit.

Er hatte Erfolg damit. Ich sah Felix im Abstand weniger Wochen noch einige Male wieder. In dieser Zeit streckte er sich. Er hatte nun eine klare, aufrechte Haltung und eine kraftvolle, angenehme Ausstrahlung. Innerhalb weniger Monate war es ihm gelungen, seine Sätze zu ordnen. Sie waren vollständig und hatten eine wohltuende Satzmelodie. Der Genitiv war am rechten Platz und klang natürlich und selbstverständlich.

Am Ende sagte Felix: „Ich arbeite in der Firma meines Vaters. Ich darf noch zehn Jahre an seiner Seite arbeiten und von und mit ihm lernen. Uns geht es nun gut miteinander. Mein

Vater überträgt mir derzeit etliche Aufgaben, die er mir jetzt gern in die Hände legt. Es ist so leicht geworden. Ja, und noch etwas: Ich bin ihm von Herzen dankbar. Das ist auch neu."

Ich lächelte Felix an und freute mich mit ihm.

Der Genitiv ist ein wahrer Schatz. Die genannten Beispiele geben einen kleinen Einblick in die Kraft und Wirkung des Genitivs. Er hat eine ordnende und klärende Wirkung. Er ist ein wahrer Schatz. Es lohnt sich, den Genitiv wieder bewusst mit neuem Leben zu erfüllen.

8. Tipp für den Alltag

Betrachten Sie Ihren persönlichen Sprachgebrauch. Kommt der Genitiv darin vor?

Schreiben Sie drei oder mehr Sätze auf, in denen Sie bei sich oder anderen statt des Genitivs den Dativ hören, beispielsweise den Satz „Das ist die Jacke von der Rita." Sie erkennen den Dativ mit der Frage: „Von wem oder was ist die Jacke?"

Dann wandeln Sie diese Sätze und geben dem Genitiv wieder seinen Platz. Dann heißt obiger Satz: „Das ist Ritas Jacke." Prüfen Sie, ob Ihr Satz stimmt. Fragen Sie nach dem Genitiv-Objekt mit der Frage: „Wessen Jacke ist dies?"

Nehmen Sie diese Sätze in Ihre aktive Sprache auf.

Beobachten Sie die Wirkung. Was geschieht in der Folge?

Eigenverantwortung übernehmen mit Aktivsätzen

Etwa 93 bis 95 Prozent der Bevölkerung wachsen mit der Sprache und dem Denken derer auf, die in erster Linie Aufträge anderer ausführen und in Abhängigkeit leben. Sie fühlen sich oftmals als die Opfer äußerer Umstände. Manche Menschen haben das Empfinden, dass niemand sie wirklich sieht und beklagen dies.

Bei genauem Hinhören findet sich die Entsprechung ihres Denkens und ihres Weltbildes in ihrer alltäglichen Ausdrucksweise wieder. Ja, sie laden durch ihre Art zu denken und sprechen ein solches Erleben täglich neu ein.

Markant ist bei diesen 95 Prozent der häufige Gebrauch von Passivsätzen. Das Passiv lernen Grundschüler als die Leideform kennen. Beim Passivsatz gerät der Handelnde aus dem Blick. Er erscheint meist nicht: „Der Tisch wurde gedeckt." „Die Wäsche wurde gewaschen." „Die Texte sind schon geschrieben worden." Nur selten kommt bei den Passivsätzen derjenige vor, der diese Tätigkeit ausgeführt hat. Dann müssten die Sätze so heißen: „Der Tisch wurde von den Kindern gedeckt." „Die Wäsche wurde von mir gewaschen." „Die Texte sind von der Sekretärin geschrieben worden."

Die Menschen, die diese Aufgaben erledigen, scheinen bei diesem Denken und Sprechen im Allgemeinen nicht auf. Meistens geht es nur um die Tätigkeit, die erledigt wurde – es ist egal, wer die Arbeit gemacht hat. Die Hauptsache ist, dass die Arbeit gemacht ist.

Ein gehäufter Gebrauch von Passivsätzen zeigt eine bestimmte innere Haltung, und gleichzeitig bildet sie sich dadurch aus. Es ist einsichtig, dass andere Menschen jemanden mit einer solchen passiven Denk- und Verhaltensweise kaum wahrnehmen und entsprechend wenig beachten.

Ganz anders klingt die Sprache bei den übrigen fünf bis sieben Prozent der Bevölkerung, die ihr Leben selbstbestimmt und in Freiheit gestalten. Sie sprechen in Aktivsätzen, wenn es um sie selbst geht. Sie sagen: „Ich habe den Rasen gemäht." Die passive Variante kommt ihnen kaum in den Sinn und schon gar nicht über die Lippen: „Der Rasen wurde gestern gemäht."

Warum sollten sie sich verschweigen, wenn sie es doch waren, die eine Tätigkeit ausgeführt haben?

Es ist wichtig, auch dann Aktivsätze zu gebrauchen, wenn es um andere geht. Es ergibt einen Unterschied, ob ein Vorgesetzter sagt: „Diese Aufgabe wird bis Montagmittag erledigt" oder ob er sagt: „Diese Aufgabe werden meine Mitarbeiter bis Montagmittag erledigen." Bei dem Aktivsatz hat er seine Mitarbeiter eher im Blick als bei dem Passivsatz. Das wirkt sich auf die Haltung des Vorgesetzten und damit auch auf das Betriebsklima aus.

Nicht nur in Betrieben, auch in der Behördensprache sind Passivsätze weit verbreitet. Da „werden Anordnungen erteilt". Da „werden Änderungen durchgeführt" „Menschen eingestellt und auch wieder ausgestellt". Es „werden Anregungen gegeben und Erfindungen eingereicht" und vieles mehr. Diese passive Sprache entbehrt der Wärme und der Menschlichkeit. Es gibt jemanden im Hintergrund, der handelt, und er oder sie bleiben namenlos. Niemand kann die Handelnden belangen, und niemand kann sie loben. Passive Sätze lassen etwas im Verborgenen.

Auch bei diesem Grammatikkapitel hilft Ihnen eine Tabelle dabei, die Erinnerung an Ihr Schulzeitwissen wieder wachzurufen:

Aktiv – Tätigkeitsform: Wer oder was tut was?	Passiv – Leideform: Was geschah mit wem oder was?
Die Mitarbeiterin hat die Buchungen ausgeführt. Wir haben die Kunden bereits informiert.	Die Buchungen wurden ausgeführt. Die Kunden wurden informiert.

Katrin wird aktiv

Aktivsätze und Passivsätze sind ein weites Feld. Es ist aufregend zu erleben, welche Menschen Passivsätze gebrauchen und welche nicht und auch in welchen Situationen sie sie gebrauchen. Sobald jemand von einer für ihn schwierigen Situation zu sprechen beginnt, in der er sich ausgeliefert fühlt, bildet er mehr Passivsätze als sonst. Der Satzbau entspricht der jeweils geschilderten Situation. Dann kann eine Erzählung so klingen: „Wir wurden überhaupt nicht informiert, wir wurden einfach vor die vollendeten Tatsachen gestellt und bekamen die Aufforderung, innerhalb einer Woche das Büro in das Nachbarhaus umzuziehen. Damit darf man erst einmal klarkommen."

Am Ende der Ausführung steht ein „man". Ein „man" ist ein Niemand, jemand aus der Masse. Das „man" geht dicht einher mit Passivsätzen. Die Entsprechung von Passivsätzen und schwierigen Situationen, in denen sich jemand ausgeliefert fühlt, ist sichtbar und hörbar. Nun ist es eine große Chance und Herausforderung, gerade in diesen Situationen bewusst auf aktive Formulierungen zu achten und in die Selbstbestimmung zu gehen.

Mit dem Formulieren des Aktivsatzes gilt es zu erkennen, wer der- oder diejenige ist, der bzw. die sie nicht informiert hat: „Unsere Filialleitung hat uns nicht informiert. Unsere Chefin stellte uns vor die vollendeten Tatsachen und forderte uns auf, das Büro innerhalb einer Woche in das Nachbarhaus umzuziehen."

Katrin hatte eine solche Situation erlebt. Mit den Aktivsätzen wichen der Ärger und das Gefühl des Ausgeliefertseins. So konnte sie mit der Situation konstruktiv und klar umgehen. Sie sagte die neuen Sätze einmal und nach einer kurzen Pause noch ein zweites Mal. Katrin bemerkte staunend, dass sie bei der neuen Variante spontan das ärgerliche „überhaupt" weggelassen hatte. Auch das ebenso ärgerliche „einfach" war wie von selbst verschwunden. Ihre neuen Sätze klangen kurz und klar, und der Vorwurf war weg.

Nach dieser Entdeckung achtete Katrin auch in den folgenden Wochen darauf, die inflationären Passivsätze hinter sich zu lassen und damit gleichzeitig auch das „man". Sie gehen oft miteinander einher. Sie lenkte ihren Blick auf Aktivsätze. Sie waren für sie noch neu. Sie ließ mit jedem Aktivsatz das passive Denken hinter sich und nahm bewusst die Verantwortung für ihr Leben in die Hand. Es bedurfte einiger Wochen, bis sie in das neue Denken und Sprechen hineingewachsen war.

Sie bekam von Freunden nach einigen Wochen eine Rückmeldung von Freundinnen, die sie nicht erwartet hatte. Sie sagten ihr: „Du gehst so gerade. Du lässt deinen Kopf nicht mehr so hängen. Es ist zu sehen, dass es dir gut geht!" Sie wusste, was sie geändert hatte. Dass sich ihr gewandelter Sprachgebrauch so sichtbar auf ihre Körperhaltung auswirkte, wurde ihr erst jetzt klar. Staunend bemerkte sie, dass sie seit einer Weile keine Nackenverspannungen mehr hatte.

Katrin nahm in ihrem Leben mit dem bewussten Gebrauch von Aktivsätzen eine sanfte Kurskorrektur vor. Sie fühlte, wie sie immer freier und vitaler wurde. Sie war dankbar für ihre Entdeckung und freute sich.

Passivsätze können auch missbraucht werden

Ein Mitarbeiter aus dem Führungsbereich eines großen Unternehmens berichtete, dass bei ihnen die Mitarbeiter angewiesen werden, Passivsätze zu gebrauchen. Aktivsätze werden ihnen immer und immer wieder als schlechter Schreibstil erklärt. Dabei sprach er selbst in passiven Sätzen.

Bernhard hatte sich bis dahin nicht erklären können, warum ihnen die Geschäftsleitung Passivsätze als guten Schreibstil verkaufen wollte. Bei jedem Bericht, den er anfangs geschrieben hatte, erlebte er eine Zurückweisung. Er hatte jeden einzelnen Bericht neu schreiben müssen, wenn er sich der Anweisung, Passivsätze zu schreiben, widersetzt hatte. Dabei hatte er sich nicht wirklich widersetzt. Damals war er noch aktiv gewesen und hatte noch eigene Ideen gehabt. Entsprechend hatte er noch Aktivsätze gedacht und gesprochen. Diese sprudelten schon lange nicht mehr aus Bernhard heraus.

Nun wurde ihm schmerzlich klar, dass in seiner Firma eigene Ideen und kritische Fragen nicht erwünscht waren und dass dies einen Zusammenhang hatte mit dem eingeforderten passiven Schreibstil.

Bernhard hatte mit dem Differenzieren von Aktiv und Passiv einen Schlüssel gefunden und achtete von nun an auf Aktivsätze. Er beließ die Passivsätze bei den Berichten, soweit dies dort üblich oder gar so verlangt war. In der gesprochenen Sprache hatte er freie Hand. Hier konnte er so viele Aktivsätze gebrauchen, wie er es wollte, sowohl im beruflichen Bereich als auch in seinem Privatleben. Diese Chance nutzte er mehr und mehr und spürte mit der Zeit die befreiende Wirkung seiner gewandelten Sprache. Er hatte nun das Empfinden, dass er selbst über sein Leben bestimmen konnte. Das beflügelte ihn. Er erreichte nun viele Dinge mit Leichtigkeit, die ihm vorher viel Mühe bereitet hatten oder gar nicht möglich gewesen waren.

Als Kollegen ihn fragten, wie ihm dieses und jenes möglich sei, gab er ihnen eine ehrliche Antwort. Solange ihn niemand gefragt hatte, hatte er sein Wissen weitgehend für sich behalten. Er wirkte auch so in seiner Umgebung – allein durch sein sprachliches Vorbild.

Erinnern Sie sich aus Ihrer Schulzeit noch an die Modalverben? Sie sind kostbar, jedes einzelne von ihnen. Mit den Modalverben modifizieren wir unser Leben. Sie haben entscheidenden Einfluss darauf, ob wir Freude an dem haben, was wir täglich tun, oder nicht.

Wir haben im Deutschen sieben Modalverben: „müssen", „können", „wollen", „dürfen", „sollen"„ „mögen" und „nicht brauchen". Das Modalverb „brauchen" hat eine Besonderheit. Es kommt nur in der verneinten Form vor: „Das braucht er nicht machen." Daneben gibt es den Satz mit einem „zu": „Das braucht er nicht zu machen." Bei dieser Verwendung ist „brauchen" ein Vollverb und kein Modalverb.

Die Modalverben kommen in der Alltagssprache reichlich vor. Sie stehen vor dem Hauptverb und modifizieren die Aussage. Aus „Ich singe" kann dann werden: „Ich will singen", „Ich muss singen", „Ich darf singen", „Ich mag singen", „Ich kann singen" usw.

Die Modalverben gliedern sich in eine Reihe. Am einen Ende finden wir die Modalverben, die angenehm sind und die das Wohlbefinden stärken, Dazu gehören „wollen" und „dürfen". Am anderen Ende sind die Modalverben, die belastend sind und unangenehme Empfindungen auslösen. Dazu gehören „sollen" und noch stärker „müssen". Die anderen drei Modalverben sind dazwischen angesiedelt.

Alle Modalverben haben ihre Berechtigung und ihre Funktion. Es kommt immer darauf an, wie oft jemand ein einzelnes Modalverb sagt oder hört. Es ist die Häufung, die eine starke Wirkung hat.

Den meisten Menschen ist nicht bewusst, welche Modalverben sie gebrauchen und welche nicht. Dies erscheint weitgehend wie eine Glücksache. Sie haben den Sprachgebrauch ihrer Eltern, Lehrer und Ausbilder übernommen und haben sich dazu nie Gedanken gemacht. Mit den Modalverben haben sie ganz entscheidend deren innere Haltung und Sichtweise von dieser Welt übernommen.

Es ist interessant, wer welche Modalverben benutzt und wie oft er die einzelnen gebraucht, oder ob er sie vielleicht gar nicht in seiner aktiven Sprache hat. Menschen zeigen durch ihren Sprachgebrauch viel mehr von sich als sie es ahnen. Die individuelle Verwendung der Modalverben folgt ebenso wie der Gebrauch von Passiv und Aktiv und anderen sprachlichen Aspekten früh erworbenen Denk- und Sprachmustern. Sie prägen unsere innere Einstellung nachhaltig.

Alle Modalverben gibt es auch in der verneinten Form: „Ich will nicht singen", „Ich muss nicht singen" usw. Auch hier ist der individuelle Sprachgebrauch ebenso prägend wie aufschlussreich.

Das Erkennen der eigenen Sprachgewohnheiten öffnet eine Türe zu sich selbst und zu den eigenen Prägungen. Jeder Mensch kann hier jederzeit eine sanfte Korrektur vornehmen. Die Modalverben bergen hierfür einen großen Schatz.

Die meisten Kinder wachsen mit viel „müssen" und „sollen" auf. Dagegen wird ihnen von klein auf das „wollen" verboten oder doch zumindest in einem schlechten Licht dargestellt: „Man sagt nicht: „Ich will eine Brezel haben." Das heißt „Ich möchte bitte eine Brezel haben!"" Auf diese Weise lernen die kleinen Kinder gleich zwei Dinge auf einmal: Erstens lernen sie, dass „wollen" schlecht ist, und zweitens lernen sie gleich einen Satz mit einer Mischung von Frage und Aufforderung. So verlieren Kinder ihre wunderbare Kraft und auch ihre wunderbare Klarheit. Das Modalverb „dürfen" lernen die meisten Kinder bedauerlicherweise vor allem in der verneinten Form kennen. Sie hören hundertfach: „Das darfst du nicht!" Auch das prägt sie.

Im Folgenden beleuchte ich die vier Modalverben „wollen", „können", „müssen" und „dürfen" und ihre Wirkung.

Das Wollen will gelernt sein

Das Modalverb „wollen" enthält viel Kraft. Ich wünsche jedem Menschen, dass er diese innere Kraftquelle für sich findet und reichlich sprudeln lässt. Das eigene Wollen hilft jedem, Hindernisse zu nehmen und lohnende Ziele zu erreichen.

Jeder kann den Unterschied spüren. Es ist etwas anderes, ob jemand vor einer Prüfung sagt: „Ich möchte diese Prüfung bestehen" oder ob er sagt: „Ich will diese Prüfung bestehen." Ähnlich ist es, ob jemand sagt: „Ich möchte im Sommer nach Rom reisen" oder: „Ich will im Sommer nach Rom reisen." Das gilt für viele Lebenssituationen. „Möchten" ist der Konjunktiv II von „mögen". Der Konjunktiv II heißt auch Möglichkeitsform oder Unwirklichkeitsform. Diese Aussage ist schwach. Ganz anders ist es mit dem Wollen. Da sind Kraft und Entschlossenheit spürbar.

Freilich will der Umgang mit dem „wollen" gelernt sein. Bisweilen ist ein ergänzender Satz hilfreich. So kann jemand bei der nachmittäglichen Kaffeetafel einem anderen sagen: „Willst du dieses Kuchenstück haben? Du darfst es Dir gern nehmen!" Dabei wird der andere ihn als höflich und liebenswürdig empfinden. Doch sagen dies nur wenige. Üblich ist eine Formulierung mit „möchten": „Möchtest du dieses Kuchenstück haben?"

Vor einem geplanten Besuch kann jemand sagen: „Ich will dich gern nächste Woche einmal besuchen. Ist dir das recht?" Das ist etwas anderes als ein ungeschicktes „Ich will dich nächste Woche besuchen!"

Nur wenige Menschen gebrauchen das Modalverb „wollen“ regelmäßig und selbstverständlich. Bei ihnen ist noch etwas Weiteres hervorzuheben: Sie nutzen „wollen“ vor allem in der bejahenden Form: Sie sagen, was sie machen oder haben wollen.

Damit unterscheiden sie sich grundlegend vom Großteil der Bevölkerung, der das Modalverb „wollen“ vor allem in der verneinten Form gebraucht als „nicht wollen“: „Ich will nicht zu spät kommen“, „Ich will nicht schon wieder am Wochenende wegfahren“ usw. Sie wissen vieles, was sie nicht machen oder nicht haben wollen. Mit dem „nicht wollen“ denken sie grundsätzlich in die falsche Richtung.

Ich wünsche Ihnen, dass Sie den Schatz entdecken, den das Modalverb „wollen“ für jeden bereithält. Das Wollen bringt Sie mit dieser wunderbaren inneren Kraft in Berührung, die sie nährt und weiterbringt.

Wissen Sie, wie oft Sie „wollen“ und „nicht wollen“ sagen?

Das Ich-kann-nicht-Syndrom

„Ich kann nicht“, sagen die einen und „ich kann“ die anderen. Die einen begrenzen sich mit ihrem Denken und Sprechen, und die anderen erlauben sich Erfolg. Die drei Wörter „ich kann nicht“ begleiten viele Menschen. Sie sagen sie in hunderten von Situationen aus purer Gewohnheit: „Ich kann nicht mehr länger mit dir plaudern. Ich muss jetzt zu meiner Tante fahren.“ Oder: „Ich kann zu deinem Geburtstag leider nicht kommen. Ich muss an diesem Abend arbeiten.“ Solche Sätze sind weit verbreitet. Sie gehören in die Ausdrucksweise all der Menschen, die sich selbst begrenzen. Und davon gibt es viele.

Dabei ist es einfach, diese Sätze zu wandeln: „Es war schön, mit dir zu plaudern. Lass uns an einem anderen Tag weiterplaudern. Ich fahre jetzt zu meiner Tante." Der Satz mit der Geburtstagseinladung kann auch so klingen: „Ich danke dir für deine Einladung, zu deinem Geburtstag zu kommen. Ich werde an diesem Abend arbeiten. So werde ich nicht kommen. Darf ich dich an einem anderen Tag sehen und mit dir auf dein Wohl anstoßen?"

Es lohnt sich, wach zu werden für einen der größten Erfolgsverhinderer. Wer ungezählte Male an einem Tag denkt und fühlt „ich kann nicht", der wird auch erleben, dass er etwas nicht kann.

Kinder übernehmen den Sprachgebrauch der Erwachsenen. Sie hören in ihrer Kindheit und Jugend zigtausende von Malen „ich kann nicht" und „du kannst nicht", bis sie selbst erwachsen sind. Dann werden sie eines Tages diese Sätze so oder so ähnlich an ihre Kinder und Mitarbeiter weitergeben. Und so kann es immer weitergehen. Hier ist jederzeit eine Kurskorrektur möglich. Es bedarf einer bewussten Entscheidung, die gewohnte Ausdrucksweise zu korrigieren. Dann ist es ganz einfach.

Viele dieser „ich kann nicht"-Sätze haben in Wirklichkeit eine andere Bedeutung. Sie werden es merken, wenn Sie damit beginnen, sie hinter sich zu lassen. Dann werden Sie für die alten Sätze neue Formulierungen finden. Dabei werden Sie merken, dass das „ich kann nicht" manchmal heißt: „Ich habe keine Lust" – und andere Male: „Ich traue mich nicht." Es gibt noch weitere mögliche Bedeutungen. Sie werden Sie selbst entdecken.

Wenn Sie dennoch gelegentlich einen Satz mit „können" verneinen wollen, dann fügen Sie bitte ein „noch" ein: „Ich kann noch nicht ..." Damit sagen Sie, dass Sie es lernen werden.

Ich empfehle Ihnen den bewussten Gebrauch von „können" in der bejahten Form: „Ich kann." Und: „Du kannst." Dieser Sprachgebrauch lenkt den Blick auf die Stärken.

Es ist ein großes Glück, wenn Menschen tief in ihrem Herzen wissen: „Ich kann, ich will, und ich schaff das." Und mit Blick auf einen anderen: „Du kannst, du willst, und du schaffst das." Dieses innere Fühlen setzt enorme Kräfte frei. Der Umgang mit dem eigenen Können ist dabei ebenso wichtig wie der Umgang mit dem Modalverb „können". Beide haben etwas miteinander zu tun.

9. Tipp für den Alltag

Lenken Sie Ihren Blick auf Ihre Stärken. Bilden Sie zehn Sätze, die mit „Ich kann gut …" beginnen. Wenn Sie Ihre eigenen Stärken gefunden haben, dann lenken Sie Ihren Blick auf die Stärken eines Menschen, den Sie begleiten. Es kann Ihr Partner oder Ihr Kind sein oder auch jemand in Ihrem beruflichen Umfeld. Finden Sie auch hier zehn Sätze: „Er/Sie kann gut…"

Die Energie folgt der Aufmerksamkeit. Es wird sich etwas tun, wenn Sie Ihre Aufmerksamkeit auf das Können lenken. Beobachten Sie, was in der Folge geschehen wird. Machen Sie sich die Wirkung Ihres selbst gelenkten Denkens und Fühlens bewusst.

Müssen macht Druck

„Ich muss heute Nachmittag noch zu einer Sitzung. Am Abend muss ich dann schnell nach Hause fahren. Wir müssen noch ins Theater." Dies sind ganz und gar übliche Sätze. Ohne die Überschrift mit dem Wort „müssen" hätten Sie beim Lesen das „müssen" in diesen Sätzen vielleicht nicht einmal bemerkt. Auf einer bewussten Ebene hätten Sie nur gelesen, dass derjenige am Nachmittag eine Sitzung hat, danach nach Hause fährt und am Abend ins Theater geht. Und vielleicht hätten Sie innerlich gesagt: Wie schön für ihn, dass er am Abend ins Theater gehen kann.

Dennoch erreicht Sie das Wort „müssen" auf einer unbewussten Ebene und gibt das Signal von Fremdbestimmung und Druck. Dieses Signal ist irritierend, es steht im Widerspruch zu der angenommenen Freude auf den Theaterabend. Diese unbewusste Information schwingt in der alltäglichen Kommunikation mit und hinterlässt beim Sprecher und auch beim Angesprochenen ein diffuses Gefühl von Irritation.

Die meisten Menschen haben sich an beständigen Druck von außen gewöhnt und merken diesen Druck nicht mehr. Sie sind in Hinblick auf den Druck in ihrer Wahrnehmung abgestumpft. Sie merken es nicht einmal, wenn sie „müssen" sagen. Das „müssen" kommt einfach so aus ihnen heraus, selbst wenn sie von schönen Dingen sprechen, die sie freiwillig tun. Dann „müssen" sie sogar am Abend ins Theater gehen. Sie gebrauchen dieses Modalverb gewohnheitsmäßig. Sie bringen mit diesem Sprachgebrauch ihren allgemeinen Druck zum Aus-Druck.

So gesehen ist das oben genannte Beispiel mit den dreimal „müssen" in direkter Folge bedeutsam. Dieser Sprachgebrauch ist symptomatisch und ein ernstzunehmender Hinweis. Zu viel „müssen" macht auf Dauer krank.

„Müssen" ist Grundbestandteil der Sprache vieler Menschen. Sie sagen „müssen" in jedem zweiten oder dritten Satz. Es ist lohnend, diesen inflationären Sprachgebrauch zu beleuchten und in einem ersten Schritt das eigene Bewusstsein für den Gebrauch oder Missbrauch dieses kleinen Wortes zu entwickeln. Gehören Sie selbst auch dazu?

Es gibt zwei Wege, sich dieser Erkenntnis zu nähern. Der eine ist angenehm, der andere eher beschwerlich. Sicher ist es angenehmer, auf die Sätze mit „müssen" in Ihrer Umgebung zu achten und sich nicht gleich wie beim zweiten Weg mit all den „müssen" in der eigenen Sprache zu befassen.

Sie werden erstaunt sein, wie oft Sie „muss" und „müssen" hören. Wie geht es Ihnen, wenn Sie „muss" hören? Wie empfinden Sie die Menschen, die viel „muss" sagen? Wie geht es Ihnen in deren Umgebung?

An dieser Stelle wiederhole ich den bereits mehrfach gegebenen Hinweis: Widerstehen Sie bitte jeglicher Versuchung, andere Menschen auf ihre Sprache anzusprechen oder sie gar erziehen zu wollen. Damit würden Sie sich garantiert unbeliebt machen und obendrein Abwehr hervorrufen. Bleiben Sie bei all Ihren Beobachtungen bei sich. Freuen Sie sich still, dass Sie bereits ein Gespür für Sprache und ihre Wirkung entwickeln. Mit Sicherheit werden Sie auch viel „muss" in den Medien hören und lesen. Hier dürfen Sie getrost laut stöhnen. Die Sprecher hören und sehen Sie nicht. Anders ist es, wenn Sie mit diesen Menschen zusammen sind.

Bitte bewerten Sie Ihre Beobachtungen nicht. Das, was Sie hören, ist gängiger Sprachstil. Sie sind gerade dabei, ein Gespür für den alltäglichen Sprachgebrauch und dessen Wirkung zu entwickeln. Alles Bewerten würde diesen konstruktiven Prozess stören. Beobachten Sie aufmerksam und nehmen Sie die Wirkung einzelner Formulierungen und Wörter einfach wahr.

Neben den Menschen, die viel „müssen" gebrauchen, gibt es auch solche, die es nur selten gebrauchen. Ich ermuntere Sie, diese Menschen in Ihrer beruflichen und in Ihrer privaten Umgebung zu entdecken. Schenken Sie ihnen Aufmerksamkeit! Achten Sie auch hier darauf, wie Sie deren Sprache empfinden und wie Sie diese Menschen erleben.

Sie denken anders, und folglich sprechen sie anders als die chronischen „Muss"-Sager. Sie haben einen anderen Lebensstil und eine andere Wirklichkeit als sie. Mit einer Sprache, die weitgehend frei ist von „müssen", geben sie andere Signale. Folglich haben sie eine andere Wirkung und schaffen sich damit letztlich auch eine andere Wirklichkeit. Es lohnt sich, auf ihre Sprache zu achten und von ihnen zu lernen.

Während Sie auf die genannte Weise auf den Gebrauch von „müssen" in Ihrer Umgebung achten, werden Sie gleichzeitig wach und sensibel für Ihren eigenen Sprachgebrauch und dessen praktische Auswirkungen auf Ihr Leben. Ich sagte, dass es neben diesem Weg auch einen eher beschwerlichen Weg gibt, das Bewusstsein für „müssen" zu stärken. Bei diesem Weg setzen Sie bei sich selbst an und achten auf Ihren eigenen Sprachgebrauch. Bei den Beobachtungen Ihrer Umgebung haben Sie vermutlich mit der Zeit von allein Lust bekommen, noch mehr auf Ihre eigene Sprache zu achten. Mit dieser Vorbereitung geht es nun leicht.

Sie werden sich sicherlich wundern, wie oft Sie „müssen" sagen und was Sie sonst noch alles sagen. Lassen Sie sich auf sich selbst ein und nehmen Sie sich so, wie Sie sind. Es ist in Ordnung, wenn Sie am Tag über hundert Mal „müssen" sagen – die Hauptsache ist, dass Sie es merken. Sie sind gerade dabei, sich selbst neu zu entdecken. Mit Humor und Gelassenheit kommen Sie ans Ziel.

Laden Sie bewusst Dauerdruck und Fremdbestimmung aus Ihrem Leben aus. Probieren Sie für vier Wochen, wie es Ihnen ohne das gewohnte „muss" geht. Machen Sie ein „Muss"-Fasten. Viele „muss" und „müssen" können Sie ersatzlos streichen. Damit wird auf einmal vieles leicht. Sie können statt des gewohnten Satzes „Ich muss jetzt noch den Tisch decken" leicht sagen: „Ich decke jetzt den Tisch." Interessanterweise ändert sich mit dem gewandelten „muss" noch mehr. In diesem

Beispiel verschwand auf einmal das kleine „noch". Auch die Satzmelodie und das Sprechtempo ändern sich.

Der Blick auf die ursprüngliche Bedeutung von „müssen" eröffnet einen neuen Blickwinkel. Es ist verwandt mit dem „Maß". Mit dem rechten Maß wird eine Aufgabe angemessen. Die Bauern haben schon immer gewusst, welches Maß an Arbeit sie an einem Vormittag auf dem Feld leisten können und welche an einem ganzen Tag. Entsprechend gibt es noch heute die Flächenbezeichnungen ein Morgen Land und auch ein Tagwerk.

Wenn wir unsere Zeit und unsere Tätigkeiten mit Maß und Ziel einteilen, dann bleibt am Ende des Tages auch Zeit für eine Mußestunde. Auch dieses Wort ist verwandt mit dem „Maß" und dem „müssen". Dann erübrigt sich die Bezeichnung „Worklife Balance".

Meine Anregung ist: Gebrauchen Sie weiter „müssen" – doch haben Sie dabei bitte immer das rechte Maß im Blick. Sobald „müssen" Druck anzeigt, stimmt dabei etwas nicht.

Eine gute Übung auf diesem Weg ist es, das gewohnheitsmäßige „müssen" erheblich zu reduzieren oder vorübergehend sogar ganz zu streichen. Dafür gibt es ein probates Hilfsmittel. Die meisten Sätze mit „muss" und „müssen" bezeichnen eine Handlung, die in der Zukunft liegt. So ist es hier angezeigt, die zukünftige Handlung mit Futur zu benennen. Aus einem „Ich muss heute Nachmittag zu einer Sitzung gehen" wird dann der Satz: „Ich werde heute Nachmittag zu einer Sitzung gehen."

Das Futur schafft Raum zwischen der Gegenwart und der Zukunft. Damit wird es möglich, eine zukünftige Handlung vorzubereiten. Gleichzeitig befreien Sie auf diese Weise die Gegenwart von allem, was nicht in die Gegenwart gehört. Sie werden merken, wie der gewohnte Dauerdruck abfällt.

Gestalten Sie sich Ihre Zukunft, auch auf der sprachlichen Ebene: „Sie werden morgen ins Theater gehen, Sie werden morgen eine Aufgabe erledigen.“ Das klingt anders als mit dem gewohnten „müssen“: Sie „müssen“ nämlich nicht ins Theater gehen, und Sie „müssen“ auch eine Aufgabe nicht erledigen. Es liegt an Ihnen, wie Sie Ihre Sätze formulieren.

Das Futur bringt spürbare Entlastung. Auf diese Weise fallen von alleine etliche Formulierungen mit „müssen“ weg. Für viele Menschen ist es neu, diese Zeitstufe in der Alltagssprache zu gebrauchen.

Gönnen Sie sich Zeit, sich an das Futur zu gewöhnen und es Schritt um Schritt in Ihre Alltagssprache und damit in Ihr Denken zu integrieren.

10. Tipp für den Alltag

Entdecken Sie eine Woche lang Ihren persönlichen Sprachgebrauch mit „müssen“ und „muss“. Sprechen Sie weiter wie bisher und nehmen Sie den Druck bewusst wahr, den Sie sich damit bislang geschaffen haben.

Beginnen Sie in der darauf folgenden Woche damit, Formulierungen mit „müssen“ zu wandeln. Wann können Sie es einfach weglassen?

Gibt es Gelegenheiten, bei denen Sie statt „müssen“ Futur gebrauchen können?

Schreiben Sie drei oder mehr Ihrer üblichen Sätze mit „ich muss“ und „wir müssen“ auf und finden Sie dafür sprachliche Alternativen. Integrieren Sie diese dann in Ihren täglichen Sprachgebrauch.

Beobachten Sie die Wirkung auf sich selbst und auf Ihr Umfeld.

Sie dürfen Bedürfnisse haben

Das Modalverb „dürfen" ist ein weiterer großer Schatz. Die Werbung hat die wohltuende Wirkung von Sätzen mit „du darfst …" schon lange entdeckt. Es gibt eine Margarine, bei der steht auf dem Deckel in großen Lettern „Du darfst". Der Satz bleibt ein Fragment, und jeder vervollständigt den Satz für sich unbewusst. Erlaubnisbotschaften beginnen mit „du darfst …", und genau eine solche will das Produkt dem Kunden geben. Der Werbespruch ist einprägsam. Jeder bekommt gern eine Erlaubnis!

Wir können auch selbst mit uns gut umgehen, und natürlich auch mit anderen. Der bewusste Umgang mit dem Modalverb „dürfen" ist dabei ein wertvoller Schlüssel.

Nur wenige Menschen wachsen mit dem „dürfen" in der bejahenden Form auf. Die meisten hören es von klein auf vor allem in der verneinenden Form als „nicht dürfen". Sie haben daher mit diesem Wort vor allem Einengungen und Verbote gespeichert. Selten haben sie als Kind gehört: „Du darfst heute länger aufbleiben."

Stattdessen hörten sie: „Du kannst heute länger aufbleiben." Dabei stimmt der Gebrauch von „können" hier nicht, Schließlich handelt es sich um eine Erlaubnis und nicht um eine Frage des Könnens.

Im allgemeinen Sprachgebrauch kommt das bejahende „dürfen" selten vor, und wenn, dann ist der Gebrauch vielfach falsch. In Arztpraxen hören Patienten oft: „Sie dürfen sich noch ins Wartezimmer setzen." Das soll in Wahrheit eine Aufforderung sein und heißt dann korrekt: „Bitte nehmen Sie noch im Wartezimmer Platz." Die Erlaubnis ist nur dann angezeigt, wenn jemand aus gesundheitlichen Gründen kaum stehen kann und froh ist, dass er sich endlich setzen darf. Doch ist die Situation ja im Allgemeinen eine andere.

Es gibt viele Fehler im Umgang mit dem „dürfen“. Das geschieht beispielsweise dann, wenn jemand das Modalverb „müssen“ ersetzen will und dafür einfach „dürfen“ sagt. Das ist jedoch daneben und so kommen dabei bisweilen ganz merkwürdige Aussagen heraus. Das klingt dann beispielsweise so: „Am Wochenende darf ich dann das Haus putzen.“ Doch ist das so nicht glaubhaft und daher einfach schräg. Hier hilft das Futur: „Am Wochenende werde ich das Haus putzen.“

Es gibt noch mehr Fehler mit „dürfen“. Manche gebrauchen es, wenn sie sich ärgern. Dann sagen sie: „Und ich darf dann danach die ganze Unordnung wieder aufräumen.“ Das ist eine widersprüchliche Botschaft. Sie steigert Ärger und Streit. Hier gehört ehrlicherweise ein „müssen“ hin oder auch Futur. Ebenso ist ein klärendes Gespräch angezeigt, um in Zukunft das Zusammenleben zu erleichtern. Auch bei diesem Gespräch ist ein achtsamer Blick auf den Gebrauch der Modalverben ratsam.

Der Umgang mit dem „dürfen“, wie auch mit dem „wollen“, will gelernt sein. Ich gebe im Folgenden dafür drei Anregungen.

Die eine Möglichkeit des korrekten Gebrauchs ist die wertschätzende, ehrliche Frage: „Darf ich Ihnen behilflich sein?“ Oder: „Darf ich Sie um etwas bitten?“ Nach dieser Frage folgen eine Pause und ein Abwarten der Reaktion des Angesprochenen. Das „dürfen“ in einer Frage passt in alle Situationen, in denen Sie einen anderen um eine Erlaubnis bitten. Dies hat etwas mit Wertschätzung und Achtsamkeit zu tun und keineswegs mit einer vermeintlichen Unterwürfigkeit.

Die zweite Möglichkeit ist eine Erlaubnis, die jemand ausspricht. Vielleicht will derjenige dem anderen sagen, dass er seinen Garten nutzen darf, auch wenn er weg ist: „Am Vormittag sind wir alle außer Haus. Auch dann dürfen Sie sich gern in unseren Garten setzen. Fühlen Sie sich einfach wohl!“ Mit einem „können“ wäre der Satz falsch – können tut diese Person es ja. Es geht um ein Dürfen. Dann kann sie es genießen, im Garten zu sitzen. Sie weiß, dass derjenige es ihm ausdrücklich erlaubt hat.

In diesem Sinn können wir das „dürfen“ immer dann benutzen, wenn jemand uns etwas großzügig angeboten oder erlaubt hat. Wir können beispielsweise sagen: „Ich darf Herrn Maierhöfer in die Oper begleiten!“ Die Empfindung geht mit Freude und Dankbarkeit einher.

Das so gebrauchte „dürfen“ fördert eine entsprechende freudige Einstellung zum Leben. Das wiederum wirkt wie ein Magnet für weitere freudige Ereignisse. Ich rege an, dass Sie das Wort „dürfen“ und seine Ableitungen in Ihre aktive Sprache aufnehmen. Auf diese Weise stärken Sie das entsprechende mentale Muster.

In diesem Zusammenhang gebe ich Ihnen einen wichtigen Hinweis: Ableitungen von Wörtern wirken erst dann kraftvoll, wenn das jeweilige Grundwort wieder lebendig ist. In unserem Beispiel ist es das „dürfen“. Daher ist es ratsam, das Grundwort vor den Ableitungen in die aktive Sprache aufzunehmen.

Zu dem Wort „dürfen“ gehören auch die Wörter „Bedarf“ und „Bedürfnis“. Die Sprache macht es sichtbar und hörbar, dass alle drei Wörter etwas miteinander zu tun haben. Der Umgang mit den Bedürfnissen zeigt sich neben anderem auch am Gebrauch des Wortes „dürfen“. „Dürfen“ macht frei. Wer diesem Wort Aufmerksamkeit schenkt, der wird reich belohnt werden.

Ja, du darfst!

Marianne kannte aus ihrem persönlichen Sprachgebrauch in erster Linie die Verneinung. Sie sagte: „Das darf ich nicht machen!" Oder: „Das darf ich nicht sagen!" Entsprechend sagte sie ihren Kindern und auch ihren Auszubildenden viel häufiger „Das darfst du nicht machen!" als „Das darfst du machen!"

Dies wirkte sich natürlich auf das Handeln der Kinder und der Auszubildenden aus. Marianne engte sie damit ein, ohne ihnen gleichzeitig einen Weg zu weisen. Zugleich zeigte sie mit ihrem Sprachgebrauch, dass sie sich ihre eigenen Bedürfnisse bislang nicht oder nur eingeschränkt erlaubte. Einfach „dürfen" gab es für sie noch nicht.

Sie lachte erleichtert und vergnügt, als ihr diese Zusammenhänge bewusst wurden. Nun konnte sie endlich ihr andauerndes Mangelgefühl drehen, das sie seit ihrer Kindheit begleitet hatte. In diesem Augenblick war ihr klar geworden, dass sie sich mit dem gewohnten „nicht dürfen" immerfort selbst beschränkt hatte und dass sie jetzt einfach aus dem „nicht dürfen" ein „dürfen" machen konnte.

Dann sammelte ich mit ihr Sätze, in denen sie sich mit einem „ich darf" wohlfühlt: „Ich darf mich in meinen Garten setzen und eine Pause machen." „Ich darf den Vögeln lauschen." „Ich darf faul sein." „Ich darf, ich darf, ich darf!" Sie fand viele Sätze. Als sie einmal den Anfang gefunden hatte, sprudelte sie über.

Marianne war von nun an achtsam mit dem „dürfen". Ich empfahl ihr, neben dem „dürfen" weitere Wörter mit demselben Wortstamm in ihre Alltagssprache zu integrieren, die ihr gut tun, und damit dem „dürfen" noch mehr Raum in ihrem Denken und Leben zu geben. Sie wählte für sich das Substantiv „Bedürfnis" und das Verb „bedürfen". Dieses Wort kannte sie noch von ihrer

Oma. Sie hatte oft gesagt: „Dies bedarf einer Erklärung." Sie mochte ihre Oma, und sie fand die Redewendung schön. Jetzt hörte sie das Verb „einer Sache bedürfen" im allgemeinen Sprachgebrauch nur noch selten. Sie nahm es in ihre Sprache bewusst wieder auf, lachte und sagte: „Ich darf das!"

Marianne gab mit dem Wort „dürfen" ihrem Leben bewusst eine Wende. Aus vielem gewohnheitsmäßigen „müssen" und „nicht dürfen" machte sie gezielt ein „dürfen".

11. Tipp für den Alltag

Wie gebrauchen Sie das Wort „dürfen" und Wörter, die sich davon ableiten?

Wählen Sie eines aus, das Ihnen gut tut, und schenken Sie ihm für eine Weile Ihre Aufmerksamkeit. Beobachten Sie die Wirkung!

Verneinung erreicht das Denken nicht

Verneinungen sind weit verbreitet. Dies gilt gleichermaßen für die Erziehung von Kindern, für das Erstellen von Regeln und Vorgaben in einem Kindergarten, einer Schule, in öffentlichen Einrichtungen oder einem Betrieb, für Zertifizierungen, für Vertragstexte und vieles mehr.

So unterschiedlich die Situationen auch sein mögen, das allen Gemeinsame sind die weit verbreiteten Negationen. Ich nenne Ihnen eine Reihe solcher Beispiele:

„Es ist nicht gestattet, auf der Wiese Fußball zu spielen. Wir rennen nicht auf dem Schulhof."
„Wir lärmen nicht in den Gängen."

„Der Mieter darf keine größeren Anpflanzungen ohne Absprache mit dem Vermieter durchführen.“
„Machen Sie sich keinen Stress!“
„Hab keine Angst!“
„Sei nicht so traurig!“
„Sei nicht so laut!“
„Fahre nicht immer so schnell!“
„Bitte nicht eintreten!“
„Vergiss den Schlüssel nicht!“

Diese Liste lässt sich beliebig weiterführen. Zu den Verneinungen gehören die Wörter „nicht“, „nie“, „niemals“, „niemand“, „kein“ und die Vorsilbe „un-“ wie in „unerlaubt“ sowie die Nachsilbe „-los“ wie in „arbeitslos“ und „gedankenlos“.

Die Verneinungen sind allgegenwärtig und so üblich, dass die meisten Menschen sie als gegeben und normal hinnehmen. Sie leben damit und haben sie in ihre persönliche Sprache und damit in ihr Denken und in ihr Leben integriert. Ihr Weltbild ist stark von der Verneinung geprägt. Dies hat nachteilige Auswirkungen auf ihre individuelle Wirklichkeit und auf ihr gesamtes Leben.

Wie kann jemand, der immer auf das schaut, was er nicht haben will, sein Ziel im Blick behalten? Er benennt und betrachtet das, was er nicht haben und nicht erleben will. Mit dem verneinenden Satz lenkt er seine Aufmerksamkeit genau dahin, wo er eben nicht hin will. In der Folge wird er mit einer großen Wahrscheinlichkeit genau dort ankommen und das Nicht-Gewollte erleben. Die Energie folgt der Aufmerksamkeit.

Bei unserem allgemeinen Blick auf die Struktur der Sprache achten wir neben zahlreichen anderen Aspekten auch auf die weit verbreiteten Verneinungen und deren Auswirkungen. Vordergründig bewirken sie in konkreten Gesprächssituationen Fehlinformationen. Auf einer tieferen Ebene sind sie Ausdruck einer verneinenden Grundhaltung.

Verneinungen erzeugen falsche Bilder. Die logische Folge davon ist, dass beim Gesprächspartner eine falsche Information ankommt, zumindest eine andere, als der Sprecher gemeint hat.

Sie kennen sicher Paul Watzlawicks Geschichte vom rosaroten Elefanten. Sie illustriert die nachteilige Wirkung von Negationen deutlich. Wenn ich Ihnen sage, dass Sie an alles denken dürfen, was Ihnen in den Sinn kommt, nur nicht an einen rosaroten Elefanten, dann weiß ich genau, was Sie denken: Sie denken an einen rosaroten Elefanten. Genau das Gleiche geschieht, wenn Sie einem kleinen Kind sagen: „Lass die Schüssel nicht fallen!" Die Wahrscheinlichkeit, dass es die Schüssel gerade wegen Ihrer Bemerkung fallen lässt, ist groß. Umgekehrt machen Sie es ihm mit einer anderen Bemerkung leicht, sie heil ans Ziel zu bringen: „Halte die Schüssel bitte fest!"

Ebenso gut gemeint ist der Rat „Hab keine Angst!". Dieser Satz macht eher Angst, als dass er beruhigt. Der Angesprochene hört das Wort „Angst". Und die bekommt er, wenn er sie bis dahin noch nicht hat. Die gewünschte, beruhigende Wirkung hat eine andere Formulierung: „Sei beruhigt!" Hier gibt es eine klare, zielorientierte Aufforderung ohne Negation.

Dieser Unterschied ist einsichtig und klar. Mit einer bejahenden Sprache werden die Aussagen klar. Und doch dauert es eine geraume Weile, bis ein Mensch die so gewohnten Verneinungen erkennen und danach handeln kann. Dies wird als erstes die alltägliche Kommunikation erleichtern. Niemand wird dann mehr sagen: „Das hast du mir gar nicht gesagt! Du hast mir etwas ganz anderes gesagt!"

Es geschieht dabei noch mehr: Mit einer bejahenden Sprache wandelt sich die innere Einstellung von allein. Damit wird es leicht, das Ziel vor Augen zu behalten und ihm Schritt für Schritt entgegen zu gehen. Die Schwierigkeiten auf dem Weg sind dann Hindernisse, und es gilt sie zu nehmen und zu überwinden oder sie klug zu umschiffen.

Mit der verbreiteten verneinenden Grundhaltung ist dagegen alles schnell schwierig. Die möglichen Hindernisse wachsen schon in der Vorstellung zu großen Bergen heran, und es gibt vielerlei Bedenken. Dieses chronische Denken in der falschen Richtung ist eines der vier einengenden Denkmuster. Die anderen drei sind das Opferdenken, das Problemdenken und das tangentiale Denken oder auch Wischiwaschi-Denken. Sie finden alle vier ihre Entsprechungen auf der Ebene des Satzbaus.

Ich komme zurück zu den Negationen. Die ursprüngliche Bedeutung des Wortes „Negation" ist aufschlussreich. „Negation" kommt aus dem Lateinischen und bedeutet „Verneinung". Viele Menschen sind von einer verneinenden Sprache und damit auch von einer verneinenden Grundhaltung geprägt und auch gebremst.

Das bewusste Wandeln von Negationen erweist sich als ein wertvoller Schlüssel, um ganz grundlegend den inneren Blick nach vorn zu lenken. Auch hier haben wir es mit einer der zahlreichen sprachlichen Entsprechungen zu tun, die wir bei unserem Konzept im Sinne des Entsprechungsprinzips anwenden.

Wir setzen die Negationen ein, um über ein gezieltes Wandeln der Ausdrucksweise eine bejahende Grundhaltung zu fördern. Damit geht der Blick von der Vermeidung weg und hin zum Ziel. Für viele Menschen bedeutet diese Korrektur der eigenen Ausdrucksweise einen Neuanfang.

Von der Negation zur Position

Martin ist glücklich verheiratet und Vater von zwei gesunden, lebhaften Kindern von neun und sechs Jahren. Sein Glück war durch erhebliche Spannungen mit seinen Eltern getrübt. Beruflich war er erfolgreich. Doch kam er über eine bestimmte Position nicht hinaus. Dabei wartete er schon seit einiger Zeit auf die nächste Beförderung. Sie war aus seiner Sicht überfällig.

Er fragte mich um Rat. Einer seiner ersten Sätze war: „Das scheint mir kein schlechter Ansatz zu sein." Er sagte oft „nicht schlecht", „nicht verkehrt", „nicht daneben". Er konnte seine Verneinungen leicht steigern: Er fand dann etwas „nicht uninteressant", „keinesfalls unwichtig" oder „unendlich unbedeutend". Mit diesen gehäuften Verneinungen machte er sich das Leben schwer.

Dies wurde ihm klar, als ich ihm seinen Sprachgebrauch bewusst machte und ihn anleitete, die Wirkung von Negationen zu spüren. Ich lud ihn ein, einzelne seiner Formulierungen langsam und bewusst zu wiederholen, sie gleichsam wieder zu holen und sie nach Wunsch zu wandeln. Er spürte körperlich, wie es ihm bei diesen Formulierungen eng wurde. Er fasste sich spontan an die Brust und atmete danach tief durch. Ihm wurde klar, dass er sich mit diesen beständigen Negationen letztlich schadete.

Spätestens hier wusste Martin, dass das bewusste Achten auf die Negationen eine größere Tragweite hatte, als sich nur miteinander die Kommunikation im Alltag zu erleichtern. Nach einem kurzen Innehalten griff er sich mit seiner einen Hand nochmals an die Brust, atmete wieder durch und sagte: „Ich weiß, dass ich auch gesundheitlich auf mich achten muss!"

Danach begleitete ich ihn dabei, einige seiner häufigsten Formulierungen mit Negationen zu sammeln und zu wandeln.

Er begann mit der Redewendung „nicht schlecht". Erst bildete er einen Satz, der diese Redewendung enthielt. „Meine Stelle bei der großen, örtlichen Firma ist nicht schlecht." Danach sollte er den Satz so oder ähnlich wiederholen und das Wörtchen „nicht" weglassen. Nach einigem Zögern und Suchen strahlte er: „Meine Stelle bei der großen, örtlichen Firma ist gut!"

Während er diesen neuen Satz sagte, richtete er sich auf. Der Rücken wurde gerade, auch die Kopfhaltung änderte sich. Martin spürte den Unterschied. Er begann zu ahnen, dass ein Leben ohne permanente Negationen eine für ihn neue Qualität haben würde. Martin fasste Feuer und machte gleich weiter: „Der Satz ‚Die Bemerkung des Kunden ist nicht uninteressant!' heißt in Wirklichkeit: ‚Die Bemerkung des Kunden ist aufregend und interessant.'"

Er nahm deutlich wahr, dass diese neuen Formulierungen viel mehr Kraft und Lebendigkeit haben als seine gewohnte Ausdrucksweise.

Er achtete in den darauffolgenden Wochen auf Negationen in seiner eigenen Sprache und entwickelte Schritt für Schritt eine bejahende Sprache. Ihm wurde mehr und mehr bewusst, welch großes Betätigungsfeld er sich damit eröffnet hatte. Er hatte Freude dabei, allein mit seinem Sprachgebrauch sich selbst und seine tiefsitzenden Prägungen zu entdecken und zu wandeln.

Schon bald konnte er wohltuende Auswirkungen seines gewandelten Denkens und Sprechens erleben. Es ging ihm gut. Am meisten beglückte ihn dabei die Erkenntnis, dass er selbst maßgeblichen Einfluss darauf hatte, wie sich sein Leben entwickelte.

Indem Martin die andauernde Negation Schritt für Schritt hinter sich ließ, festigte sich gleichzeitig seine Position. Er nahm seinen Platz ein und zeigte Präsenz. Damit wurde seine

Kraft sichtbar und spürbar. Er sagte, was ihn wirklich interessierte, und brachte dies auch sprachlich zum Ausdruck. Damit kam in seinem Leben einiges in Bewegung. Daheim, in der eigenen Familie, glätteten sich die Wogen. Auf einmal klärten sich die Positionen. Die Spannungen mit den Eltern ließen spürbar nach, und das Zusammenleben mit ihnen auf dem gleichen Grundstück gestaltete sich angenehm. Die Eltern hatten nun ihre Position, und der Sohn mit seiner Familie hatte die seine. So konnten sie in Frieden zusammenleben.

Martin nahm jetzt statt der früher üblichen „Negation" „Position" ein. Das Gegenstück zur „Negation" ist die „Position", sowie das Gegenstück von „negativ" „positiv" ist. Sie leiten sich beide vom Lateinischen ab: „Negation" leitet sich von „negare" ab mit der Bedeutung „verneinen, negieren" und „Position" von „ponere" mit der Bedeutung „setzen, stellen, legen".

Das bewusste Wandeln der Negationen war bei Martin die wesentliche Korrektur seiner persönlichen Sprache. Es gab daneben noch einige weitere, kleine Korrekturen. Martin hatte innerhalb weniger Monate mit einigen gezielten Änderungen der gewohnten Ausdrucksweise seinem Leben eine Wende gegeben. Jetzt ging es allen Beteiligten gut.

Margarete erlaubt sich das volle Glück

Margaretes größter Wunsch war es, nach Bonn zu ihrem Freund zu ziehen und dort eine Anstellung in einer Schule zu finden. Mit diesem Wunsch kam sie und hoffte, sich über den Weg der Sprache den Weg dahin ebnen zu können. Gleichzeitig glaubte sie nicht so recht daran und war skeptisch. Auch bei ihr spielte das Erkennen und anschließende Wandeln der Negationen eine große Rolle. Sie hatte oft gesagt: „Keine

Chance!“ Oder: „Das ist so unwahrscheinlich wie das Finden einer Stecknadel im Heuhaufen.“

Erst griff ich ihre Redewendung „keine Chance“ auf. Daraus wurde ein zaghaftes: „Wir werden sehen!“ Danach setzte ich bei Wörtern mit der Vorsilbe „un-“ an. Diese gebrauchte sie zahlreich. Wir sammelten sie gemeinsam und sie kamen ihr leicht in den Sinn: „Unmöglich“, „unheimlich schön“, „unheimlich interessant“, „uninteressant“, „unergiebig“, „unkompliziert“, „unpassend“, „ungut“ … Die Liste hätte sie beliebig weiterführen können.

Wörter mit der Vorsilbe „un-“ benennen etwas und verneinen es gleichzeitig. Dies wird an jedem einzelnen Beispiel sichtbar. Ich griff das Wort „ungut“ heraus. Darin ist das Wort „gut“ enthalten. Und doch ist „ungut“ nichts Gutes. Das Wort verwirrt. So ging ich mit Margarete einige Wörter mit dieser Vorsilbe durch. Sie empfand überall dieselbe Irritation, die durch das Benennen und gleichzeitige Negieren des Grundwortes entsteht.

Ich empfahl ihr, eine kleine Anzahl dieser Wörter mit der Vorsilbe „un-“ auszuwählen, die sie in ihrem Alltag oft sagt, und dafür eine oder mehrere neue Formulierungen zu finden, die das benennen, was sie wirklich meint. Aus „uninteressant“ wurde „langweilig“ und „fad“. Statt „unheimlich schön“ sagte sie lieber „wunderschön“. Sie hatte Freude an dem Finden der wirklich gemeinten Botschaft und war neugierig zu erfahren, welche Wirkung dies auf ihr Leben und ihren beruflichen und privaten Alltag haben würde.

Als erstes bemerkte sie eine Erleichterung. Auf einmal gelang die Kommunikation noch leichter als vorher. Sie hatte sie nie als schwer erlebt. Und doch hatte sich etwas geändert. Mit dem Wandeln der Wörter mit der Vorsilbe „un-“ waren völlig neue Wörter in ihre Sprache hineingekommen. Statt „unendlich langweilig“ sagte sie jetzt „wirklich langweilig“. Ihr bis dahin häufig gebrauchtes Wort „unkompliziert“ wandelte sie zu einem „einfach“.

So sagte sie von nun an „einfach“, „wunderbar“ und „wirklich“ und meinte und fühlte die Wörter auch so. Vieles wurde in ihrem Leben wirklich wunderbar einfach. Die direkte Auswirkung wurde ihr mit der Zeit bewusst.

Sie achtete neben den Wörter mit der Vorsilbe „un-“ auch auf den Umgang mit den Zeiten. Sie hatte Futur in ihre Sprache aufgenommen. Des Weiteren hatte sie bewusst damit aufgehört, zu schwindeln und Notlügen zu erzählen. Sie hatte früher nicht immer die Wahrheit gesagt. Darauf war ich gekommen, als sie immer wieder „ehrlich“ als Füllwort gebrauchte: Sie sagte des Öfteren Sätze wie: „Ehrlich gesagt bin ich etwas müde.“ Oder: „Da muss ich ehrlicherweise sagen …“ Ich fragte sie, warum sie das Ehrliche denn so betone. Mit ihrem Schwindeln hatte sie ähnlich viel verdeckt wie mit der Vorsilbe „un-“.

In den nächsten Wochen und Monaten kam in ihrem Leben etliches in Bewegung. Sie fand alte Dinge wieder, die sie verloren geglaubt hatte, und auch sonst kam manches Verdrängte und Verborgene ans Licht. Sie kam einem alten Familiengeheimnis auf die Spur, das sie schon lange geahnt hatte und das sie doch nie hatte greifen können. Nun wusste sie, woran sie war.

Sie hatte durch einen Zufall von einem Brüderchen erfahren, das schon vor ihrer Geburt gestorben war. So war sie in Wahrheit nicht das erste, sondern das zweite Kind ihrer Eltern. Sie konnte mit ihrer Mutter darüber sprechen und ihr sagen, dass sie um ihren älteren Bruder weiß. Bei der Mutter löste sich nach jahrzehntelanger Stille ein Siegel der Verschwiegenheit, und sie erzählte ihrer Tochter von dem kleinen Robert. Das tat beiden gut, sicher auch dem kleinen Robert. Nun hatte er seinen Platz in der Familie bekommen. Und die Tochter fand endlich ihren wahren Platz.

Margarete hatte sich eine Auswahl der Wörter mit der Vorsilbe „un-" vorgenommen und diese gewandelt. Alle anderen Wörter mit dieser Vorsilbe hat sie erst einmal belassen. Das genügte. Es ging um das Prinzip, aus der Grundhaltung des Verneinens zu einem Bejahen zu kommen. Das ist ihr gelungen. Es wurden nun Energien frei, die vorher durch die zahlreichen Negationen gebunden waren.

Nun ging Margarete voller Schwung ihren ursprünglichen Wunsch an, nach Bonn zu ihrem Freund zu ziehen und dort eine Stelle als Lehrerin anzunehmen. Der Weg war jetzt frei. Sie bewarb sich, geduldete sich einige Wochen und bekam die Stelle. Sie zog mit dem Beginn des neuen Schuljahrs nach Bonn. Nun wohnen die beiden an dem Wohnort ihrer Wahl zusammen und sind glücklich und dankbar.

Die Etymologie eröffnet neue Blickwinkel

Die Etymologie befasst sich mit der Geschichte und Entwicklung von Wörtern. Sie beleuchtet die Herkunft eines Wortes, die Verwandtschaft mit anderen Wörtern aus der eigenen und auch aus anderen Sprachen sowie die Lautentwicklung und die verschiedenen Aspekte seiner Bedeutung.

Die Geschichte der Wörter einer Sprache ist auch immer die Geschichte einer Kultur. Mit neuen Einflüssen aus anderen Ländern finden Wörter aus diesen Kulturen in die eigene Sprache. So haben wir im Deutschen zahlreiche Wörter arabischen Ursprungs, die schon seit Jahrhunderten ein selbstverständlicher Teil unserer Sprache geworden sind, beispielsweise die „Matratze", der „Alkohol", der „Zenit" und das Wort „matt". Letzteres kommt aus dem Schachspiel und leitet sich ab von der Redewendung „Schachmatt", das heißt: „Der König ist tot." Des Weiteren gibt es seit Jahrhunderten durch vielerlei Arten von Kontakten, wie Bildung, Reisen, Handel und Kriege, Wörter aus vielen anderen Sprachen. Dabei sind Wörter griechischen, lateinischen, französischen und italienischen Ursprungs zahlreich. In unserer Zeit kamen und kommen Wörter englischen Ursprungs dazu. So erzählen Wörter Kulturgeschichte und machen kulturelle Einflüsse sichtbar.

Bei manchen Wörtern ist die Bedeutung über die Jahrhunderte gleich geblieben. Bei anderen hat sie sich gewandelt. Die ursprüngliche Bedeutung eröffnet vielfach einen neuen Blickwinkel und lässt manches Wort in einem neuen Licht erscheinen. Daraus ergeben sich immer wieder neue und wirksame Lösungsansätze. So ist es beispielsweise bei dem bereits genannten Wort „müssen", das mit dem „Maß" und mit der „Mußestunde" verwandt ist. Bei unserer Arbeit mit der Sprache schöpfen wir neben anderem auch immer wieder aus dieser Quelle.

Was bedeutet „brauchen" für Sie?

Das Wort „brauchen" ist im allgemeinen Sprachgebrauch weit verbreitet: Menschen brauchen für ihr Kind einen Kindergartenplatz, sie brauchen für den Einkauf Geld, sie brauchen für den Kuchen Eier, und sie brauchen nach der Arbeit eine Zeit der Erholung. Jedes Mal empfinden sie das, was sie brauchen, als etwas, was sie im Moment nicht haben und doch haben wollen. Durch diesen Sprachgebrauch hat das Wort „brauchen" für viele Menschen die Bedeutung eines momentan empfundenen Mangels angenommen.

Wie empfinden Sie das Wort „brauchen"? Ich lade Sie ein zu einer Wortprobe. Sagen Sie es langsam und halblaut zweimal hintereinander. Wie klingt es nach? Als nächstes bilden Sie bitte einen Satz mit „brauchen", beispielsweise:

„Ich brauche mich darum nicht zu kümmern." Oder: „Ich brauche für den Garten einen Sack Erde." Vielleicht kommt Ihnen ein anderer Satz mit „brauchen" in den Sinn. Wie heißt er? Nun sagen Sie diesen Satz bitte zweimal halblaut und horchen wiederum in sich hinein.

Merken Sie sich bitte, wie Sie den Satz jetzt empfinden. Mit einem neuen Blick auf die ursprüngliche Bedeutung des Wortes „brauchen" werde ich Sie nochmals einladen, das Wort „brauchen" und den von Ihnen gewählten Satz zweimal zu sagen. Sie werden dann möglicherweise einen bedeutsamen Unterschied erleben.

„Brauchen" leitet sich ursprünglich von dem lateinischen Wort „frui", „genießen" ab. Auch „fructum", „die Frucht" ist damit verwandt. Die Menschen haben genossen, was sie geerntet haben. Sie erlebten immer wieder von neuem das Säen und Ernten. Sie entwickelten Rituale und feierten Feste. Daraus entstand das Brauchtum. Sie machten das, was sie gern taten, zu ihrem Brauch. So wurde es ein Brauch, an Ostern Ostereier zu bemalen und damit Haus und Hof zu schmücken. Die Menschen brauchten die Ostereier, es war ihr Brauch.

Wissen Sie Ihren Satz noch? Wenn ja, dann sagen Sie ihn bitte nochmals und lassen ihn sich erneut auf der Zunge zergehen. Wie nehmen Sie ihn jetzt wahr, mit Ihrem neuen Wissen von „brauchen"? Hat sich etwas geändert? Das Wort „brauchen" hat im Lauf der Zeit eine Bedeutungsverschiebung erfahren. Aus dem genussvollen, freudigen Brauch wurde die Notwendigkeit, etwas haben zu müssen.

Wir machen bei unserer Arbeit mit der Sprache diese alte, wohltuende Bedeutungskomponente bewusst und erwecken damit etwas wieder zum Leben, was verschüttet war.

Karin brauchte einen Blumenstrauß

Karin war für einen Geburtstag eingeladen und freute sich darauf. Sie brauchte noch schnell einen Blumenstrauß und wollte dann weggehen. Das Wort „brauchen“ hatte für sie die allgemein üblich gewordene Bedeutung, dass sie etwas haben und verwenden will, was sie im Augenblick nicht hat: Sie wollte einen Blumenstrauß mitbringen und hatte noch keinen. Sie konnte ihn kaufen oder auch selber die Blumen in ihrem Garten pflücken und daraus einen Strauß machen.

Ich sagte Karin die ursprüngliche Bedeutung des Wortes „brauchen“. Ein Lächeln huschte über ihre Lippen. Sie „brauchte“ vieles. Sie empfand das Wort jetzt anders.

Daraufhin bat ich sie, ihren Eingangssatz zu wiederholen. Der hatte gelautet: „Ich brauche noch schnell einen Blumenstrauß.“ Sie wiederholte ihn und sagte ihn jetzt so: „Ich brauche einen Blumenstrauß.“ Hier ließ sie das „schnell“ weg, ohne sich dessen bewusst zu sein. Sie hielt einen Moment inne und fragte mich: „Darf ich den Satz auch ganz anders sagen?“ Ich nickte: „Ja, gern!“ „Dann sage ich: Ich kaufe jetzt einen bunten, duftenden Blumenstrauß für meine Freundin.“ Dabei strahlte sie.

In diesem Satz war der Genuss enthalten, der schon immer zum „brauchen“ gehört hat. Diese lustvolle, farbige Komponente war nun wieder da.

12. Tipp für den Alltag

Schenken Sie eine Woche lang dem Wort „brauchen“ Ihre Aufmerksamkeit.

Finden Sie drei, vier Sätze, in denen Sie es „gebrauchen“.

Gehört in Ihren Wortschatz auch das „Brauchtum“ und ein „alter Brauch“? Wollen Sie ihm bewusst Raum geben? Wandelt sich mit dem neuen Blickwinkel für das „brauchen" Ihre Einstellung und Sichtweise für die eine oder andere Situation in Ihrem Leben?

Johann hatte wiederholte Leistenbrüche

Die etymologische Betrachtung seiner Leistenbrüche eröffnete Johann einen für ihn unerwarteten Lösungsansatz für seine beschwerliche gesundheitliche Situation. Ich griff das Wort „Leistenbruch" auf und betrachtete seine beiden Bestandteile: „leisten" und „Bruch".

Ich bat Johann, zweimal das Wort „leisten" zu sagen. Er folgte meiner Bitte und sagte: „leisten – leisten." Dabei wurde seine Stimme traurig. Dann schaute er mich an und sagte: „Ich kann nicht noch mehr leisten. Es geht nicht." Der „Leistenbruch" erschien auf einmal im Bild des Leistenmüssens und des Leistungsdrucks. Irgendetwas war gebrochen, nicht nur das Bindegewebe der Leiste.

„Johann", sagte ich, „ich sage dir als erstes etwas zur ursprünglichen Bedeutung von ‚leisten'. Vielleicht hilft dir das weiter. ‚Leisten' ist ein Wort aus der Sprache der Schuhmacher. Ein Schuhmacher fertigt mit Hilfe eines Leistens für einen Kunden Schuhe an. In denen kann er dann bequem und gut gehen. ‚Leisten' heißt ursprünglich ‚in der Spur gehen', ‚Gefolgschaft leisten'. Das ‚leisten' spricht die Treue und Gefolgschaft eines Gefolgsmannes gegenüber seinem Herrn an. Mit Leistung im heutigen Sinn hat das ‚leisten' nichts zu tun. Dieses Wort hat eine starke Bedeutungsverschiebung erfahren. Wie ist das für dich, die ursprüngliche Bedeutung von ‚leisten' zu hören? Kannst du damit etwas anfangen?"

Johann nickte kräftig. Mit diesem Hinweis konnte er viel anfangen: „Das gibt mir viel. Ich bin loyal. Loyalität bedeutet mir viel. Ich bin loyal in Hinblick auf meine Firma und auch in Hinblick auf meinen Chef. Dieses Übermaß an Arbeit kann ich nicht mehr erbringen. Das macht mich noch ganz kaputt!" Die neue Sichtweise für das Wort „leisten" nahm viel Druck von ihm. Mit dieser Bedeutung war er gern bereit, zu leisten und Leistung zu erbringen. Die Triebfeder für sein Handeln war jetzt nicht mehr der Druck von außen. Sein Bedürfnis, in Loyalität seine Arbeit zu tun, kam von innen.

Nun bat ich Johann, nochmals das Wort „leisten" zu sagen und es wiederum einmal zu wiederholen. Es klang jetzt anders: „leisten – leisten." Der Druck war jetzt weg. Das Wort war leicht geworden.

Johann berichtete davon, in welcher beruflichen Situation die Leistenbrüche jeweils gekommen waren. Ihm wurden auslösende Momente bewusst. Da war beispielsweise ein neuer Kollege dazugekommen. Und er hatte Angst bekommen, mit ihm nicht mithalten zu können. Er war innerlich in eine Konkurrenzsituation geraten. Ihm wurde nun der Zusammenhang bewusst: „Da gab es einen Bruch bei mir. Ich muss mich jetzt nicht mehr mit anderen vergleichen. Das Wesentliche ist, dass ich in erster Linie mir selbst treu und loyal bin und dann meinem Chef. Ja, das leuchtet mir ein. Ohne die Leistenbrüche hätte ich das vielleicht nie erkannt!" Er atmete erleichtert auf.

Der etymologische Ansatz ermöglichte es Johann, die Leistenbrüche mit neuen Augen zu sehen und mit neuen Ohren zu hören. Die ursprüngliche Bedeutung des Wortes war für ihn der Schlüssel für seine gesundheitliche Frage. Von da aus hatte sich ihm die Lösung eröffnet. Das Wort „Leistung" löste in ihm nun gänzlich andere Bilder aus. Mit ihnen konnte er gut leben und sich wohlfühlen.

Nach dieser ersten wesentlichen Erkenntnis betrachtete ich gemeinsam mit Johann konkrete Situationen in seinem privaten und beruflichen Alltag, die etwas mit dem Thema „Leistung" und „leisten" zu tun hatten. Wir beleuchteten miteinander Sätze und Formulierungen, die er bislang in diesen Situationen gebraucht hatte. Manche von ihnen wandelten wir. Wir probierten verschiedene Varianten aus, bis er eine hatte, die für ihn stimmig war. Mit den gefundenen Sätzen fühlte er sich gut für seinen beruflichen Alltag ausgestattet. Er fühlte sich sicher und kraftvoll. Er war bei sich selbst angekommen. So konnte er etwas leisten – leisten in dem für ihn neuen Sinn.

Sprache hat auch etwas mit Sprechen zu tun

Die deutsche Sprache ist die Sprache der Dichter und Denker. Sie formten und formen Gedanken in Wörter und Sätze. Der Rhythmus und der Klang einzelner Wörter begleiten und unterstreichen die inhaltliche Aussage, die der Dichter und Denker mit ihnen machen will. Versmaß, Reime und lautmalende Wörter sind dabei wesentliche Elemente, die ich schon als Schulkind kennen lernte.

Hier gab es für mich noch viel mehr zu entdecken: die Vielzahl der einzelnen Laute, aus denen unsere Sprache besteht, und auch deren Wirkung.

Eine glückliche Fügung führte Dr. Theodor von Stockert und mich vor etlichen Jahren zu einem erfahrenen Sprecherzieher, zu dem inzwischen verstorbenen Werner Mönch-la Dous. Er war Musiker und Schauspieler und hatte viele Jahre lang Sänger und Sängerinnen an der Musikhochschule Aachen in Sprecherziehung unterrichtet.

Er leitete uns an, Texte mit neuen Augen zu lesen und mit neuen Ohren zu hören und danach mit einem neuen Bewusstsein zu sprechen. Dies galt gleichermaßen für klassische wie für alltägliche Texte. Er machte uns bewusst, dass wir im Deutschen 26 unterschiedliche Vokale artikulieren und 25 Konsonanten. Aus dem Alphabet kannte ich nur fünf Vokale und 21 Konsonanten. Das deutsche Alphabet und die deutsche Rechtschreibung bilden diese Vielfalt an Lauten nicht ab. Uns tat sich nun in unserer eigenen Muttersprache ein neuer Reichtum auf und eine völlig neue Perspektive.

Wir näherten uns unserer eigenen Muttersprache noch einmal von Neuem. Wie ein kleines Kind entdeckten wir, dass es lange und kurze, offene und geschlossene Vokale gibt und Diphtonge wie „au" und „ei". Bei den Konsonanten wurde uns klar, dass wir für manche keinen eigenen entsprechenden Buchstaben haben. Das „ch" wie in „Dach" ist ein anderer Laut als das „ch" in „ich". Wir schreiben sie mit derselben Zeichenkombination. Auch das stimmhafte „S" in Sonne schreiben wir genauso wie das stimmlose „S" in Tasse. Dies gilt auch für weitere Konsonanten. Wir erkannten mehr und mehr Ungereimtheiten in der deutschen Rechtschreibung.

Beim Lesen und Sprechen eines Textes entdeckten wir viel Neues. Bis dahin hatten wir ihn einfach so gelesen, wie er auf dem Blatt stand. Werner Mönch-la Dous gab uns gleich bei unserem ersten Zusammentreffen eine Kostprobe seiner Kunst. Er wählte als erstes einen Text, den wir beide schon aus Schulzeiten kannten und den wir wiederholt gehört hatten: Er trug uns die Ringparabel aus „Nathan der Weise" von Gotthold Ephraim Lessing vor und las danach einen alltäglichen Text aus der Tageszeitung. Wir erkannten, welches Volumen und welche Fülle und Differenziertheit Sprache haben kann, wenn sie wirklich klingen und schwingen darf. Wir lauschten ihm andächtig und waren fasziniert.

Wir hatten die Ringparabel schon öfters gehört. Doch erreichte uns ihre Botschaft erst dieses Mal. Sie war so aktuell wie damals und so lebendig wie noch nie. Wir hatten beide das Empfinden, dass wir sie vorher noch nie wirklich gehört hatten. Das lag an der Art des Sprechens. In diesem Moment erwachte unsere Neugierde auch auf andere klassische Texte. Wir begannen zu ahnen, welches Potenzial sich uns auftat. Es war offensichtlich, dass die Kraft der Sprache mit diesem Wissen und Können noch einmal eine große Steigerung erfährt. Wir blickten einander einen kurzen Augenblick an und wussten beide: Dies war eine Sternstunde für die Weiterentwicklung unseres Sprach- und Kommunikationskonzepts.

Werner Mönch-la Dous lehrte uns, die Schönheit und die Kraft der gesprochenen Sprache neu zu erfahren. Sprache hat etwas mit Sprechen zu tun. Er unterrichtete uns und legte uns dann mit seinem Lehrbuch sein Lebenswerk in die Hände. Wir nahmen es dankbar an und tragen seitdem sein kostbares Wissen weiter. Der achtsame Umgang mit den einzelnen Lauten und das bewusste Lautieren sind seitdem ein in fester Bestandteil unserer Arbeit. (Werner Mönch-la Dous, Gesunde Stimme – kraftvolle Sprache, ein Praxisbuch mit Audio CD mit der Ringparabel am Ende der Übungen).

Wohlfühlen beginnt mit einem stimmhaften W

„Wohlfühlen" ist ein angenehmes Wort. Bei den meisten Menschen ruft es behagliche Gefühle hervor und zaubert ein Lächeln auf ihre Lippen und auch auf die Lippen der Angesprochenen. Es gibt einige Redewendungen, die das „Wohlfühlen" beinhalten: „sich wohlfühlen", „sich rundherum wohlfühlen", „Wohlfühl-Atmosphäre" und „Wohlgefühl".

Bevor Sie das „Wohlfühlen" neu entdecken, bitte ich Sie um eine Wortprobe. Sagen Sie bitte zweimal langsam und halblaut: „Wohlfühlen – Wohlfühlen" und horchen Sie in sich hinein. Wie sagen Sie dieses Wort jetzt und wie empfinden Sie es? Bitte merken Sie sich Ihre Beobachtung. Ich werde sie gleich noch einmal aufgreifen.

Das „Wohlfühlen" und auch die anderen Wörter mit der Silbe „wohl" gewinnen an Kraft und an Wirkung, wenn wir sie Laut für Laut neu entdecken. Jeder einzelne Laut hat eine ihm eigene Kraft und Wirkung. Haben Sie Lust, sich das „Wohlfühlen" noch einmal neu zu erschließen?

Ich lade Sie ein, jedem einzelnen Laut Ihre volle Aufmerksamkeit zu schenken. Sie werden anschließend überrascht sein, welche Wirkung diese Übung hat.

Ich beginne mit dem ersten Laut von „Wohlfühlen". Das ist ein „W". Wie bilden Sie diesen ersten Laut? Halten Sie inne, bevor Sie weiterlesen. Was machen Sie genau?

Beim „W" legen Sie die Unterlippe an die oberen Schneidezähne und bilden einen stimmhaften Laut. Die Oberlippe ist ganz locker. Sie hat im Augenblick nichts zu tun. Das „F" bilden Sie an derselben Stelle, nur als stimmlosen Laut.

Beim stimmhaften „W" vibrieren die Resonanzräume in der Brust und im Kopf mit. Legen Sie eine Hand auf den Kopf und sagen Sie noch einmal „WWWW". Spüren Sie das Vibrieren!

Danach folgt der zweite Laut. Dem stimmhaften „W" folgt ein langes, ich will beinahe sagen ein genüssliches, geschlossenes „O" wie in „Mond". Formen Sie auch diesen Laut mit Ihrem Mund. Was machen die Lippen? Was macht die Zunge? Welches Gefühl erzeugt das lange, geschlossene „O"?

Nun formen Sie bitte als dritten Laut das „L": Beim „L" ist die Zunge mit ihrer Spitze direkt hinter den oberen Schneidezähnen an den oberen Alveolen. Das sind die Zahntaschen der oberen Schneidezähne. Die Zungenränder sind locker, sie berühren die Backenzähne nicht. Diese Zungenposition entspricht beinahe der Ruheposition der Zunge. Das „L" ist ein Laut, der das Wohlfühlen gut zum Ausdruck bringen kann.

Nach dem „wohl" folgt beim „Wohlfühlen" das „fühlen". Es beginnt mit einem stimmlosen „F". Beim „F" legen Sie wie beim „W“ die Unterlippe locker an die oberen Schneidezähne. Nur bilden Sie jetzt einen stimmlosen Laut. Spüren Sie diesen Laut und den Luftstrom. Legen Sie eine Hand unterhalb von den oberen Scheidezähnen vor Ihren Mund. Spüre Sie den Luftstrom. Gönnen Sie sich dafür genügend Zeit. Beim stimmlosen „F“ gibt es kein Vibrieren. Das ist anders als beim stimmhaften „W“. Wie geht es Ihnen mit dem „F“?

Dem „F“ folgt wieder ein langer Vokal, wie schon das lange „O“ in „Wohl“. Hier ist es ein „Ü“. Wie bilden Sie das „Ü“? Was macht die Zunge, und was machen die Lippen? Was ist beim „Ü“ anders als beim „O“? Entdecken Sie die Nähe und auch den Unterschied!

Nach dem langen „Ü“ bilden Sie wieder ein „L“, wie schon bei „Wohl“. Spüren Sie bitte nochmals die Zungenspitze direkt hinter den oberen Schneidezähnen an den Alveolen.

Nun setzen Sie die einzelnen Laute des Wortes W-OH-LF-ÜH-L-E-N zusammen. Das „H“ nach den Vokalen zeigt dabei an, dass der Vokal lang ist. Darum bleibt es stumm. Nach diesem bewussten Lautieren erstrahlt das Wort in neuem Glanz und in neuer Kraft.

Sagen Sie langsam und genüsslich „Wohlfühlen“. Erlauben Sie sich, jeden einzelnen Laut wahrzunehmen. Wie geht es Ihnen jetzt mit diesem Wort?

Erinnern Sie sich bitte an Ihre Wortprobe von vorhin. Wie klang das Wort da? Und wie klingt es jetzt?

Bettina tankte neue Kraft

Bettina war eine junge Ärztin Anfang dreißig. Sie kam zu einem Seminar zu uns. Da lernte ich sie kennen. Bettina arbeitete engagiert an einem medizinischen Projekt mit und ging vor lauter Überstunden darin nicht nur auf, sondern auch fast unter. Sie fühlte sich überlastet. Es war ihr Wunsch, endlich einmal wieder ausschlafen und sich so ganz und gar wohlfühlen zu können. Sie sprach schnell und hektisch.

Wir hatten im Laufe des Tages bereits verschiedene sprachliche Aspekte beleuchtet. Dabei hatte sie schon den einen und anderen wertvollen Hinweis für sich nutzen können. Ich wollte ihr noch etwas Zusätzliches mitgeben. Ich entschied mich passend zu ihrem konkreten Wunsch für das Wort „Wohlfühlen“ und bot ihr an, dieses Wort für sich neu zu entdecken.

Bettina ließ sich darauf ein. Ich bat sie daraufhin, einen Satz mit „wohlfühlen“ zu bilden und diesen dann einmal zu wiederholen. Sie sagte: „Ich will mich wieder einmal so richtig wohlfühlen.“ Das „L“ von „wohl“ war kaum zu hören. Sie verschluckte es fast ganz. Und die Vokale waren beide eine Nuance zu kurz und eilig. Die Art, wie sie „wohlfühlen“ sagte, ließ ahnen, dass ihr hier bislang tatsächlich etwas fehlte.

Ich leite sie daraufhin an, das Wort neu zu entdecken. Dabei lenkte ich ihren Blick auf das anlautende stimmhafte „W“ und danach auf die beiden langen Vokale. Anfangs zögerte sie bei den beiden langen Vokalen. Doch dann probierte sie sie aus. Sie wiederholte das Wort mehrfach langsam und ließ sich das Wort mit dem langen „O“ und dem langen „Ü“ auf der Zunge zergehen: „Wohlfühlen – wohlfühlen – wohlfühlen.“

Sie lächelte und sagte: „Ich probiere gleich noch etwas: Ich fühle mich wohl! – Ich fühle mich wohl! “

Sie spürte die entschleunigende Wirkung der langen Vokale. Sie staunte wie ein kleines Mädchen und meinte abschließend mit einem strahlenden Lächeln: „Das war ein großartiges Erlebnis! Dieses Wort nehme ich mit! Ich werde es mir immer wieder sagen, im Auto, in der Badewanne und sonst wo! Allein das bewusste Aussprechen dieses Worts gibt mir ein gutes Gefühl! Das ist ja wundervoll! Danke, danke!“

Lassen Sie sich ein Wort auf der Zunge zergehen

Das bewusste Lautieren birgt noch weitere Schätze. Der Klang eines Wortes entspricht vielfach dem, was dieses Wort in seinem Inneren bedeutet. Hier wird oft eine tiefe Weisheit sichtbar.

Ich lade Sie ein, einzelne Wörter daraufhin neu zu entdecken und zeige Ihnen am Beispiel der „Knospe", was ich meine.

Sagen Sie bitte langsam und halblaut „Knospe" und wiederholen das Wort noch drei oder vier Mal, bis Sie es vom ersten Laut bis zum letzten Laut wahrnehmen können: „Knospe – Knospe – Knospe – Knospe." Lauschen und spüren Sie, wie Sie die einzelnen Laute der Reihe nach bilden.

Sie beginnen mit einem „K". Diesen Laut bilden Sie als harten Verschlusslaut hinten im Mund mit dem weichen Gaumensegel, dem Velum. Beim Sprechen spannen Sie die Bauchmuskulatur an. Die Kraft kommt von tief unten. Das „K" ist ein sogenannter harter velarer Verschlusslaut.

Dem „K" folgt das „N". Hier berührt der Zungenrücken den harten Gaumen, das Palatum. Die Atemluft strömt durch die Nase. Das „N" ist ein palataler Nasal.

Nach dem „N" folgt das „O", ein Vokal. Spüren Sie bitte, welche Qualität das „O" hat: Ist es lang oder kurz, offen oder geschlossen? Gönnen Sie sich die Zeit, dies wahrzunehmen. Was machen dabei die Lippen und was der Kiefer?

Sie werden merken, dass Sie mit den Lippen und der Zunge einen weiten, schützenden Raum formen. Bei dem „O" von „Knospe" runden Sie die Lippen. Sie öffnen den Kiefer leicht. Die Zunge liegt unten im Mundraum.

So entsprechen bis hierher die Laute dem Wesen der Knospe. Eine Kraft kommt von innen, und das, was herauskommen und daraus werden wird, ist noch von den Kelchblättern umschlossen.

Nach dem Vokal „O“ folgen „S“ und „P“ und danach das kurze, auslautende „E“. Wie formen Sie diese Laute?

Beim „S“ kerben Sie die Zunge in der Mitte der Länge nach ein. Damit entsteht eine Rille. Durch diese zischt die Luft an den oberen oder, bei manchen Menschen, an den unteren Schneidezähnen. Das „S“ in Knospe ist ein sogenannter stimmloser dentaler Reibelaut. Da kommt die Luft mit Kraft von hinten nach vorne.

Beim „P“ springt dann die Knospe auf: „P“ ist ein harter bilabialer Verschlusslaut. Sie bilden ihn mit beiden Lippen und öffnen damit kraftvoll den Mundraum nach einem kurzen, letzten Verschluss. Das kurze auslautende „E“ gibt der Blüte Raum, sich zu entfalten: Die Knospe öffnet sich.

Ähnlich wie bei „Knospe“ bilden viele Wörter das ab, was sie benennen. Ich empfinde es immer wieder als ein Erlebnis, zu erfahren, wie viel Weisheit in der Sprache enthalten ist. Ich lade Sie ein, sich die Zeit zu schenken und Wörter zu kosten. Lassen Sie sich das eine oder andere Wort auf der Zunge zergehen und fühlen Sie seine Wirkung und auch seine Bedeutung neu.

In der Sprache liegt eine tiefe Kraft. Wir machen sie mit unserer Arbeit auf vielerlei Weisen sichtbar.

3 Sprache in alltäglichen Situationen

Täglich wiederkehrende Situationen aus dem privaten und beruflichen Alltag erscheinen mit dem Wissen um die Wirkung der Sprache in einem neuen Licht. Sie bieten wundervolle Möglichkeiten, eigene Prägungen und Denkmuster zu erkennen und mit gezielten Änderungen der gewohnten Ausdrucksweise das eigene Leben bewusst zu gestalten und bei Bedarf neue Akzente zu setzen.

Es ist eine große Stärke des Lingva Eterna Sprach- und Kommunikationskonzepts, dass wir bei all unseren Betrachtungen der individuellen Sprache immer wieder von alltäglichen Situationen ausgehen und auch immer wieder in alltäglichen Situationen ankommen. Auf diese Weise ist es leicht, das Gelernte und Erkannte in den Alltag zu integrieren. Dies ist sicher ein wesentlicher Grund für die schnelle Wirkung und die große Nachhaltigkeit des Konzepts.

Seminarteilnehmer haben uns oft gesagt, dass sie sich sprachliche Anregungen für konkrete wiederkehrende Situationen des Alltags wünschen. Sie merkten, dass sie bei allem guten Willen in den jeweiligen Standardsituationen doch immer wieder genau das sagen, was sie schon hunderte von Malen gesagt haben – obwohl es Stummelsätze sind oder der Satz eine vermeidbare Negation enthält oder ihnen etwas anderes missfällt.

Genau darum geht es in diesem Kapitel: Ich betrachte einzelne Situationen aus dem Alltag und dabei übliche Formulierungen. Dann mache ich Sie auf einzelne sprachliche Details aufmerksam und nenne Ihnen eine oder mehrere mögliche sprachliche Alternativen.

Vielleicht haben Sie Lust, sich sprachlich auf einen Einkauf oder einen Restaurantbesuch oder eine andere Situation einzustimmen und gleich eine Anregung umzusetzen und auszuprobieren.

Vielleicht wollen Sie sich und Ihre Sprachmuster auch einfach selbst entdecken. Auch darauf können Sie sich mit den im Buch enthaltenen Anregungen vorbereiten. Wenn Sie wissen, auf was Sie achten können, dann werden Sie umso mehr Einzelheiten in der Sprache hören.

Alltägliche Situationen sind eine Fundgrube für jeden, der sie mit einem entsprechend geschulten Ohr und Blick erlebt. Ich lade Sie ein, solche Situationen mit neuen Ohren zu hören und mit neuen Augen zu sehen.

So stellen Sie den Kontakt sicher her: die drei A

Im alltäglichen Miteinander sprechen Menschen einander an und erreichen sich dennoch oftmals nicht. Die Informationen klingen zwar durch den Raum, doch gehen sie an dem Angesprochenen vorbei. Häufig ist das eine Ursache für Ärger und bringt Abläufe oft erheblich ins Stocken oder sogar aus der Bahn. So bleiben viele wertvolle Informationen auf der Strecke.

Dies kann ganz einfache Gründe haben: Der Angesprochene ist mit seiner vollen Aufmerksamkeit bei seiner Tätigkeit. Die Information des anderen ging an ihm vorbei. Der andere mag ihm dies als Ignorieren auslegen. In Wirklichkeit hat er jedoch versäumt, sein Gegenüber klar anzusprechen und mit ihm Kontakt aufzunehmen, ehe er weitersprach.

Erwachsene reden oftmals einfach los, ohne erst bewusst den Kontakt mit dem Gesprächspartner herzustellen. Sie nennen nicht einmal seinen Namen. Sie könnten genauso gut jemanden anderen ansprechen. Es ist einsichtig, dass der Gesprächspartner sich dann nicht angesprochen fühlt und folglich nicht hinhört.

Das klingt dann im Büro beispielsweise so: „Ich gehe in die Verwaltung." Der Kollege bekommt diese Äußerung möglicherweise nicht mit. Niemand hat ihn wirklich angesprochen, und er war in seine Arbeit vertieft. Manche Menschen machen einen anderen Fehler. Sie sprechen ihren Gesprächspartner zwar mit seinem Namen an, doch schließen sie ihre Botschaft direkt an den Namen an und lassen die so wichtige minimale Pause nach dem Namen weg. Sie reden in einem einzigen Atemzug weiter.

Damit reden sie über den Angesprochenen hinweg oder an ihm vorbei. Oftmals hört er seinen Namen nicht. Er geht im folgenden Text unter. Das kann so klingen: „Martin, ich gehe in die Verwaltung." Natürlich wird er als Folge auch nicht oder nicht gleich hinhören können. Mindestens ein Teil der Botschaft ist bis dahin an ihm vorbei gegangen. Das Ergebnis dieser beiden Kommunikationsfehler ist jeweils frustrierend und Quelle häufiger Ärgernisse. Diese sind völlig überflüssig.

Es ist einfach, die Aufmerksamkeit des Gesprächspartners zu gewinnen und ihm erst danach die jeweilige Information zu geben. Die drei A helfen dabei: Das erste A steht für Ansprechen, das zweite A für Anschauen und das dritte A für einen kurzen Atemzug, bevor die eigentliche Aussage, Bitte oder Frage, kommt.

Mit den drei A heißt der obige Satz so: „Martin, –" – Reaktion abwarten – „ich gehe in die Verwaltung und werde danach gleich wiederkommen." Hier kam nach den drei A eine klare Auskunft hinsichtlich der Dauer der Abwesenheit. Dann weiß der Kollege genau Bescheid.

Wir können hier von kleinen Kindern viel lernen. Sie wenden die drei A immer an. Sie nehmen mit ihrem Gesprächspartner immer Kontakt auf, ehe sie weitersprechen. Sie sagen: „Mama" oder „Papa" und schauen sie an. Dabei warten sie auf eine Reaktion. Sie sagen dies so oft, bis der Angesprochene den

Kontakt mit einem Blickkontakt, Nicken, Blinzeln oder einem „Ja!" oder einer anderen Äußerung bestätigt. Kleine Kinder weinen eher, als dass sie weitersprechen. Sie verlieren keine Worte, ehe sie sich des Kontaktes sicher sind.

Johanna blühte auf

Johanna fühlte sich oft übersehen und wenig geachtet, wenn ihre Kolleginnen ihre Anmerkungen und Wünsche anscheinend überhörten. Sie hatte den Ärger monatelang heruntergeschluckt und war wütend und verzweifelt. Sie wusste nicht, was sie falsch machte.

Die drei A waren die Lösung für sie. Sie erkannte, dass sie ihre Kolleginnen nie oder so gut wie nie mit ihren Namen angesprochen hatte. Sie hatte meistens nur gesagt: „Könntest du bitte …?" oder: „Kannst du bitte …?" Nun machte sie sich als erstes bewusst, was sie der jeweiligen Kollegin sagen wollte. Danach sprach sie sie mit dem Namen an und schaute dann die Kollegin an, bis sie Blickkontakt mit ihr hatte. Des Weiteren achtete sie auf die kurze Atempause, ehe sie weitersprach. Johannas Freude war groß: Sie erlebte, dass die Kolleginnen sie von da an ansahen und das, was sie sagte, ernst nahmen und vielfach auch aufgriffen. Das war für sie neu. Sie erkannte, dass sie bislang schlicht und ergreifend einen grundlegenden Fehler bei der Kontaktaufnahme gemacht hatte. Den hatte sie nun behoben.

Das Arbeitsklima wurde mit dieser kleinen Korrektur herzlicher und deutlich lockerer als vorher. Damit stieg auch die Bereitschaft, einander zu helfen.

Johannas bewusstes Ansprechen der Kolleginnen und Kollegen mit ihrem Namen hatte noch eine weitere Wirkung und zog Kreise: Johanna erlebte in den darauf folgenden Wochen, dass diese nun auch sie des Öfteren mit ihrem Namen ansprachen und die drei A anwendeten. Sie hatten ihren Impuls aufgegriffen, ohne dass Johanna sie je darauf angesprochen oder es ihnen erklärt hatte. Sie spürte, wie gut ihr der neue Umgangston tat. Dabei erkannte sie glücklich und dankbar, dass sie in ihrer Umgebung etwas wohltuend in Bewegung bringen konnte, allein indem sie ihren eigenen Sprachgebrauch wandelte.

Die Kolleginnen sprachen sie nach einigen Wochen an und fragten sie, was bei ihr anders geworden sei. Sie spürten es und konnten es doch nicht genau fassen. Erst danach erzählte sie ihnen von ihrem neuen Wissen und von Lingva Eterna und steckte einige von ihnen mit ihrer neu gewonnenen Freude an der Sprache an.

13. Tipp für den Alltag

Integrieren Sie die drei A in Ihren Alltag: Ansprechen, anschauen und ein kurzer Atemzug.

Es ist ganz einfach. Ich gebe Ihnen ein Beispiel: Statt: „Jürgen, ich habe eine Frage an dich“ machen Sie nach dem Ansprechen des Namens eine kleine Pause: „Jürgen, – ich habe eine Frage an dich.

Achten Sie bitte immer darauf, dass Sie den Namen Ihres Gesprächspartners wertschätzend aussprechen.

Beobachten Sie, welche Wirkung die drei A auf Sie selbst und auf Ihr Umfeld haben!

Wie bestellen Sie Essen?

In täglich wiederkehrenden Situationen gebrauchen Menschen die ihnen gewohnten Formulierungen. Sie haben sie schon immer so gebraucht und finden sie völlig normal. Und genau in diesen Situationen offenbaren sich tiefsitzende Sprach- und damit Denkstrukturen. Aus diesem Grund greifen wir bei unserer Arbeit bewusst solche spontanen und scheinbar banalen Sätze aus dem Alltag auf und bieten sprachliche Alternativen an.

Ich lade Sie nun ein, mich gedanklich in ein italienisches Restaurant zu begleiten. Das Bestellen von Essen erweist sich als eine wahre Fundgrube an Möglichkeiten. Bevor Sie weiterlesen, bitte ich Sie, sich vorzustellen, wie Sie Platz nehmen und gleich Spaghetti bestellen werden. Was werden Sie sagen, wenn die Bedienung kommt und die Bestellung aufnimmt?

Der Großteil der Gäste sagt: „Ich hätte gern Spaghetti." Oder: „Ich möchte gern Spaghetti." Wieder andere sagen nur: „Einmal Spaghetti, bitte!"

Wieder andere stellen eine Frage: „Können Sie mir Spaghetti bringen?" Diese Frage stimmt nur dann, wenn sie von der Satzmelodie her eine saubere Frage ist. Dann erwartet der Gast eine Antwort darauf, ob das Restaurant Spaghetti hat. In einem japanischen Lokal ist eine solche Frage berechtigt. Da habe ich meine Zweifel, ob ein Kind dort Spaghetti bekommt. Doch habe ich Sie gebeten, mich gedanklich in ein italienisches Lokal zu begleiten. Dort wird es mit Sicherheit Spaghetti geben. Darum ist die obige Frage hier abwegig.

Andere Gäste mischen in einem Restaurant beim Bestellen Frage und Bitte. Das kann dann so klingen: „Können Sie mir bitte Spaghetti bringen?!" Die Satzmelodie lässt eine Aufforderung erahnen. Dennoch bleibt ein merkwürdiges Gefühl, warum der Kellner das nicht können sollte. Nur wenige Gäste sagen: „Bitte bringen Sie mir eine Portion Spaghetti!“

Sie alle bestellen eine Portion Spaghetti. Das ist vordergründig das Gemeinsame. Bei genauem Hinsehen und Hinhören werden Sie bedeutsame Unterschiede in den Formulierungen bemerken. Und diese Unterschiede spiegeln die Lebenssituation und die Lebenseinstellung der Sprecher weitgehend wider.

Der Satz „Ich hätte gern Spaghetti“ ist ein halber Satz. Diesem Satz fehlt die zweite Hälfte: „…wenn ich Lust auf Spaghetti hätte, wenn es nicht schon so spät wäre“ usw. Diese Bedingungen sind im Allgemeinen sinnlos. Halbe Sätze haben eine nachteilige Wirkung: Mit ihnen lädt der Sprecher Situationen in sein Leben ein, in denen ihm ein bedeutsamer Teil fehlt. Seminarteilnehmer sind immer wieder völlig erstaunt, wie schnell sie als eine Alternative für diesen Satz wieder einen halben Satz bilden.

Dann folgt im Allgemeinen die zweite Variante: „Ich möchte gern Spaghetti!“ „Möchten“ ist der Konjunktiv II zu „mögen“. So ist ein Satz, der mit „Ich möchte gern …“ beginnt, grammatikalisch gesehen auch nur der erste Teil eines Bedingungssatzes. Der zweite Teil fehlt auch hier. Es ist bedeutsam, vollständige Sätze zu bilden. Den Menschen, die oft nur halbe Sätze bilden, fehlt aus unserer Sicht etwas in ihrem Leben. Mit diesem sprachlichen Muster der halben Sätze laden sie dieses wiederkehrende Muster immer wieder neu in ihr Leben ein.

Die dritte Variante der üblichen Spaghetti-Bestellung ist auch ein unvollständiger Satz: „Einmal Spaghetti, bitte!“ Auch hier fehlt ein wesentlicher Teil. Dieses Mal fehlt das Verb. Der Kellner muss sich die Wörter „Bringen Sie mir ...“ dazu denken. Das macht ihn im Laufe eines langen Tages bei zig Bestellungen dieser Art mit der Zeit ärgerlich, ohne dass dies ihm bewusst ist. Die Wirkung der jeweiligen Bestellungen auf den Kellner ist ein weiterer interessanter Aspekt.

Ich gehe mit meiner Aufmerksamkeit wieder zurück auf die Seite des Gastes und betrachte die Wirkung seiner Bestellung auf ihn selbst: Der Gast bestellt sich mit Satzfragmenten mehr als nur die Portion Spaghetti: Er denkt in Fragmenten und lädt mit dieser Art zu sprechen und zu denken Bruchstücke und halbe Sachen in sein Leben ein. Dies gilt für jede der drei Varianten.

Der vierte Satz mit der Fragestellung „Können Sie mir bitte Spaghetti bringen?!“ trägt auf der strukturellen Ebene einen Widerspruch in sich. Der Gast vermischt Frage und Bitte. Damit gibt er dem Kellner eine verworrene Information, in der irrigen Annahme, dass seine Formulierung höflich sei. In Wahrheit stellt er sein Bitten in Frage.

Ein kleiner Teil der Gäste bildet bei der Bestellung einen vollständigen Satz und äußert eine klare Aufforderung: „Bitte bringen Sie mir eine Portion Spaghetti!“ Jeder Kellner atmet auf und weiß genau, was der Gast will. So tut er sich leicht.

Dieser Gast ist ein Mensch, der seine Ziele kennt und weiß, was er will und was er sich wünscht. Seine Klarheit ist bereits in dieser kurzen Situation deutlich spürbar. Mit einer solchen Art zu sprechen und zu denken ist es ihm auch in anderen Lebenssituationen leicht, Dinge zu Ende zu führen und rund zu machen. Er lädt ganze Sachen in sein Leben ein.

Die sprachlichen Merkwürdigkeiten bei den Bestellungen gehen beim Bedienen weiter. Achten Sie darauf, was der Kellner sagt, wenn er das Essen an den Tisch bringt: „Wer wollte die Spaghetti?“ Würden Sie sich jetzt melden? Kommt Ihnen an dieser Frage irgendetwas komisch vor?

Erstens ist auch diese Frage nur ein Halbsatz: Das Verb fehlt. Sie ergänzen, ohne es zu merken: „haben“ oder „essen“. Außerdem fragt der Kellner, wer die Spaghetti haben wollte, und gebraucht dabei die Vergangenheit. Der Gast wollte die

Spaghetti mit Sicherheit nicht nur essen: Er wartet auf sie und will sie noch immer essen. Die Vergangenheit ist hier fehl am Platz.

Erinnern Sie sich noch an den Satz, mit dem Sie Ihre Portion Spaghetti am Anfang dieses Kapitels bestellen wollten? Stimmt er noch so für Sie? Oder wollen Sie ihn wandeln? Ich bin sicher, dass Sie beim nächsten Bestellen Spaß haben werden. Und den wünsche ich Ihnen auch!

Noch eines: Haben Sie Geduld mit sich!

Ich wünsche Ihnen einen guten Appetit!

Wie melden Sie sich am Telefon?

Das Telefonieren gehört zum Alltag. Dabei können Sie entweder der Anrufende sein oder der oder die Angerufene. Angenommen, bei Ihnen daheim klingelt das Telefon und Sie nehmen das Gespräch an. Jeder weiß, wie das geht: Erst heben Sie den Hörer ab, und dann melden Sie sich. Danach wird sich der Anrufer melden. Nun habe ich eine Frage an Sie: Wie melden Sie sich am Telefon daheim?

Meistens folgen Erwachsene hierbei einer Gewohnheit, oder sie haben eine feste Vorstellung von dem, was aus ihrer Sicht für einen Erwachsenen richtig ist, und halten sich daran.

Ähnlich wie beim Bestellen im Restaurant sind auch hier zahlreiche Varianten üblich. Dies kann ein schlichtes „Hallo?" sein oder ein „Ja bitte?!" Oder auch nur ein fragendes Ja: „Ja?" Bei diesen Kurzformen zeigt sich der Angerufene nicht.

Er gibt sich nicht namentlich zu erkennen. Vielleicht will er dies in diesem Moment auch so. Er weiß ja nicht, wer ihn anruft, und der Anrufende weiß eher, wen er an der Leitung haben wird. Wenn mehrere Menschen zusammenleben, dann können dies freilich mehrere Personen sein.

Ich lade Sie ein, diese Varianten zu erproben. Stellen Sie sich bitte vor, dass das Telefon klingelt und Sie den Hörer abnehmen. Sagen Sie eine dieser Kurzformen halblaut und horchen Sie in sich hinein: „Hallo? – Hallo?" Wie klingt diese Äußerung für Sie? Wiederholen Sie dies noch einmal.

Wollen Sie auch die Wirkung der anderen beiden Kurzformen ausprobieren? Horchen Sie jeweils in sich hinein und spüren Sie, was dieses kurze Melden mit Ihnen macht: „Ja? – Ja?" Und dann: „Ja bitte? – Ja bitte?" Wie geht es Ihnen mit diesen Kurzformen? Fühlen Sie sich mit Ihnen wohl? Sind für Sie alle drei gleich? Oder gibt es Unterschiede?

Sie können sich am Telefon natürlich auch mit Ihrem Namen melden. Auch hier haben Sie mehrere Möglichkeiten, aus denen Sie wählen können. Freilich können Sie nur dann wirklich wählen, wenn Sie eine Wahl haben und nicht nur einem Automatismus folgen.

Vielleicht melden Sie sich nur mit Ihrem Nachnamen oder nur mit Ihrem Vornamen oder auch mit Ihrem Vor- und Nachnamen. Als Margot Müller sagen Sie dann entweder „Margot", „Müller" oder „Margot Müller". Und wiederum haben Sie eine weitere Wahl: Sie können einen guten Morgen oder einen guten Tag wünschen und Ihren Namen nennen: „Guten Morgen! Ich bin Margot Müller."

Sie sehen: Der Beginn eines ganz normalen Telefongesprächs kann ganz unterschiedlich sein. Ich lade Sie ein, eine Satzprobe zu machen und die unterschiedliche Wirkung dieser drei Varianten mit dem Namen zu erproben. Setzen Sie dabei bitte Ihren Namen ein. Wie klingen die drei Varianten mit Ihrem Namen? Probieren Sie es aus!

Vielleicht klingelt gerade zufälligerweise Ihr Telefon und Sie gehen hin. Wie melden Sie sich? So wie immer? Oder bewusst so wie immer?

Manche Menschen glauben, dass es schneller sei, nur den Nachnamen zu sagen als den vollständigen Namen und dass sie dann damit Zeit gewinnen. Wieder andere glauben, dass nur Kinder sich mit ihrem Vornamen und Nachnamen melden und dass sie dafür schon zu alt seien.

Der vollständige Name hat natürlich eine andere Wirkung als nur der kurze Nachname: Mit dem vollständigen Namen zeigen Sie sich viel mehr als nur mit dem Nachnamen. Das ist für viele Menschen neu. Dies hat viel zu tun mit dem Selbstbewusstsein eines Menschen und dem Raum, den sich jemand erlaubt.

Es gibt noch einen weiteren Aspekt. Ein kurzes, knappes „Hallo!" oder „Müller" erzeugt beim Anrufenden leicht das Empfinden, dass Sie in Eile sind und der andere Sie gerade stört. Mit dem zeitlich gesehen minimal längeren Gruß strahlen Sie Ruhe aus und haben damit auch eine beruhigende Wirkung auf den Anrufer, selbst wenn und auch gerade dann, wenn dieser angespannt ist.

So gibt ein Mensch am Telefon vielsagende Signale, allein indem er den Hörer abhebt und sich meldet. Diese Signale gibt er sich selbst und auch seiner Umwelt. Sie wirken immer, egal ob er sie bewusst aussendet oder nicht. Sie wirken in erster Linie auf ihn selbst.

Petra meldet sich mit ihrem vollen Namen

Anfangs glaubte Petra, dass sie mit ihren 36 Jahren zu alt sei, um sich mit Vor- und Nachnamen zu melden. Sie fand, dass das nur kleine Kinder und Schulkinder tun. Sie fand es albern, sich mit „Petra Klein" zu melden. Sie fand, dass „Klein" genüge. Schließlich hatte sie sich schon immer so gemeldet, seit sie erwachsen war, und auch ihre Eltern hatten es immer so gemacht.

Auf der einen Seite lehnte sie es ab, sich privat am Telefon anders zu melden, als sie es seit Jahren getan hatte. Auf der anderen Seite war sie zu uns gekommen, um ihr Selbstwertgefühl zu stärken. Sie klagte, dass ihr Umfeld sie noch immer nicht so richtig wahrnahm. Sie fühlte sich darum oft übersehen.

So war die Übung mit dem Telefon für sie jeden Tag erneut eine gute Gelegenheit, sich zu zeigen. Nach anfänglichem Zögern wagte sie den Schritt. Für sie war es tatsächlich eine große Hürde, die sie nahm. Sie ging noch weiter: Wenn sie schon die Art ihres Telefonierens änderte, dann wollte sie gleich eine ganze Sache machen und dem Anrufer auch etwas Gutes wünschen. Dies entsprach ihrer inneren Einstellung. So wollte sie von nun an sagen: „Petra Klein. Guten Tag!" Sie probierte es gleich im Seminar aus und bekam von den anderen Teilnehmern gute Rückmeldungen.

Dann machte ich sie darauf aufmerksam, dass es noch eine weitere Möglichkeit gibt. Sie kann sich auch so melden: „Guten Tag! Ich bin Petra Klein." Damit gibt sie ihrem Namen und damit sich selbst noch mehr Raum. Sie stutzte erst und wollte auch diese Variante gleich ausprobieren. Das tat sie und sagte gleich: „Das ist noch viel besser. Das mache ich!" Die Rückmeldungen der anderen bestätigten ihr ihre Empfindung.

Dies wollte sie vier Wochen lang so machen und dann entscheiden, wie sie sich weiterhin melden würde. Schon nach den ersten Tagen merkte sie die Wirkung: Die Anrufenden waren mit ihr deutlich herzlicher und achtsamer als vorher. Sie dankten ihr danach oftmals für das angenehme Gespräch und wünschten auch ihr einen guten Tag. Dies tat ihr gut.

Als die vier Wochen für die Telefonübung um waren, blieb sie bei der für sie inzwischen schon selbstverständlich gewordenen Art, sich am Telefon zu melden. Die guten privaten Erfahrungen nahm sie auch an ihren Arbeitsplatz mit und meldete sich auch dort auf eine für sie bis dahin neue Weise, mit einem ebenso guten Ergebnis.

Die neue Weise, sich am Telefon zu melden, wirkte nach: Petra zeigte sich auch sonst in ihrem Leben mehr und mehr. Sie wurde immer mutiger. Sie begann, ihre Wünsche und Bedürfnisse klar zu äußern, und merkte, dass andere sie ihr gern erfüllten. So tat sich ihr mit dem neu gewonnenen Bewusstsein für die Wirkung von Sprache eine neue, bunte Welt auf.

Das Melden am Telefon ist ein interessantes und lohnendes Thema. Viele Menschen sagen nur dann ihren Namen deutlich und gut verständlich, wenn sie ihren Anrufbeantworter besprechen.

Einkaufsfreuden

Das Einkaufen kann je nach innerer Einstellung und Lebenssituation eine Freude oder eine Last sein. Mit dem Blick auf die Struktur der Sprache gewinnen diese so alltäglichen Situationen einen neuen Reiz.

Während Menschen einkaufen, pflegen sie ihre gewohnten Sprachmuster und damit auch ihre Denkmuster. Diese offenbaren sich dabei ihnen selbst und auch ihrem Umfeld ebenso, wie wir dies bereits beim Bestellen im Restaurant und beim Telefonieren gesehen haben. Dies gilt in gleicher Weise für vielerlei private und berufliche Situationen.

Auch hier gibt es Menschen, die durch ihre Art zu sprechen zeigen, dass sie erfolgreich, zielorientiert, klar und selbstbewusst sind. Sie bilden klare, eindeutige Sätze und haben einen anderen Wortschatz als diejenigen, die sich in ihrem Leben immer wieder als Opfer der Umstände sehen und vielfach Mangel erleben. Dieselben Menschen sprechen in Hinblick auf die sprachliche Struktur ihrer Sprache immer dieselbe Sprache. Es wandeln sich einzig und allein der Rahmen und die Thematik der Gespräche und Äußerungen.

Den meisten Kunden ist nicht bewusst, wie sie die Verkäuferin oder den Verkäufer ansprechen. Die Hauptsache ist für sie, dass sie nach dem Einkauf die gewünschten Dinge nach Hause tragen können. Doch das ist nur ein Teil des Einkaufens. Die Situation hält mehr für Sie bereit, wenn Sie sich darauf einlassen.

Diese Situationen sind eine stetig wiederkehrende Chance, dem eigenen Leben durch neue sprachliche Wendungen eine Wende zu geben. In solchen Momenten kann jeder Mensch damit beginnen, sich von sprachlichen Gewohnheiten und frühen Prägungen zu lösen. Ebenso kann er auch damit beginnen, bewusst neue, wohltuende Redewendungen in seinen persönlichen Sprachgebrauch aufzunehmen.

So sind Einkaufssituationen wunderbare Möglichkeiten, auf die Ausdrucksweise der Glücklichen und Erfolgreichen zu achten und von ihnen zu lernen. Hier tut sich wieder ein weites Übungsfeld auf. Ich lade Sie nun ein, sich innerlich auf einen Einkauf im Obst- und Gemüsegeschäft einzustellen. Wie gehen Sie hinein? Wie beginnen Sie das Gespräch, und was sagen Sie, wenn Sie nach dem Einkauf zwei Salatköpfe, ein halbes Kilo Bohnen, ein Bund Bohnenkraut und zwei Kilo Kartoffeln in Ihrem Korb haben wollen?

Sagen Sie bitte: „Ich hätte gern zwei Salatköpfe!“ Halten Sie inne und wiederholen Sie diesen Satz noch einmal: „Ich hätte gern zwei Salatköpfe!“ Wie geht es Ihnen mit diesem Satz? Vielleicht erkennen Sie nach dem Wiederholen, dass dieser Satz nur ein halber Satz ist. Bei diesem Satz fehlt die Hälfte. Der Satz lässt eine weitere Hälfte erwarten: „Ich hätte gern zwei Salatköpfe, wenn …“ Dieser Satz ergibt mit der Bedingung in der Einkaufssituation keinen Sinn mehr.

Oder sagen Sie statt der ersten Variante den folgenden Satz: „Ich würde gern zwei Salatköpfe nehmen!" Wiederholen Sie bitte auch diesen Satz einmal: „Ich würde gern zwei Salatköpfe nehmen!" Wie geht es Ihnen mit diesem Satz?

Auch bei diesem Satz fehlt der zweite Teil. Auch er müsste eine Bedingung enthalten: „Ich würde gern zwei Salatköpfe nehmen, wenn ... sie frisch wären ... oder ..." Dies meinen Kunden nicht, wenn sie ihre Wünsche auf eine solche Weise formulieren. Auch mit diesem halben Satz laden Sie sich nur das halbe Glück ein. Der Satz mit dem „ich würde gern" hat wenig Kraft. Und er klingt wenig würdevoll. Beim Sprechen dieser Sätze sehen Menschen auch meistens wenig würdevoll aus. Sie haben oftmals die Tendenz, bei der Variante mit dem „ich würde gern" mit dem Kopf zu wackeln oder ihn nach vorn und hinten zu schieben. Unbewusst wollen sie ihrer Aussage damit Nachdruck verleihen.

Statt des gewohnheitsmäßigen und häufig gebrauchten „würde" in dieser Art von Sätzen gebe ich lieber dem Wort „Würde" und damit der Würde in der täglichen Sprache wieder Raum und schreibe „ Würde" groß.

Ein würdevoller Mensch gebraucht kaum Sätze wie „Ich würde gern einen Kopfsalat nehmen". Er geht aufgerichtet und mit gemessenem Schritt in den Laden und sagt dem Verkäufer klar und freundlich seine Wünsche. Er hat auf der anderen Seite das Wort „Würde" in seiner persönlichen Sprache. Die Würde bedeutet ihm viel. Darum spricht er von ihr. Das Wort „Würde" fehlt dagegen bei den notorischen „Ich würde gern"-Sagern oftmals fast völlig in ihrem persönlichen Sprachgebrauch.

Es gibt noch weitere Möglichkeiten beim Einkauf: Etliche Kunden mischen Frage und Aufforderung. Das klingt dann so: „Können Sie mir zwei Salatköpfe geben?!" Die Frage ist nur scheinbar eine Frage.

Lassen Sie sich diese Mischform bitte nochmals auf der Zunge zergehen: „Können Sie mir zwei Salatköpfe geben?!" Lassen Sie diesen Satz nachklingen.

Bei genauem Hinhören klingt diese Frage eigentümlich: Warum sollte der Verkäufer, der vor den Salatköpfen steht, dies nicht können? Der Kunde ist sich dessen nicht bewusst, dass er dem Verkäufer eine Frage stellt. Er glaubt, er sage klar, dass er zwei Salatköpfe kaufen will, und hält sich dabei für höflich. Mit diesem sprachlichen Muster stellt er sein Anliegen in Frage.

Der Verkäufer weiß bei dem Satz „Können Sie mir zwei Salatköpfe geben?!" natürlich, was der Kunde oder die Kundin damit sagen will, und er denkt sich den Satz so zurecht, wie er heißen müsste, wenn der Kunde oder die Kundin sagen würde, was er oder sie in Wirklichkeit sagen will, und reicht ihm den Salat.

Diese Automatismen sind bei jedem, auch beim Verkäufer, über die Jahre weitgehend eingeschliffen. Er merkt die Belastung nicht, die Sätze dieser Art täglich über Stunden für ihn bedeuten. Er spürt jedoch die Erleichterung und Entlastung, wenn ein Kunde klar und wohlwollend sagt, was er sich wünscht. Er wird diesen Kunden umso lieber und aufmerksamer bedienen. Und so beginnt schon hier die Wechselwirkung von Sprechen und Erleben.

Einfach und klar ist die folgende Variante des Einkaufens: „Bitte geben Sie mir zwei Salatköpfe!" Oder auch: „Sie haben wieder wundervolle Salate. Bitte geben Sie mir zwei Salatköpfe!" Klare, kurze, zielorientierte und vollständige Sätze sind Ausdruck eines klaren Geistes – und sie formen auch einen klaren Geist.

Was auch immer der Kunde sagt, er schafft sich sein eigenes Leben, einfach indem er so spricht, wie er eben spricht. Manchmal bringt eine neue Ausdrucksweise ein lustiges Ergebnis. So erging es auch Andrea. Sie wollte gleich nach ihrem ersten Seminar bei mir ihr neues Wissen anwenden und beim Einkaufen etwas anderes sagen als das ihr so vertraute „ich hätte gern …". Dabei erntete sie einen großen Lacher.

Was Viktoriabarsch mit Sex zu tun hat

Andrea, eine gut aussehende junge Frau, ging zum Einkaufen in den Fischladen. Sie wusste genau, was sie kaufen wollte, und hatte sich schon einen Satz zurechtgelegt. Sie nahm sich vor, in den Laden zu gehen, „guten Morgen" zu sagen und dann ganz schlicht und einfach ihren Wunsch zu äußern: „Bitte geben Sie mir 200 Gramm Viktoriabarsch!" Bis vor kurzem hätte sie, wie in Franken üblich, einfach gesagt: „Ich hätte gern 200 Gramm Viktoriabarsch."

Sie betrat den Laden und grüßte die Verkäuferin. Hinter ihr kam ein älterer Herr herein, der auch einkaufen wollte. Nun geschah etwas, was sie nicht eingeplant hatte. Die Verkäuferin fragte sie in gutem Fränkisch: „Was hätten wir denn gern?" Da hörte sie sich sagen: „Ich hätte gern 200 Gramm Viktoriabarsch!" Die Verkäuferin begann damit, den Fisch einzupacken, und der ältere Herr sagte: „Das hätte ich auch gern, auch 200 Gramm Viktoriabarsch!" Die junge Frau war weiterhin bestrebt, aus ihren Automatismen herauszukommen, und wollte wenigstens beim nächsten Satz etwas aus ihrer Sicht sprachlich Wertvolles sagen. Sie wollte nicht einfach wie immer fragen: „Was kostet das jetzt?" Oder: „Was kriegen sie dafür?" Sie wusste, dass „kriegen" entfernt verwandt ist mit dem Wort „Krieg". So wollte sie diese Formulierung auch nicht.

Dann hob die Verkäuferin die Tüte mit dem Fisch hoch und reichte sie ihr. In diesem Moment fragte Andrea:

„Und was wünschen Sie sich dafür?“ „Wünschen“ fand sie gut. Die Verkäuferin nannte ihr den Preis: „4 Euro und 6.“ Der ältere Herr hörte dies und sagte laut: „Das wünsche ich mir auch!“ Dann wartete er, was die beiden Damen aus seiner Bemerkung machen würden. Nach kurzem Zögern lachten alle drei, und die Verkäuferin hatte vergessen, ob sie schon kassiert hatte.

Ich bin sicher, dass der Viktoriabarsch Andrea nach diesem fröhlichen Scherz ganz besonders gut geschmeckt hat.

Wie fragen Sie in einer fremden Stadt nach dem Weg?

Auch dies ist eine Situation aus dem täglichen Leben: Jemand befindet sich in einer fremden Stadt und kennt sein Ziel. Jedoch weiß er nicht, wie er dieses Ziel am besten erreichen kann. So hält er an und fragt einen Passanten nach dem Weg. Im Grunde ist es ein völlig normaler Vorgang, dass ein Fremder einen Einheimischen anspricht und ihn nach dem Weg fragt. Es kommt auf das „wie“ an. Dieses hat eine Auswirkung auf die Situation. Und gleichzeitig hat das der Formulierung zugrunde liegende Denken und Fühlen eine Wirkung auf das Leben dessen, der gerade nach dem Weg fragt.

Wie schon bei den vorher genannten Situationen gibt es auch hier zahlreiche mögliche Arten, einen Passanten nach dem Weg zu fragen. Die Formulierungen entspringen der individuellen Gewohnheit und frühen Prägungen. Jeder Mensch fragt in solchen Situationen so gut wie immer auf die gleiche Weise. Ihm ist dies selten bewusst. Die jeweilige Wirkung seiner Sätze ist ihm noch weniger bewusst. Auch hier lohnt es sich, genau hinzuschauen und hinzuhören.

„Darf ich Sie mal stören. Wo geht es hier bitte zum Bahnhof?“ Ich lade Sie ein, dieser Formulierung nachzuspüren und einen Moment in sich hinein zu lauschen. Sagen Sie halblaut: „Darf ich Sie mal stören. Wo geht es hier bitte zum Bahnhof?" und wiederholen dies noch einmal. Was macht diese Formulierung mit Ihnen?

Das Wort „stören" irritiert, ebenso die fehlende Möglichkeit einer Antwort auf die Frage. Wer so spricht, tut so, als ob er den Angesprochenen fragen würde, ob er ihn stören darf. Er wartet die Antwort jedoch nicht ab und redet einfach weiter. So stört er wirklich. Dabei meint er, dass er mit dieser Formulierung höflich sei. Glücklicherweise weiß der Angesprochene, was der Fragende in Wirklichkeit meint, und wird ihm den Weg zum Bahnhof beschreiben.

Wieder andere Menschen sprechen den Passanten an und beginnen mit einem „Entschuldigung!" Manche fügen noch den Satz an: „Darf ich Sie mal stören?" „Entschuldigung" ist ein großes Wort. Darin geht es um Schuld. Das Wort „Entschuldigung" hat seinen Platz, wenn jemand einem anderen einen Schaden zugefügt und ihm wirklich wehgetan hat. Als Floskel ist „Entschuldigung" fehl am Platz und ein zu großes Wort.

Manche Menschen entschuldigen sich andauernd, auch wenn sie nichts gemacht haben, für das sie sich entschuldigen müssten. So machen sie sich klein und geben falsche Signale. Die meisten „Entschuldigungen" sind übertrieben. Mit einer neuen, bewusst gewählten Formulierung können Menschen gerade in solchen Situationen ihr Selbstwertgefühl deutlich anheben und eine wohltuende, kraftvolle Ausstrahlung entwickeln. Sie tun gut daran, das reflexartige „Entschuldigung!" zu wandeln und mit ihrem persönlichen Sprachgebrauch neue Wege zu gehen.

Ich habe einen einfachen Weg gefunden, um nach dem Weg zu fragen. Ich spreche einen Passanten an und sage: „Guten Tag! – Ich bin hier fremd. Darf ich Sie nach dem Weg zum

Bahnhof fragen?" Oder auch: „Guten Tag! – Ich habe eine Bitte. Sagen Sie mir bitte, wie ich von hier zum Bahnhof komme!" So nehme ich mit dem Angesprochenen erst Blickkontakt auf und gebe ihm Zeit und Raum, sich auf mich einzustellen. Danach äußere ich meine Frage oder meinen Wunsch. Mit diesem achtsamen Umgang mit einem Passanten bekomme ich leicht das, was ich erbitte, wenn er es mir geben kann und auch geben will. Gleichzeitig lade ich mit meiner eigenen achtsamen Art achtsame Menschen in mein Leben ein.

Komplimente machen und annehmen

Gute Worte tun jedem Menschen gut. Gute Worte sagen heißt im Italienischen „benedire". Das bedeutet „segnen". So haben gute Worte eine segensreiche Wirkung. Es gibt viele Möglichkeiten, gute Worte zu sagen. Komplimente gehören mit Sicherheit dazu.

Bei den freundlichen Worten ist es bedeutsam, dass sie wirklich freundlich und wohlmeinend sind, ohne jeglichen Hintergedanken und berechnende Absicht. Sie wollen auch ernst gemeint und ehrlich sein. Wenn dem nicht so ist, dann wirken sie auf den Sprecher nachteilig zurück. Vielfach haben Männer und auch Frauen Hemmungen, jemandem Komplimente zu machen. Sie fürchten, dass der oder die Angesprochene meinen könnte, dass sie etwas von ihm oder ihr wollen oder dass sie als schleimig gelten. Offensichtlich haben etliche Menschen schlechte Erfahrungen mit Komplimenten gemacht und machen darum lieber gar keine mehr.

Kritisieren haben die meisten Menschen gelernt und sie gehen mit der Kritik oftmals freigebig um. Diese ist nicht immer wohlmeinend. Auch das fällt auf denjenigen zurück, der die Kritik übt.

Ehrliche, freundliche Komplimente wollen darum geübt sein. Der mit dem Kompliment Beschenkte kann sie am leichtesten annehmen, wenn er die ehrliche Meinung seines Gesprächspartners deutlich spüren kann. Derjenige, der einem anderen Menschen ein ehrliches Kompliment macht, tut sich dabei auch selbst etwas Gutes. Er lenkt seinen Blick auf Schönes und Gutes und lädt es damit in sein Leben ein.

Sabine macht der Freundin ein Kompliment

Sabine findet das Kostüm ihrer Freundin Petra elegant, und sie will ihr ein Kompliment für das Kostüm machen. Sie kann dies auf vielerlei Weisen machen. Sie kann bei sich anfangen und ihre Meinung äußern: „Ich finde dein Kostüm elegant. Die kräftige Farbe kleidet dich gut. Und den Schnitt finde ich edelklasse." Dabei wird sie ihre Worte mit anerkennender Mimik und Gestik begleiten.

Ich lade Sie ein, dieses Kompliment zweimal langsam und halblaut zu sagen und dabei in sich hinein zu horchen: „Ich finde dein Kostüm elegant. Die kräftige Farbe kleidet dich gut. Und den Schnitt finde ich edelklasse. Ich finde dein Kostüm elegant. Die kräftige Farbe kleidet dich gut. Und den Schnitt finde ich edelklasse." Wie wirkt dieses Kompliment auf Sie selbst, wenn Sie es auf diese Weise sagen? Was meinen Sie, wie die Angesprochene dieses Kompliment aufnehmen und was sie darauf sagen wird?

Nun machen Sie das gleiche Kompliment bitte auf eine andere Art und Weise: „Du hast aber ein elegantes Kostüm an! Die kräftigen Farben sind ehrlich stark. Und der Schnitt ist echt klasse!" Machen Sie auch mit diesem Kompliment eine Satzprobe und sagen es zweimal halblaut: „Du hast aber ein elegantes Kostüm an! Die kräftigen Farben sind ehrlich stark.

Und der Schnitt ist echt klasse! – Du hast aber ein elegantes Kostüm an! Die kräftigen Farben sind ehrlich stark. Und der Schnitt ist echt klasse!"

Wie wirken diese Worte auf Sie? Was meinen Sie, wie die angesprochene Frau diese Sätze aufnehmen und was sie darauf antworten wird? Welches dieser beiden Komplimente sagen oder hören Sie lieber?

Betrachten wir die beiden Komplimente mit dem Blick auf die Struktur der Sprache. Ich lenke Ihre Aufmerksamkeit dabei auf scheinbar unbedeutende, kleine Wörter. Das erste Kompliment enthält klare, kurze Sätze und ist frei von Füllwörtern. Das zweite Kompliment enthält drei Füllwörter: „aber", „ehrlich" und „echt". Diese Füllwörter sagen weit mehr, als dem Sprecher und dem Angesprochenen bewusst ist. Auf einer unbewussten Ebene schwingen sie mit und stören die Aussage – hier das Kompliment – erheblich. Sie verwässern und entwerten es. Das „aber" schwächt die Aussage und lädt gleichzeitig Petra zum Widerspruch ein. Damit wird es ihr schwer, das Kompliment anzunehmen.

Gleichzeitig haben die Füllwörter eine Wirkung auf Sabine selbst und zeigen etwas von ihr. Sie kann in ihrem Leben eine wohltuende Wandlung einleiten, wenn sie diese kleinen Wörter gezielt aufspürt und sie eines nach dem anderen wandelt.

Der inflationäre Gebrauch von „aber" hat eine weitreichende Wirkung auf den Angesprochenen und den Sprecher selbst. Gewohnheitsmäßige „aber"-Sager haben oder hatten vielfach eine offene oder latente Bereitschaft, Widerstand zu leisten, und nähren mit jedem „aber" dieses oft hinderliche Verhaltensmuster. Das an sich sinnlose „aber" in dem gut gemeinten Kompliment ist möglicherweise ein Überrest aus alten, rebellischen Zeiten und gibt somit ein falsches Signal. Wenn dem so ist, dann lohnt es sich, dieses Signal bewusst hinter sich zu lassen.

Die Füllwörter „ehrlich“ und „echt“ sollen Verstärker sein und dem Kompliment Nachdruck geben. Auf einer tieferen Ebene betonen sie das Ehrliche und Echte. Wieso betont Sabine bei dieser Variante des Kompliments, dass sie ehrlich ist? Ist Ehrlichkeit bei ihr nur eine Floskel?

Mit großer Wahrscheinlichkeit wissen Menschen, die so sprechen, nicht, dass sie in diesem Moment diese Wörter sagen. Und doch transportieren diese Wörter eine eigene Botschaft und sagen ihnen selbst und auch ihrem Gesprächspartner mehr von sich selbst, als es ihnen vielleicht recht ist. Es wäre für sie hilfreich, ihren Sprachgebrauch zu erkennen und zu wandeln. Mit der gewohnten Ausdrucksweise stehen sie sich selbst im Weg.

Klare, kurze und vollständige Sätze, die von Herzen kommen, sind die Lösung. Sie tun demjenigen gut, der das Kompliment macht, und auch demjenigen, der es empfängt. Solche Wörter laden weitere Situationen ein, in denen ein Mensch wieder Gelegenheit hat, Komplimente zu machen und zu erhalten. Und wieder werden sie beiden Seiten gut tun. So beginnt eine wohltuende Spirale nach oben.

Als Empfänger oder Empfängerin eines solchen Kompliments mit Füllwörtern und „aber“ können Sie sich helfen. Übersetzen Sie das Kompliment des anderen innerlich mit. Streichen Sie in Gedanken das „aber“, das „echt“ und das „ehrlich“ durch. Dann kommt am Ende ein wunderschönes Kompliment heraus, das Sie dann auch annehmen können: „Du hast xxx ein elegantes Kostüm an! Die kräftigen Farben sind xxx stark. Und der Schnitt ist xxx klasse!“

Dieses innere Übersetzen ist gleichzeitig eine großartige Übung um kurze, vollständige Sätze zu bilden.

Ehrliche Komplimente zu machen ist eine schöne Sache und macht allen Beteiligten gute Laune, vor allem demjenigen, der sie macht. Er geht ja schon den ganzen Tag mit dem Blick herum, wem er heute etwas Nettes sagen kann. Das wirkt vor allem auf ihn selbst zurück, und die anderen haben auch etwas davon.

Derjenige, der Komplimente macht, bewirkt damit eine erfreuliche Bewegung: Auch andere Menschen werden anderen Komplimente machen und ihnen etwas Nettes sagen. Komplimente sind auf eine erfreuliche Weise ansteckend!

Komplimente annehmen

Ein Kompliment zu machen ist also im Grunde einfach. Es bedarf freilich einiger Übung, und diese wiederum bereitet beiden Seiten Freude.

Das Komplimente-Machen hat noch eine zweite Seite: Manche Menschen haben nicht gelernt, ein Kompliment anzunehmen. Sie werten es ab oder lehnen es sogar ganz ab. Ich bleibe bei dem Beispiel von Sabine und Petra und dem Kostüm. Petra kann das Kompliment abwerten. Dafür hat sie viele Möglichkeiten. Sie kann sagen: „Ich habe dieses Kostüm schon zehn Jahre. Es ist schon ganz alt!" Oder sie kann sagen: „Ich habe es von Tante Olga geerbt, und so trage ich es eben." Oder auch: „Dieses Kostüm habe ich letzte Woche gekauft. Es war heruntergesetzt. Dann habe ich zugeschlagen." So schlägt sie erstens zu, und zweitens wertet sie das Kompliment ab. Damit missachtet sie sich selbst, und sie mindert auch das Kompliment, das ihr Sabine gerade gemacht hat.

Diese Abwertungen sind zahlreich und auch sehr weit verbreitet. Ich sage „leider", da das Abwehren und Abwerten von guten Worten auch immer ein Abwehren und Abwerten der eigenen Person offenbart und mit der gewohnten abwertenden Formulierung auch weiterhin aktiviert. Hier ist ein Wandel der gewohnten Ausdrucksweise Not-wendend.

Wenn Sie ein Kompliment erhalten, dann dürfen Sie sich einfach freuen und sich bedanken und auch Ihrer Freude an dem Kostüm Ausdruck geben. Das kann so klingen: „Dankeschön! Das höre ich gerne!" Lächeln oder strahlen Sie Ihren Gesprächspartner einfach an. Diesen Augen-Blick dürfen Sie beide genießen. Wenn Sie wollen, können Sie weiter sagen: „Ich finde das Kostüm auch schick. Ich fühle mich so richtig wohl darin." Und dann kann das Gespräch weitergehen, zum Beispiel können Sie von dem Material oder dem Schnitt des Kostüms oder von Ihrem liebsten Damenausstatter sprechen.

Stellen Sie sich vor, dass jemand Ihnen zu Ihrer Kleidung ein Kompliment macht und Sie seine freundlichen Worte auf diese oder eine ähnliche Weise annehmen. Wie geht es Ihnen dabei? Welche Wirkung haben diese Sätze auf Sie? Horchen Sie in sich hinein. Wo fühlen Sie einen Nachklang in Ihrem Körper? Sind die Sätze Ihnen unangenehm? Oder tun sie Ihnen gut?

Sabine kann es Petra leicht machen, das Kompliment anzunehmen. Dabei hat die Art und Weise eine große Bedeutung, in der sie ihre Freundin auf ihr Kostüm anspricht. Kurze, vollständige Sätze, die vom Herzen kommen, bewirken wahre Wunder und tun beiden gut.

14. Tipp für den Alltag

Üben Sie sich darin, Komplimente zu machen. Wählen Sie jeden Tag einen Menschen im privaten und einen weiteren im beruflichen Bereich, dem Sie ein Kompliment machen.

Derjenige freut sich, und Sie haben auch etwas davon: Sie freuen sich mit ihm und tun dabei auch etwas für Ihre gute Laune.

Gleichzeitig laden Sie Komplimente in Ihr Leben ein. Auch hier gilt: Was wir aussenden, wird eines Tages wieder zurückkommen. Üben Sie sich, Komplimente anzunehmen.

Führen Sie vier Wochen lang ein Komplimente-Buch. Schreiben Sie jeden Abend auf, wem Sie ein Kompliment gemacht haben und wie es Ihnen dabei ergangen ist. Sie dürfen sich auch selbst Komplimente machen!

Prüfen Sie nach vier Wochen, mit welchen Augen Sie sich und Ihre Mitmenschen inzwischen sehen. Hat sich etwas gewandelt?

Beobachten Sie, was sich in und nach diesen vier Wochen in Ihrem Leben bewegen wird. Erkennen Sie Ihren Anteil.

Was ein alltäglicher Bericht alles zeigt

Bei Berichten und Darstellungen steht der Inhalt im Vordergrund. Jemand berichtet beispielsweise von einer Reise und erzählt, wie er vom Bahnhof zum Hotel kam. Er benennt vielleicht das Verkehrsmittel, das er wählte, und einzelne Straßen, die er kreuzte oder die er entlangfuhr. Er wird möglicherweise auch einige Einzelheiten nennen, an die er sich genau erinnert. Wenn ihn jemand bittet, seinen Bericht zu wiederholen, dann wird er dies inhaltlich mit Sicherheit tun können. Er wird wieder die Straßen nennen und das Verkehrsmittel, das er benutzte.

Und doch wird dieser Bericht mit Sicherheit anders sein als der erste. Er wird eine andere Form haben. Wir erinnern uns nämlich nicht daran, welche Wörter wir gebraucht haben, ob unsere Sätze Aktiv- oder Passivsätze waren und ob wir vollständige Sätze gebildet haben. Jedes Mal, wenn wir eine Geschichte oder einen Bericht neu erzählen, generieren wir unsere Sätze neu.

Für die Struktur der Sprache fehlt uns Menschen ein solches natürliches Bewusstsein. Mit Lingva Eterna schaffen wir ein Bewusstsein für diese Strukturen und ihre Wirkung.

Jeder Mensch kann lernen, den Inhalt seiner Aussagen und die Art, wie er sich äußert, zusammenzubringen. Damit entwickelt er Kongruenz und Klarheit im eigenen Denken und Sprechen. Dies hat immer eine Wirkung auf die Kommunikation und auf den Sprecher selbst. Eine geordnete Sprache hat immer eine ordnende Wirkung. Damit kommt auch im Leben etwas Ordnung.

Bei jeglichem Bericht – auch bei dem einer noch so banal erscheinenden Handlung – zeigt der Sprecher seinen individuellen Wortschatz und auch seine individuelle Art, Sätze zu bauen. Anders als beim Bestellen im Restaurant, beim Einkaufen und dem Machen oder Annehmen von Komplimenten greift er hier kaum auf feststehende Wendungen und Floskeln zurück und erzählt frei.

So offenbart und bewirkt ein Bericht nochmals weit mehr als die bereits betrachteten Situationen. Gleichzeitig bietet er eine beständige Möglichkeit, eigene tiefsitzende Denk-, Sprech- und damit auch Handlungsstrukturen zu erkennen und sie bei Bedarf zu wandeln.

Ein Bericht kann aus vollständigen, klaren, kurzen und zielführenden Sätzen bestehen. Solche Sätze haben einen deutlichen Anfang, eine Mitte und ein Ende. Der Punkt am Satzende ist durch eine minimale Pause und eine entsprechende Satzmelodie spürbar. Am Ende eines Aussagesatzes geht die Stimme nach unten. Bei dieser Art von Satzmelodie hat der Sprecher seine ganze Aufmerksamkeit bei dem Satz, den er gerade sagt.

Berichte haben wir in vielen Situationen im Leben. Das kann beruflich im Rahmen einer Besprechung sein, bei einem Gespräch mit einem Kunden oder mit einem Patienten, und natürlich auch im privaten Bereich in der Familie oder mit Freunden.

Ich stelle mir eine private Situation vor, bei der jemand einem anderen erzählt, wie er am Bahnhof ankam und dort nach dem Weg zum Hotel fragte. Ein solcher kleiner Bericht kann beispielsweise so klingen: „Ich kam am Bahnhof an. – Dann ging ich zur Information. – Dort fragte ich den Service-Mitarbeiter nach dem Weg zu meinem Hotel." Dabei senkt der Sprecher am Satzende jeweils die Stimme und macht vor dem nächsten Satz eine minimale Pause. Das sind die Bogensätze. Sie haben sie schon bei den Satzarten kennen gelernt. Nun lade ich Sie wieder zu einer Satzprobe ein. Lesen Sie sie obigen Sätze bitte halblaut und lassen Sie sie nachklingen. Das hörbare Sprechen ermöglicht eine wesentlich stärkere Wahrnehmung, als wenn Sie den Text nur stumm mit Ihren Augen ablesen würden.

Machen Sie beim Lesen bitte zwischen den Sätzen die genannte minimale Pause und senken Sie die Stimme am Satzende ab: „Ich kam am Bahnhof an. – Dann ging ich zum Informationspunkt. – Dort fragte ich den freundlichen Service-Mitarbeiter nach dem Weg zu meinem Hotel."

Konnten Sie die kleinen Pausen zwischen den einzelnen Sätzen machen? Wie kamen Sie mit der Satzmelodie zurecht?

Für viele Menschen ist diese Art zu sprechen völlig neu. Die Pausen zwischen den Sätzen sind ihnen fremd, und sie haben die Tendenz, am Satzende mit der Stimme nach oben zu gehen.

Die sanfte Korrektur der gewohnten Satzmelodie ist in der Tat eine starke Intervention. Sie entspricht im Leben der Umstellung von übermäßig viel Arbeiten auf angemessenes Arbeiten mit Pausen und mit wesentlich mehr Erfolg.

Auch im Leben ist es wichtig, zwischendurch innezuhalten und zu ernten, und nicht andauernd wie im Hamsterrad weiter zu rennen.

Sätze mit einer minimalen Pause vor dem nächsten Satz und der abgesenkten Stimme am Satzende haben eine entschleunigende Wirkung. Gleichzeitig machen sie es dem Gesprächspartner leicht, einem Gespräch zu folgen und sich den Inhalt nachhaltig zu merken.

Vielleicht brauchen Sie eine Weile, um sich mit diesen geordneten, klaren Sätzen anzufreunden. Ich gebe Ihnen eine Anregung mit auf den Weg: Achten Sie bei solchen Menschen auf die Satzmelodie, die in ihrem Leben viel erreichen oder erreicht haben. Mit einer großen Wahrscheinlichkeit sprechen sie genau so. Übrigens gehören auch kleine Kinder dazu. Sie haben noch diese Satzmelodie. Darum erreichen sie in diesem Alter auch so viel und bekommen fast alles, was sie haben oder machen wollen.

Vollständige, kurze Sätze sind immer eine Wohltat, und es lohnt sich, ihnen Aufmerksamkeit zu schenken und sie bewusst zu entwickeln. Ihre Klarheit erleichtert jegliche Kommunikation und wirkt gleichzeitig auf den Sprecher selbst.

Viel häufiger sind die zahlreichen Varianten von unvollständigen oder verworrenen Sätzen. Als erstes nenne ich die zahlreichen Bandwurmsätze.

Sie haben wenig Struktur und nehmen kein oder nur kaum ein Ende. Sie transportieren neben den Wörtern eine eigene Botschaft und haben eine entsprechende Wirkung auf das Leben des Sprechers: Wirre Aussagen laden Wirres ins eigene Leben ein. Und es gibt mehr als genug Wirres und Verworrenes. Es ist leichter, auf der Ebene der Satzstruktur Ordnung zu schaffen, als eine komplexe Lebenssituation zu ordnen. Mit einer geordneten Sprache lässt auch diese sich dann leichter ordnen.

Bandwurmsätze klingen beispielsweise so: „Ich kam am Bahnhof an, ähm, dann bin ich zum Informationsschalter, weißt du, ich wollte ja wissen, wo mein Hotel ist, ich hatte ja keine genaue Ahnung, wo das ist, und der Mann am Schalter, das war ein ganz netter, der sagte mir dann, wo mein Hotel ist …"

Wie geht es Ihnen beim Lesen dieser Sätze? Haben die Sätze eine Wirkung auf Ihre Atmung? Das ist bei einem solchen wirren Satzbau sogar wahrscheinlich. Als Nächstes bitte ich Sie, diesen Bandwurmsatz nicht zur zu lesen, sondern ihn halblaut zu sprechen. Dann werden Sie die Wirkung umso deutlicher wahrnehmen: „Ich kam am Bahnhof an, ähm, dann bin ich zum Informationsschalter, weißt du, ich wollte ja wissen, wo mein Hotel ist, ich hatte ja keine genaue Ahnung, wo das ist, und der Mann am Schalter, das war ein ganz netter, der sagte mir dann, wo mein Hotel ist …"

Lassen Sie diesen langen und wirren Satz nachklingen. Wie ergeht es Ihnen bei diesem Satz? Kennen Sie solche oder vergleichbare Sätze aus Ihrem beruflichen oder privaten Umfeld?

Bandwurmsätze sind mühsam für den Gesprächspartner, und sie zeigen immer etwas davon, wie es im Inneren eines Menschen aussieht.

Nach den Bandwurmsätzen gehe ich einen Schritt weiter und komme zu den abgebrochenen Sätzen. Auch sie sind weit verbreitet. Hier kann das obige Beispiel so klingen: „Ich kam am Bahnhof an. Dann ging ich zum Informationspunkt, weil, ähm … Ich wusste ja nicht, wo mein Hotel ist. Also habe ich dort gefragt und, ja, die waren dort ganz nett und danach wusste ich, wo ich hin muss."

Ich empfehle Ihnen, auch diese Sätze einmal halblaut zu sagen: „Ich kam am Bahnhof an. Dann ging ich zum Informationspunkt, weil, ähm … Ich wusste ja nicht, wo mein Hotel ist. Also habe ich dort gefragt und, ja, die waren dort ganz nett und danach wusste ich, wo ich hin muss."

Wie empfinden Sie die Wirkung dieser Sätze mit den Satzbrüchen? Welches Empfinden lösen sie in Ihnen aus?

Bei Satzbrüchen lässt der Sprecher seinen Gesprächspartner immer wieder einfach mitten im Satz stehen und beginnt irgendwo neu. Das ist im Gespräch äußerst mühsam. In ihrem Leben sind solche Menschen oftmals sprunghaft und haben Schwierigkeiten, eine Sache oder einen Auftrag zu Ende zu führen. Dieses Verhaltensmuster findet seine Entsprechung in der Sprache.

Diese Erfahrung wird Sie noch viel sensibler machen für die alltäglichen Satzbrüche. Sie sind wirklich weit verbreitet.

Wer sie erkennt und seine eigenen Sätze ordnet, wird davon einen großen Gewinn haben. Es braucht dafür Entdeckerfreude gepaart mit Humor.

Es gibt bei den alltäglichen Berichten in Familien und am Arbeitsplatz noch eine weitere gängige Variante von ungeordneten Sätzen: Es sind die ich-losen Sätze, von denen schon in Kapitel 2 in dem Abschnitt „Wissen Sie, was Sie sagen?“ die Rede war.

Die Sprecher dieser Sätze gebrauchen oftmals nur im ersten Satz das „ich“ und lassen es dann im Folgenden weg. So bleiben sie selbst in ihrem eigenen Denken und Sprechen auf der Strecke. Es ist naheliegend, dass andere Menschen sie und ihre Leistung übersehen und ihnen folglich auch nicht dafür danken.

Sind Sie noch einmal bereit zu einer Satzprobe? Dann lesen Sie die Situation vom Bahnhof bitte einmal mit dieser ich-losen Variante. Sie klingt so: „Ich kam am Bahnhof an. Ging dann zum Informationspunkt und fragte dort den Service-Mitarbeiter nach dem Weg zu meinem Hotel.“ Haben Sie gemerkt, wo das „ich“ gefehlt hat?

In den Ohren vieler Menschen klingen alle diese Sätze erschreckend normal. Jede Unordnung auf der Ebene des

Satzbaus hat eine eigene, charakteristische Wirkung auf den Sprecher und auf sein Umfeld.

Vollständige und geordnete Sätze haben eine ordnende Wirkung, und sie sind obendrein leicht zu verstehen und zu merken.

Nun habe ich Ihnen mit den verschiedenen Fehlern auf der Satzbauebene ein ebenso mühsames wie lohnendes Thema zugemutet.

Jetzt biete ich Ihnen abschließend nach den Bandwurmsätzen, den wirren Sätzen, den Satzbrüchen und den ich-losen Sätzen noch einmal die gleiche Situation mit den kurzen, klaren Bogensätzen vom Anfang an.

Sie werden nach den unangenehmen Erfahrungen von gerade merken, wie wohltuend sie sind: „Ich kam am Bahnhof an. – Dann ging ich zum Informationspunkt. – Dort fragte ich den freundlichen Service-Mitarbeiter nach dem Weg zu meinem Hotel."

Es ist so einfach – und für viele Menschen eine Offenbarung. Jetzt auf einmal finden sie bei anderen Gehör! Die vielen alltäglichen Gelegenheiten für große und kleine Berichte sind eine gute Gelegenheit, auf den eigenen Satzbau zu achten und ihn zu ordnen.

Hallo Satzmelodie, was machst du?

Nicht nur der Satzbau, auch die Satzmelodie ist von Interesse. Die deutsche Sprache unterscheidet zwischen Fragesatz, Aussagesatz und Aufforderungssatz. Im Bericht hat in erster Linie der Aussagesatz seinen Platz. Bei ihm steht am Satzende ein Punkt. Hier senkt sich die Stimme. Ein großer Teil der Menschen bleibt bei jedem Satzende mit der Stimme oben, bis ihnen nach einigen Sätzen die Luft ausgeht und sie erst dann die Stimme kurz absenken. Die meisten Aussagen bleiben darum ganz wörtlich in der Schwebe.

Ich greife noch einmal die Situation mit der Ankunft am Bahnhof auf und beleuchte dieses Mal nicht den Satzbau, sondern die Satzmelodie. Bei den meisten Menschen klingt die Satzmelodie so: „Ich kam am Bahnhof an ***. Dann ging ich zum Informationspunkt ***. Dort fragte ich den Service-Mitarbeiter nach dem Weg zu meinem Hotel *** …“

So geht es weiter, bis dem Sprecher oder der Sprecherin die Puste ausgeht. Erst dann erfolgt ein kurzes Absenken der Stimme zum Atmen. Dann geht es genauso wieder weiter mit der Satzmelodie am Ende des Satzes nach oben, endlos. Auch im Leben kommt jemand mit dieser Satzmelodie kaum zur Ruhe, Satzmelodie und Lebensweise haben direkt etwas miteinander zu tun.

Anders ist es bei der entsprechenden Variante mit den Bogensätzen. Da strahlt derselbe Mensch auf einmal Ruhe und Klarheit aus. Andere werden ihn entsprechend behandeln. Das Geheimnis der Satzmelodie ist ein wesentlicher Schlüssel zu Erfolg und Tatkraft.

Die zahlreichen großen und kleinen Berichte des privaten und beruflichen Alltags sind gute Gelegenheiten, Bogensätze zu üben. Mit ihnen wird die Botschaft klar. Das erleichtert die Kommunikation im privaten und im beruflichen Alltag.

Gleichzeitig haben sie eine ordnende und klärende Wirkung auf den Sprecher selbst. Menschen, die sie anwenden, sind bodenständig und bekommen auch im übertragenen Sinn die Füße auf den Boden. Für die meisten Menschen sind sie neu – und jeder kann damit beginnen, sie zu erlernen. Nach einem anfänglichen Üben werden sie schon bald ganz einfach. Auf eine geheimnisvolle Weise wirken sie sich ordnend auf das Leben eines Menschen aus.

Peter bekam in der Konferenz einen Schweißausbruch

Peter war glücklich und stolz, dass er inzwischen fast immer vollständige Sätze bildete. Er bemerkte zur selben Zeit, wie sich in seinem Leben so manches wohltuend ordnete, wofür er vorher keine Lösung gefunden hatte. Nun lenkte er sein Augenmerk auf die Satzmelodie. Es gelang ihm mit einem kleinen Trick, am Satzende die Stimme zu senken. Beim Üben sagte er am Ende eines Satzes einfach „Punkt". So erinnerte er sich selbst daran.

Eines Morgens fuhr er wie jeden Tag mit dem Auto zur Arbeit. An diesem Tag hatte er eine kniffelige Konferenz vor sich. Er war angespannt und wusste nicht, wie er dem Chef seine Position klar machen konnte. Er wollte sich beruhigen und bemerkte, dass er mit den kurzen Sätzen und dem „Punkt"-Üben zur Ruhe kam. Er sagte beim Fahren:

„Vor mir fährt ein Porsche. Punkt. Die Ampel schaltet auf Rot. Punkt. Ich bremse. Punkt. Ich sehe eine Kastanie am Straßenrand. Punkt."

So kam er am Parkplatz seiner Firma an, stellte das Auto ab und ging in sein Büro. Da redete er ganz normal weiter. Er bemerkte voller Freude, dass er seine Satzmelodie recht gut am Satzende absenken konnte.

Und dann ging er zur Konferenz. Er nahm seinen Platz ein. Der Konferenzleiter eröffnete die Konferenz und begann mit seinen Ausführungen. Endlich kam er an die Reihe. Er erhob seine Stimme und hörte sich sagen: „Der Vertrag ist so nicht haltbar. PUNKT." Vor lauter Schreck schwieg er. Er bekam einen Schweißausbruch und wurde kreidebleich. Da sagte sein Chef: „Herr Schmitt hat recht. Dem ist nichts hinzuzufügen." Dabei blieb es.

Peter hat mit seinem „Punkt" mehr erreicht, als er es in langen Argumentationsketten hätte bewirken können. Und sein

Ansehen war mit seiner eindeutigen, klaren Aussage deutlich gestiegen.

15. Tipp für den Alltag

Achten Sie bei alltäglichen Berichten und Darstellungen auf vollständige Sätze und die entsprechende Satzmelodie. Senken Sie am Ende Ihrer Aussagesätze die Stimme. Machen Sie dabei in Gedanken einen Punkt und dann eine minimale Pause. Fügen Sie erst nach dieser minimalen Pause den nächsten Satz an. Machen Sie es sich leicht: Bilden Sie kurze Sätze ohne Nebensätze. Vielleicht kommen Sie sich am Anfang vor wie ein kleines Kind.

Gönnen Sie sich dafür täglich zwei- oder dreimal jeweils zehn Minuten. Sie werden eine Wirkung haben. Ansonsten reden Sie, wie Sie es bislang immer gemacht haben.

Mit dieser Korrektur leiten Sie eine sanfte und gleichzeitig kraftvolle Kurskorrektur Ihres Lebens ein. Seien Sie geduldig mit sich und beobachten Sie die Wirkung der Bogensätze.

Wie danken Sie für ein Geschenk?

Das Auswählen eines geeigneten Geschenks kann dem Schenkenden große Freude bereiten. Er schaut sich um und wählt, was dem oder der zu Beschenkenden Freude bereiten kann. Vielleicht kauft er es oder gestaltet es selbst. Dann wickelt er es ein und freut sich auf den Augenblick, in dem er das Geschenk überreichen wird. Endlich kommt der Moment, in dem der Schenkende sein Geschenk überreicht und der oder die Beschenkte sich gleich bedanken wird. Hier gibt es einige merkwürdige Formulierungen.

Ich stelle mir vor, dass Sie Ihre Nachbarn zu einem runden Geburtstag eingeladen haben und ein Nachbar nach dem anderen kommt. Sie alle wissen, dass Sie gern gärtnern, und bringen Ihnen ein entsprechendes Geschenk mit. Sie erhalten von ihnen wunderbare Blumen und Blumenschalen für Ihren Garten.

Sie können Ihren Nachbarn jetzt auf verschiedene Weise danken. Eine übliche Formulierung ist: „Oh danke! Das wäre wirklich nicht nötig gewesen! Das ist furchtbar nett! Kommt herein!" Lesen Sie diesen Dank bitte zweimal halblaut und lassen Sie ihn sich auf der Zunge zergehen:

„Oh danke! Das wäre wirklich nicht nötig gewesen! Das ist furchtbar nett! Kommt herein!" Wie schmecken diese Sätze? Wie klingen sie nach?

Diese als Dank gemeinten Sätze werten das Geschenk ab: Das Geschenk wäre nicht nötig gewesen. Des Weiteren irritiert das Wort „nötig" mitten in dem Dank: „Nötig" kommt von „Not". Die Äußerung, dass das Geschenk „furchtbar nett" ist, irritiert ebenso. Der Angesprochene hört erst „das ist furchtbar"; das „nett" kommt glücklicherweise hinten nach. Diese Wörter gehören offensichtlich zu dem spontanen Wortschatz des Beschenkten. Mit dieser Ausdrucksweise bringt er zum Ausdruck, was in ihm ist. Gleichzeitig hält er mit diesen Formulierungen seine tiefsitzenden Prägungen und Denkstrukturen aufrecht.

Eine andere Möglichkeit für den Dank ist die Folgende: „Oh, das ist ein großes Geschenk! Da haben Sie sich in Unkosten gestürzt!" Wie klingt dieser Dank in Ihren Ohren, und welche Empfindung löst er bei Ihnen aus?

Dieser Dank klingt eigentümlich. Er benennt in erster Linie Unkosten und danach gleich einen Sturz. Hoffentlich war der Sturz nicht zu tief. Diese Formulierung lässt ahnen, dass der Beschenkte das Geschenk nicht wirklich annehmen kann oder will und es möglicherweise als unmäßig empfindet. Dies ist für den Schenkenden eine schwierige Situation. Ihm ging es bei der Auswahl des Geschenks hoffentlich um den Beschenkten und die Auswahl des für ihn geeigneten Geschenks und nicht um die Kosten, die er dabei investiert hat. Hoffentlich kann er damit umgehen, dass der Beschenkte sich bei ihm mit diesem Satz bedankt. Dieser hält ihn vermutlich für höflich. Und dem Beschenkten wünsche ich, dass er sich die einschränkenden Signale bewusst macht, die er dem Schenkenden gibt und die gleichzeitig eine nachteilige Wirkung auf sein eigenes Leben haben.

Manche Menschen sagen „danke“ für ein Geschenk und fragen den Schenkenden im nächsten Atemzug, wie sie sich dafür „revanchieren“ können. Revanche steht im Raum. Rache ist süß. Sie wollen für das Geschenk einen Ausgleich schaffen und fragen, wie sie dies tun können.

Nun, in einem Punkt haben sie recht: Das Geschenk bedarf eines Ausgleichs. Geben und Nehmen gehören zusammen. Die Antwort ist einfach: Der von Herzen kommende Dank schafft den Ausgleich.

Bei den oben genannten Formulierungen erreicht der Dank den Schenkenden nicht, nicht wirklich. Er wirkt nicht. Ganz einfach ist der direkte Dank: „Ich danke dir!“, „Hab vielen Dank!“ oder: „Dankeschön!“

Wählen Sie eine Form, die Sie bisher nicht oder nur kaum gebrauchen. Dann spüren Sie den Dank intensiver, als wenn Sie eine für Sie übliche Formulierung gebrauchen. Sie könnte leicht zur viel gebrauchten Floskel werden.

Gönnen Sie sich die Zeit, beim Annehmen des Geschenks wirklich Dank zu empfinden und ihn zu fühlen. Das dauert einen Augen-Blick länger, als nur kurz wohlerzogen „danke“ zu sagen. Sie werden sich dabei wahrscheinlich auch in die Augen blicken. Dieser Dank wird den Beschenkten erreichen.

Er wird der Ausgleich sein für das Geschenk.

Manche Menschen schauen beim Annehmen eines Geschenks als erstes auf das Geschenk und sagen dann „Danke!“ Wie machen Sie es? Wo schauen Sie hin? Bitte schauen Sie als erstes den Schenkenden an und nehmen mit ihm Blickkontakt auf. Danken Sie ihm dafür, dass er zu Ihnen kommt und dass er Sie beschenkt. Schauen Sie erst danach auf das Geschenk. Zeigen Sie Ihre Freude und nehmen Sie das Geschenk dankbar an.

Während Sie sich immer wieder bei neuen Gelegenheiten ehrlich bedanken, geschieht etwas Wundervolles: Sie öffnen sich innerlich mehr und mehr für den Dank, und der Dank ist eine mächtige Türe zu einem tief empfundenen Glück und zu dauerhaftem innerem Frieden.

Mit jedem ehrlich empfundenen Dank laden Sie neue Situationen in Ihr Leben ein, in denen Sie allen Grund haben werden, wieder Dank zu empfinden.

Ich wünsche den vielen unglücklichen, sehr kritisch eingestellten Menschen, dass sie das Danken für sich finden oder wiederfinden. Die meisten von ihnen haben Übung darin, sich zu beschweren. So haben sie sich über die Jahre beschwert und immer weiter beschwert. Damit haben sie es sich selbst schwer gemacht. Die Folge einer solchen inneren Einstellung sind zunehmende Beschwerden.

Sobald sie anfangen, Dankbarkeit zu entwickeln, kann ihr Leben leicht oder wieder leicht werden. Es liegt an jedem selbst. Dankbarkeit ist eine Lebenseinstellung, und jeder und jede kann sie als Grundhaltung erlernen.

16. Tipp für den Alltag

Üben Sie sich darin, Dankbarkeit zu entwickeln. Wie danken Sie für ein Geschenk? Was sagen Sie üblicherweise? Was wollen Sie beim nächsten Mal sagen?

Machen Sie jede Woche einem Menschen in Ihrem Umfeld ein kleines Geschenk und geben Sie auch anderen Menschen Gelegenheit zum Danken. Seien Sie dankbar, wenn der- oder diejenige das Geschenk annimmt.

Beobachten Sie, was in Ihrem Leben geschieht, wenn Sie Ihre Aufmerksamkeit auf das Danken lenken.

4 Sprache und Lebensthemen

Wir betrachten mit unserem Sprach- und Kommunikationskonzept den individuellen Sprachgebrauch und machen die Entsprechungen von Sprache und Lebensthemen bewusst.

In ihr kommen die Lebensthemen eines Menschen viel häufiger zur Sprache, als dies dem einzelnen bewusst ist. Scheinbar belanglose Floskeln und Standardredewendungen sind bei genauem Hinhören oftmals ebenso verwunderlich wie vielsagend. Gleichzeitig können diese Wörter oder Redewendungen der goldene Schlüssel sein, mit dem sie ein bis dahin immer wiederkehrendes Muster ihres Lebens als sprachliches Muster erkennen und auf der sprachlichen Ebene wandeln und damit ausmustern können.

Der individuelle Sprachgebrauch gibt auf der sprachstrukturellen Ebene vielfältige Hinweise auf Zusammenhänge und Hintergründe von Verhaltensweisen und Lebensthemen. Mit diesem Blick gewinnen Wortschatz, Satzbau und Satzmelodie eine neue Bedeutung. Wir achten auf individuelle sprachliche Feinheiten und setzen einzelne sprachliche Aspekte gezielt als Interventionen ein.

Das erste Mal hatte ich diese Zusammenhänge und Wechselwirkungen in dem Beratungsgespräch mit Frau Balthasar erkannt. Sie hatte meinen Rat wegen ihrer Mutter erbeten. Dabei hatte sie mehrfach von Steinen, Brocken und Felsen gesprochen. So war ihre dahinter liegende Geschichte mit den Nierensteinen ans Licht gekommen. Nun hatte sie zwar keine Nierensteine mehr. Doch hatte sie nun Steine auf ihrem Lebensweg.

Mit der Zeit und der Erfahrung sind mir tiefe Zusammenhänge von individueller Sprache und Lebensthemen bewusst geworden. Damit ist meine Ehrfurcht vor der Sprache und ihrer Kraft nochmals gewachsen. Ich hörte mit großem Interesse und innerer Anteilnahme, wie einzelne Menschen sprechen, und bemerkte immer wieder neu eine Wechselwirkung zwischen der individuellen Sprache eines Menschen und seinem persönlichen Erleben.

Mir wurde immer klarer, dass Sprache Wirklichkeit erschafft und dass sich unsere individuelle Ausdrucksweise auf unseren privaten und beruflichen Alltag auswirkt. Ich begann, die tiefgründige Wahrheit des viel zitierten Satzes aus dem Johannesevangelium zu ahnen: „Im Anfang war das Wort." Diese Erkenntnis war der Grund dafür, dass ich das schritt- und wortweise entstehende Konzept schließlich „Lingva Eterna" nannte, was auf lateinisch „die ewige Sprache" heißt.

In dieser Zeit begann ich damit, einzelne gängige Situationen und Themen des Lebens zu betrachten und dafür typische Aspekte der Sprache zusammenzutragen. Dabei betrachtete ich für einzelne Situationen und Fragestellungen den individuellen Gebrauch von Wortschatz, Grammatik, Satzbau und auch die Satzmelodie. Daraus ist über die Jahre ein umfangreiches und differenziertes Wissen zu den vielfältigen Entsprechungen von Sprache und Lebensthemen entstanden. Wir sprechen vom Entsprechungsprinzip.

Nach meinen ersten frühen Erkenntnissen zu den Entsprechungen von Sprache und Lebensthemen hatte ich das Prinzip in seiner Tragweite noch nicht voll erfasst. Ich stand damals noch am Anfang. Zunächst hatte ich nur auf Substantive und Verben geachtet. Mit der Zeit kamen auch der Satzbau, die Grammatik und die Satzmelodie dazu.

Ich war von Anfang an sicher, dass ein gewandeltes Sprechen auch das Denken beeinflusst und damit Einfluss auf die individuelle Wirklichkeit hat. Und genau so ist es: Jeder Mensch kann sich mit einem neuen Denken und Sprechen eine neue Wirklichkeit schaffen. Der Schlüssel ist die Struktur der Sprache. Es liegt an jedem selbst, dieses Geschenk des Himmels anzunehmen und es zu nutzen.

Ich wiederhole nochmals meine Bitte und Warnung: Bleiben Sie bitte innerhalb der Grenzen Ihres fachlichen Könnens. Achten Sie nur auf Ihren eigenen Sprachgebrauch. Da haben Sie schon genug zu entdecken!

Sie wissen nicht, was sich bei einem anderen hinter seiner Ausdrucksweise verbirgt. Sie könnten bei einem anderen mehr in Bewegung bringen, als Sie ahnen. Hierfür ist eine Ausbildung zum Berater für das Lingva Eterna Sprach- und Kommunikationskonzept erforderlich.

Nach diesen einführenden Hinweisen gehe ich mit Ihnen weiter zu dem nächsten großen Kapitel „Sprache und Lebensthemen".

Lassen Sie die Hetze bewusst hinter sich

Das Wort „hetzen" kommt von „hassen". Jemand, der gut mit sich und seinen Mitmenschen umgeht, hetzt sich nicht und auch nicht andere.

Menschen, die sich hetzen oder glauben, sich hetzen zu müssen, haben einen ganz spezifischen Wortschatz oder sagen wir lieber: Sprachgebrauch. Das Wort „Wortschatz" ist für ihre Ausdrucksweise meist wenig geeignet: Von einem Wort-Schatz ist da wenig zu erkennen.

Die Wörter „schnell", „schnell mal" oder gar „schnell mal eben" gehören zu ihrem Grund-Vokabular. Sie gehen „schnell mal" zum Einkaufen, hängen „schnell" die Wäsche auf, fahren „schnell" heim und bringen dann vielleicht „schnell" die Kinder ins Bett. Diese nehmen diese schnelle Prozedur nur nicht immer gern hin und haben lieber ein gemütliches Zubettgehen in Muße. Sie bringen dann manchmal durch Trödeln eine Entschleunigung in das gehetzte Tun. Traurigerweise endet diese Form der Entschleunigung dann oft mit dem Schimpfen der Eltern und dem Weinen der Kinder.

Auch im Berufsleben meinen Menschen oft, dass alles immer schnell gehen müsse. Sie machen alles schnell. Sie gehen schnell auf die Toilette, gehen schnell ins Sekretariat usw. „Schnell" ist in der Sprache vieler Menschen ein Füllwort geworden. Es bedeutet nicht wirklich etwas. Und doch sagt es viel und bewirkt viel.

Wer oft „schnell" sagt, gebraucht vielfach ein fast reflexartiges „muss": Er oder sie muss noch schnell etwas tun. Menschen, die so sprechen, glauben und erleben wirklich, dass sie immerfort „schnell müssen". Die Wörter „schnell" und „müssen" prägen ihr Denken und Sprechen. Mit ihnen schaffen sie sich beständig eine neue Wirklichkeit. Alles muss bei ihnen schnell gehen. Indem sie diese Wörter oft sagen und auch oft fühlen, schaffen sie sich ihre Welt und erhalten sie täglich neu aufrecht.

Zur Sprache der Gehetzten und Eiligen gehört auch das Wort „Stress". Da haben die Menschen Stress wegen eines großen Auftrags, wegen des Jahresabschlusses und wegen zahlreicher anderer Gründe. Gehetzte Menschen finden immer wieder neue Anlässe, sich gestresst zu fühlen. Sie sagen „Stress" und „stressig" bei allen möglichen und unmöglichen Gelegenheiten. Wenn Sie sie in der Adventszeit fragen, wie es ihnen geht, dann werden Sie hören: „Wir haben Vorweihnachtsstress, wie jedes Jahr." Vor einer Feier werden sie sagen, dass sie Vorbereitungsstress und Einkaufsstress haben. Sie kennen und fühlen noch viele weitere Stresse, für die Nicht-Gehetzte gar keine Wörter kennen. Eine beliebte Standard-Antwort auf die Frage „Wie geht es dir?“ heißt bei ihnen schlicht und ergreifend: „Danke für die Nachfrage. Stressig wie immer!“

So ist das Wort „Stress“ bei Menschen mit dieser Denkweise selbst in ihren Smalltalk eingedrungen. Damit schaden sie sich. Denn dieses Wort wirkt wie auch alle anderen Wörter immer. Es erzeugt immer weitere Gelegenheiten, in denen sie reichlich Gelegenheiten haben werden, wieder das Gleiche zu fühlen: Stress. Hoffentlich erkennen sie irgendwann, dass sie selbst die Urheber ihres ganzen Stresses sind. Es gibt noch etliche weitere Wörter und Redewendungen, die zur Sprache der Gehetzten gehören: „flitzen“, „rennen“, „eilen“, „rasen“, „geschwind“ und andere.

Eine weitere häufige Ausdrucksweise ist bei ihnen der Satz: „Ich habe keine Zeit.“ Wer dies oft sagt, generiert sich damit seinen Zeitmangel selbst. Jeder Mensch hat täglich 24 Stunden. Was der Einzelne daraus macht und wie er sie gestaltet, ist seine Sache.

Interessant ist auch der individuelle Gebrauch des Wortes „Zeit“. Diejenigen, die die Zeit nicht haben oder die meinen, dass sie sie nicht haben, gebrauchen das Wort „Zeit“ oft hauptsächlich in der Verneinung: Sie „haben keine Zeit“. Logischerweise haben sie daraufhin keine oder kaum Zeit. Menschen, die einen anderen Umgang mit ihrer Zeit haben, sagen in den gleichen Momenten andere Sätze, beispielsweise: „Ich bekomme gerade Besuch. Darf ich dich morgen anrufen?“ Oder: „Lass uns einen anderen Tag finden, an dem wir beide Zeit haben.“

Zum Umgang mit der Zeit gehört auch der individuelle Gebrauch der grammatikalischen Zeiten. Sie haben einen großen Einfluss auf die Gestaltung der Zeit im Alltag und auf das persönliche Empfinden von Zeitmaß und Zeitqualität. Davon war bereits im Kapitel 2 die Rede.

Der Rasen und das Rasen können nah beieinander sein

Phillip sprach von seinem Haus und von seinem Garten. Eine große Bedeutung hatte in seiner Erzählung der Rasen und das andauernde Mähen dieses Rasens. Er regte sich über das Moos auf, das den Rasen durchzog und das er immer wegmachen musste. Er war ganz empört.

Seine heftige Erregung wirkte auf mich übertrieben. Das Wort „Rasen" klang in seinen Sätzen merkwürdig fremd. In ihm schwang eine weitere Botschaft mit. Ich bat ihn, das Wort „Rasen" noch ein zweites Mal zu sagen. Hier wurde mir deutlich, dass „Rasen" nicht nach dem grünen oder dem vermoosten Rasen klang, sondern nach wildem, schnellem Rasen. Er lachte, als ich ihm dies sagte, und meinte: „Die andauernde Raserei in meinem Leben bringt mich manchmal zum Rasen." Hier hielt er inne und stutzte: „Da ist das Wort schon wieder. Ja, das Rasen regt mich auf, nicht der Rasen! Das ist schon seit Jahren mein Thema!"

Die Speicherung in dem Wort „Rasen" hatte ihm schier die Freude an seinem Garten vergällt. Er wusste jetzt, wie er sich und sein Leben entschleunigen und das Rasen beenden kann. Er wandte sein neu erworbenes Wissen an und spürte bald die entlastende Wirkung. Schon bald regten ihn der Rasen und das Moos nicht mehr auf. Er beschloss, eine Blumenwiese wachsen zu lassen und sich Mußestunden in seinem Garten zu gönnen.

Erlauben Sie sich Mußestunden?

Allen Eiligen lege ich das Wort „Mußestunde" ans Herz. Mußestunden sind erholsame und erfrischende Stunden zwischen denen der Arbeit. Sie bemessen sich nicht an den gezählten Minuten, sondern an ihrer Qualität.

Eine Mußestunde ist nur möglich im angemessenen Wechsel von Arbeit und Ruhe. Menschen brauchen Mußestunden, um sich erholen zu können und gesund zu bleiben an Leib und Seele.

Ich lade Sie ein zu einer Wortprobe. Lesen Sie das Wort „Mußestunde" langsam halblaut und lassen Sie es nachklingen: „Mußestunde – Mußestunde". Schenken Sie bitte dem „U" Aufmerksamkeit: Es ist ein langes „U". Die Vokallänge passt gut zu der geruhsamen Mußestunde.

Wie geht es Ihnen mit diesem Wort? Welche Empfindungen oder Erinnerungen löst es in Ihnen aus?

Dieses Wort ist selten geworden. Es lohnt sich, es abzustauben und ihm wieder seinen Platz im täglichen Sprachgebrauch zu geben.

Es ist sprachgeschichtlich interessant. Das Wort „Mußestunde" beinhaltet das Wort „Muße". Die „Muße" ist etymologisch verwandt mit dem „müssen" und mit dem „Maß". Von diesem Wortstamm ist uns vor allem das Wort „müssen" erhalten geblieben. Das „Maß" kommt im allgemeinen Sprachgebrauch im Vergleich deutlich seltener vor. Mit dem Wort „Maß" droht auch das rechte Maß verloren zu gehen. Mit dem „Maß" leitet sich auch die Maß mit dem guten Bier ab. Das haben wir noch in der Sprache – doch denkt dabei kaum jemand an das Maß, sondern vielmehr an den Krug mit dem Bier.

17. Tipp für den Alltag

Achten Sie auf Sätze mit „ich muss schnell" oder „wir müssen schnell". Hören Sie sie in Ihrem Umfeld? Sagen Sie sie vielleicht auch selbst?

Schreiben Sie drei oder mehr Sätze auf, in denen Sie „muss schnell" oder „müssen schnell" selber sagen. Finden Sie Alternativen und nehmen Sie diese neuen Sätze in Ihre Sprache auf.

Nehmen Sie parallel das Wort „Mußestunde" in Ihren Sprachgebrauch auf. Finden Sie ein oder zwei Sätze, in denen dieses Wort für Sie stimmig ist und Sie es mit gutem Gefühl sagen können. Nehmen Sie auch diese Sätze in Ihre aktive Sprache auf.

Machen Sie das insgesamt vier Wochen. Beobachten Sie die Wirkung. Prüfen Sie dann, ob Sie diese Anregungen weiterhin berücksichtigen wollen.

Gewalt in der Alltagssprache erkennen und wandeln

Gewalt ist weit verbreitet. Sie reicht von Gewalt und Aggression im eigenen privaten oder beruflichen Umfeld bis zu den weltweiten Aggressionen in Form von Terroranschlägen und Kriegen. Aggression kann sich auch im eigenen Körper zeigen in Form von autoimmunaggressiven Erkrankungen.

Viele Menschen leiden an der Gewalt und unter der Gewalt und hoffen darauf, dass die Gewalt irgendwann ein Ende nimmt. Sie sehen sich dieser wachsenden Gewalt und Bedrohung oftmals hilflos ausgeliefert. Auch hier setzen wir auf der sprachstrukturellen Ebene an.

Wir sensibilisieren für die Gewalt in der Alltagssprache. Diese spiegelt sich im Wortschatz ebenso wider wie in der

Grammatik. Sie werden vieles entdecken, was Sie bislang vielleicht einfach überhört oder unbewusst ausgeblendet haben. Bei genauem Hinhören können so manche Bemerkungen den Hörenden zum Schaudern bringen: Da „würgt" jemand seinen Gesprächspartner mit freundlicher Stimme am Telefon ab, Eltern „hauen" am Morgen ihre Kinder aus dem Bett, wieder jemand anderes könnte seinem Kollegen „eins reinwürgen", in Firmen müssen manchmal „Köpfe rollen", im Büro herrscht bei manchen Menschen der „Terror", nur weil das Telefon wiederholt klingelt und Kunden anrufen.

Es gibt hunderte von Ausdrücken dieser Art. Ich bin sicher, dass Ihnen die „Mords-Gaudi" vergehen wird, wenn Sie sich die allgemein übliche, grausame und gewaltreiche Sprache und ihre Wirkung bewusst machen und die Wirklichkeit, die daraus entsteht.

Sprache schafft Wirklichkeit. Sprache kann auch Wirklichkeit wandeln. Jeder kann damit bei sich selbst beginnen und seine eigene Sprache achtsam wandeln. Dies wird eine Auswirkung auf ihn selbst haben und auch auf sein Umfeld. So kann jeder Mensch allein durch seinen Sprachgebrauch einen Beitrag für eine friedliche Entwicklung leisten.

Stellen Sie sich vor, dass Sie noch heute ein Projekt angehen und nicht mehr „in Angriff nehmen". Fühlen Sie beim Vorbereiten und auch beim Tun die unterschiedliche Qualität der beiden Wörter und auch die Qualität der Art und Weise Ihres Tuns.

Das Vokabular der Alltagssprache enthält in vielen Bereichen Gewalt. Dies ist den meisten Sprechern und auch Hörern nicht bewusst. Sie kennen die Sprache so, wie sie üblicherweise ist, und denken sich nichts dabei. Sie kennen die alltäglichen „Ratschläge" und auch die vielen gut gemeinten „Vorschläge". Auf der bewussten Ebene weiß freilich jeder, dass der

Gesprächspartner den anderen nicht schlagen will, auch wenn er das Wort „Schlag" oder „Schläge" gebraucht. Erst im Nebeneinander der Möglichkeiten erkennen und spüren sie, dass sie „Empfehlungen" und „Anregungen" wesentlich lieber annehmen als „Vorschläge".

Im Unterbewusstsein stellen Menschen oft Verbindungen zu Bestrafung und Unterdrückung her. Aus diesem Grunde sind wir mit diesem Vokabular besonders achtsam. Wir wissen auch, dass Schläge zum Nutzen eines Menschen sein können, beispielsweise die Hammerschläge eines Goldschmieds oder eines Zimmermanns. Es geht uns um den inflationären und leichtfertigen Gebrauch des Wortes „Schlagen".

Ein Kursteilnehmer war nach eigenen Aussagen ein engagierter Verfechter der gewaltfreien Kommunikation und lebt danach und damit. Bei einem Seminar bei uns entdeckte er mit Staunen, wie viel aggressives Vokabular er in seiner persönlichen Sprache hatte. Er sagte mit einem Strahlen in den Augen: „Mir wird schlagartig einiges klar. Viele aggressive und allgemein übliche Redewendungen schießen mir durch den Kopf!" Durch die Reaktion anderer Kursteilnehmer wurde er aufmerksam auf seine Ausdrucksweise. Dann erst bemerkte er, was er gesagt hatte. Er sagte nur: „Oh!" und schwieg nachdenklich. Ihm hatte sich eine für ihn neue Dimension der Sprache offenbart. Es war für ihn ebenso einleuchtend wie erschreckend, die weit verbreitete Gewalt im allgemein üblichen Sprachgebrauch zu erkennen. Er hatte noch nie in dieser Weise und auch in dieser Konsequenz auf den Wortschatz geachtet.

Sandras Mutter hatte viel „Schlagen“ in ihrer Sprache

Eine Mutter kam wegen ihrer siebenjährigen Tochter Sandra für eine Beratung zu mir. Ihre Tochter schlug in der Schule immer wieder auf dem Pausenhof ohne ersichtlichen Grund andere Kinder und war davon durch nichts abzubringen. Schon im Kindergarten hatten die Erzieherinnen sie als aggressiv geschildert. Sonja Bauer war verzweifelt. Daheim erlebte sie ihre Tochter als zärtlich und liebesbedürftig, solange keine anderen Kinder da waren. Sie war das einzige Kind.

Sonja Bauer begann ihre Darstellung so: „Ich komme wegen meiner Tochter Sandra zu Ihnen. Sie schlägt auf dem Pausenhof andere Kinder und ist durch nichts davon abzubringen. Ich habe gehört, dass Sie in dieser Thematik beschlagen sind und auch, dass Sie einen völlig neuartigen Ansatz entwickelt haben. Ich wünsche mir von Ihnen Ratschläge und Vorschläge zu meiner Situation. Sagen Sie mir bitte ehrlich, was Sie mir sagen können. Ich bin gerüstet für alles. Übrigens sehe ich auch die Möglichkeit eines Schulwechsels. Ich habe die Montessori-Schule im Visier.“

Bis hierher hatte ich von Sonja Bauer schon mehrfach das Wort „Schlagen“ gehört. Ich wusste auch, dass sie „gerüstet“ war und eine Schule „im Visier“ hatte. Das klang für mich nach mittelalterlichem Schlachtfeld. Im Folgenden gebrauchte sie etliche weitere Wörter aus dem Wortfeld des Schlagens und Kämpfens.

Als erstes fragte ich sie, ob sie mit ihrer Tochter wegen deren Verhalten bereits therapeutische Wege beschritten habe. Ich sprach sie auch gezielt auf Ergotherapie an. Erst danach griff ich die sprachlichen Aspekte auf. Dies nahm etliche Zeit in Anspruch. Ich fragte sie, was sie selbst vom Schlagen halte und ob sie das Wort „Schlagen“ und Wörter aus diesem Bereich sage. An dieser Stelle hätte sie mich am liebsten mit ihren Blicken durchbohrt und sagte mir im Brustton der Überzeugung, dass sie Friedenskämpferin sei. Ich fragte sie dann, wie jemand ernsthaft für Frieden kämpfen könne Das eine widerspreche doch dem anderen.

Ich zeigte ihr anhand von Beispielen, welche Wörter das Wort „schlagen" beinhalten wie der „Vorschlag", der „Ratschlag" und „beschlagen sein" und bot ihr Wortproben an. Nun machte sie voller Engagement mit und war ganz dabei. Wir sammelten miteinander mehr als eine volle Seite von Wörtern aus diesem Bereich und fanden Alternativen, die sie von nun an stattdessen sagen konnte. Mit ihnen fühlte sie sich wohl und konnte gleichzeitig ganz bewusst auf der sprachlichen Ebene das „Schlagen" hinter sich lassen.

Auf einmal weinte sie und sagte dann in einer tiefen Erkenntnis: „Ich gebrauche diese Wörter mit ‚schlagen' ganz viel. Ich glaube, meine Tochter macht nur, was ich die ganze Zeit sage. Mich hat all die Jahre noch nie jemand auf meine Sprache hingewiesen. Das haut mich jetzt richtig um!" Ich blickte sie aufmerksam an und bat sie: „Sagen Sie bitte den letzten Satz noch einmal!"

Sie schaute mich etwas fragend an und wiederholte ihren Satz: „Das haut mich jetzt um!" „Merken Sie etwas? Hören Sie sich sprechen! Hier war das sprachliche Muster wieder. Das ‚Umhauen' gehört auch auf die bereits begonnenen Liste von Wörtern aus dem Bereich des Schlagens!"

Sie schüttelte ungläubig den Kopf: „Das gibt es ja nicht! Doch höre ich es selbst! Was ich alles sage, das ist ja erschreckend!"

In den kommenden Wochen wollte sie ihren Wortschatz in neue Bahnen lenken. Dafür bat ich sie um Geduld mit sich selbst. Sie wollte ihre Tochter bitten, ihr dabei zu helfen und sie auf ihre Wörter aufmerksam zu machen, mit denen sie bislang verbal um sich schlug.

Ich war sicher, dass ihr Sprachgebrauch seine Gründe hatte, und ich fragte sie, ob ihr dazu etwas in den Sinn käme. Dabei kam heraus, dass Sonja Bauer von ihrem Vater viele Schläge bekommen hatte und ein geprügeltes Kind gewesen war. Sie hatte sich geschworen, ihr Kind nie zu schlagen. Jedoch lebte die Energie des Schlagens weiter. Die Mutter gebrauchte entsprechende Wörter in ihrer Sprache. Und ihre Tochter lernte sie von ihr und gab die Schläge an die Mitschüler weiter, die ihr Opa ihrer Mutter gegeben hatte. Sonja Bauer konnte diese Spirale der Gewalt beenden. Sie wandelte gezielt ihre Sprache und konnte mit einer Würdigungsarbeit ihren Vater annehmen. Ihre Tochter war bereit und eifrig dabei, ihre Mutter auf aggressiven Wortschatz aufmerksam zu machen und achtete auch auf ihre eigene Sprache. Sie hatte dafür ein feines Empfinden bekommen. Mutter und Tochter kamen daraufhin beide zur Ruhe, und auch der Vater war erleichtert und freute sich.

In der Schule hörten sie schon nach wenigen Wochen, dass die Situation sich deutlich beruhige und Sandra inzwischen einen deutlich besseren Stand in der Klasse habe. Gott sei Dank!

Wer viel Gewalt in der Sprache hat, gibt die Gewalt weiter. Und wer eine gewaltreiche Sprache befriedet, der kann die Spirale der Gewalt beenden. Jeder kann dazu an seinem Ort und in seinem Wirkungsfeld einen Beitrag leisten. Darin liegt eine große Chance.

Krieg und kriegen in der Alltagssprache

Wir erfahren das große Geschenk und die große Gnade, in Deutschland schon über siebzig Jahre Frieden zu haben. Es ist an der Zeit, den Krieg und seine vielfältigen Auswirkungen aus alltäglichen, unbedachten Redewendungen zu nehmen. Davon gibt es zahlreiche, die im allgemeinen Sprachgebrauch üblich geworden sind und bei denen die wahre Bedeutung in Vergessenheit geraten ist. Dennoch haben sie eine Wirkung und schaffen Wirklichkeit.

Ich nenne einige davon und stelle sie in einen realistischen und alltäglichen Kontext. Ich beginne den kriegerischen Reigen mit dem Wort „kriegen".

Hebammen freuen sich

Das Wort „kriegen" ist verwandt mit dem Substantiv „Krieg". Es kommt in der alltäglichen Sprache häufig vor: Menschen „kriegen" Geschenke, Kinder, neue Kollegen usw. Kaum jemand macht sich deswegen Gedanken und spürt in das Wort hinein.

Ich lade Sie ein, eine Wortprobe mit dem Wort „kriegen" zu machen. Fühlen Sie, wie das Wort „kriegen" auf Sie wirkt. Probieren Sie danach einen kurzen Satz mit „kriegen". Sagen Sie zweimal: „Ich kriege ein Geschenk. – Ich kriege ein Geschenk." Horchen Sie in sich hinein. Wie klingt das Wort in Ihnen nach? Sagen Sie danach zweimal eine Alternative: „Ich bekomme ein Geschenk. – Ich bekomme ein Geschenk." Wie klingt dieser Satz in Ihnen nach? Empfinden Sie einen Unterschied? Welche der beiden Varianten ist Ihnen lieber?

Hebammen berichten, dass Geburten leichter gehen, wenn die Frauen ihre Kinder bekommen und nicht mehr kriegen. Das Kriegen ruft die Verteidigung auf den Plan und erzeugt Angst und Abwehr. Das Bekommen macht es den Frauen leicht, sich zu öffnen und das Kind kommen zu lassen. Hebammen, die dies entdeckt haben, freuen sich. Sie können mit diesem kleinen Hinweis während der Geburtsvorbereitungskurse den Müttern die Geburt erleichtern.

Das ist ein scharfes Geschütz!

Geschäftsleute stehen im Wirtschaftsleben an der Front. Sie besuchen Geschäftspartner und sind froh, wenn sie zentral gelegen sind und nicht ab vom Schuss. Bei kritischen Verhandlungen sind sie erleichtert, wenn sie aus der Schusslinie sind. Diese kriegerische Ausdrucksweise ist nicht auf das Wirtschaftsleben beschränkt. Wir finden Sie in allen Altersgruppen und in beinahe allen beruflichen und privaten Situationen.

Dies zeigte eine Situation am Ende eines Kindergartenfestes. Mehrere Frauen waren beim Aufräumen, und nun ging es darum, die Bänke aus dem Garten wieder in den Turnraum zu bringen. Eine der Mütter wollte die Väter um Hilfe bitten und rief laut: „Männer an die Front!" Diese Ausdrucksweise gehörte dem Erleben nach der Generation ihrer Großeltern an. Die junge Frau wusste nicht, was sie sagte und welch bedenkliches sprachliches Vorbild sie damit für die Drei- bis Sechsjährigen war.

Die Kindergartenfeier hatte bei „Bombenwetter" stattgefunden. Bombenwetter war das Wetter, bei dem die Bomber im Krieg flogen. Bei gutem Wetter hatten sie gute Sicht. Die Bomben haben auch an anderen Stellen noch einen festen Platz in der Sprache: Ein großes Verkehrsflugzeug ist in der Sprache mancher ein „Bomber", obgleich nur Reisende darin sitzen und er gottlob keine Bomben transportiert. In einem Zimmer oder auf einem Schreibtisch sieht es manchmal so aus, „als ob eine Bombe eingeschlagen" habe. Manche Vorgesetzte „fahren scharfes Geschütz auf". Das Grauen der beiden Weltkriege schwingt in diesen Redewendungen noch immer mit. Es wirkt weiter und schafft immer wieder neue schreckliche Wirklichkeit.

Geben Sie bewusst Frieden!

Es gibt zig weitere Redewendungen dieser Art im allgemeinen Sprachgebrauch. Ich lade Sie ein, in Ihrem eigenen Alltag wach zu sein für diese Ausdrucksweisen. Sie können eine um die andere langsam und in dem Ihnen eigenen Tempo wandeln und neue Formulierungen finden, mit denen Sie sich wohlfühlen. Damit erbringen Sie einen bedeutsamen Beitrag für mehr Frieden. Es ist genug, wenn Sie dies an Ihrer Stelle tun, welche Funktion und Tätigkeit Sie auch immer haben. Sie werden mehr eigenen Frieden spüren und damit auch Ihrem Umfeld friedvolle Signale geben.

Jeder Mensch kann jederzeit an seiner Stelle Frieden geben. Es lohnt sich, die Formulierung „ich gebe Frieden" mit neuen Ohren zu hören und sie in einem neuen Bewusstsein zu sagen: Die Redewendung „Frieden geben" beschreibt eine Handlung. Dabei strecken Sie die Hand aus und reichen sie zum Frieden.

Frieden geben ist eine edle Handlung. Dabei spielt es keine Rolle, ob der Angesprochene die Hand annimmt. Der Frieden, den ein Mensch von Herzen gibt, wird immer reichlich zu ihm zurückkommen. Vielleicht wird er ihn von einem anderen Menschen bekommen, als er sich dies im Augenblick erhofft. Er wird ihn jedoch irgendwann bekommen. Und dies wird letztlich zu seinem Segen sein.

Bei vielen Menschen klingt die Aufforderung „Gib Frieden!" wie ein Tadel und hat einen aggressiven Unterton. Ich wünsche diesen Menschen, dass sie das Wort „Frieden" ernst nehmen und dass sie es bewusst sagen. Der Frieden ist ein hohes Gut. Es ist wichtig, mit ihm – und mit dem Wort – gut umzugehen. Vielleicht meinen sie mit dieser ärgerlichen Äußerung in Wahrheit etwas anderes, beispielsweise den Satz „Hör damit bitte auf!" oder „Lass das bitte sein!"

Anita berichtete von segensreichen Entwicklungen bei sich und in ihrer Familie. Sie hatte bewusst das Kriegen und weiteres kriegerisches Vokabular aus ihrer Sprache herausgenommen und dafür neue Formulierungen gefunden. Davon hatte sie bis dahin viel gebraucht. Gleichzeitig hatte sie die Redewendung „Frieden geben" neu und mit einer neuen Bedeutung in ihre Sprache aufgenommen.

Sie spürte, wie sie gesundete. Ihre Haut kam zur Ruhe und die Allergien ließen nach. Auch in ihrem nahen Umfeld entstand mehr Frieden. In ihrer Familie setzten sich wieder Familienmitglieder an einen Tisch, die sich lange aus dem Weg gegangen waren. Und sie selbst konnte einen schon lange bestehenden Zwist mit einer Nachbarin beenden.

Ich bin immer wieder glücklich und dankbar, wenn ich solche Entwicklungen miterleben darf.

Übrigens finde ich es interessant und aufschlussreich, dass Schweizer in ihrer Sprache das Wort „kriegen" viel seltener gebrauchen als wir Deutschen. Die Schweiz ist ein neutrales Land, und sie führt keine Kriege.

18. Tipp für den Alltag

Gebrauchen Sie einen kriegerischen Wortschatz oder auch einzelne Wörter oder Redewendungen aus diesem Bereich?

Wählen Sie bitte ein solches Wort oder eine solche Redewendung. Machen Sie sich bewusst, wann und in welcher Situation Sie es gebrauchen. Schreiben Sie sich dazu bitte einen Satz auf.

Dann probieren Sie für diese Situation mögliche friedliche Alternativen. Schreiben Sie auch diese auf.

Nehmen Sie parallel das Wort „Frieden" in Ihre aktive Sprache auf. Finden Sie ein oder zwei Sätze, in denen Sie es häufig gebrauchen können. Achten Sie auf die bejahende Verwendung. Bei einer Verneinung würden Sie den Frieden verneinen.

Integrieren Sie diese Sätze für die nächsten vier Wochen in Ihre Sprache.

Beobachten Sie, welche Wirkung diese beiden Änderungen haben. Wählen Sie nach vier Wochen, welche Wörter Sie davon beibehalten wollen.

Der Körper meldet sich zu Wort

Bei gesundheitlichen Beschwerden meldet sich der Körper. Manche Menschen sagen dann: „Meine Hüfte meldet sich wieder." Oder: „Mein Knie meldet sich wieder." Diese Redewendung ist gängig und will sagen, dass die Hüfte oder das Knie wieder wehtut. Es lohnt sich, auf diese Signale zu achten und sie ernst zu nehmen. Es ist klug und weise, auf den Körper zu hören und seine Signale wohlwollend aufzugreifen und sie nicht nur mit Medikamenten „niederzuknüppeln". Sonst muss der Körper eine neue Möglichkeit finden, sich zu melden und seine Botschaft kundzutun. Es ist dem Patienten zu wünschen, dass sein Arzt oder seine Ärztin ihm hier entsprechende weiterführende Hinweise gibt.

Körperliche Leiden finden vielfache Entsprechungen in der Sprache. Wir finden sie für den ganzen Körper, von Kopf bis Fuß, und für viele Symptome. Dies habe ich bereits am Beispiel der ehemaligen Nierenpatientin und ihrer „Steine" in ihrer Sprache gezeigt.

Natürlich kann auch ein gesunder Mensch achtsam mit seinem persönlichen Sprachgebrauch sein und darauf achten, wie er sprachlich mit seinem Körper umgeht. Sein Körper wird ihm seinen achtsamen, liebevollen Umgang danken.

Auf Dauer wird er sich und seinem Gebiss schaden, wenn er abends „auf dem Zahnfleisch" kriecht. Ebenso wenig gesund ist es, wenn er bei Ärger sagt, dass er „jetzt so einen dicken Hals bekommt". Mit solchen unbedachten Äußerungen schaffen sich Menschen Hals- und Schilddrüsenerkrankungen. Wenn er oft „die Nase voll hat", dann lädt er damit Schnupfen ein und wird auf diese Weise oft ganz wörtlich die Nase voll haben. Andere sagen häufig: „Ich krieg die Krise!" Auch diese wird bestimmt kommen.

Der allgemein übliche Sprachgebrauch ist voll von krankmachenden Äußerungen wie diesen. Die einzelnen Menschen haben dabei immer ihre persönlichen Favoriten. Sie sagen genau das Gleiche, immer und immer wieder. Und irgendwann haben sie damit eine Wirkung, die sie nie wirklich bewusst gewollt haben. Und doch haben sie diese selbst herbeigeredet. Jedes Wort wirkt!

Daniela meldete sich eines Tages krank. Sie war mit starken Beschwerden zum Zahnarzt gegangen. Dieser hatte bei ihr eine akute Entzündung des Zahnfleisches diagnostiziert und auch einen Zahn ziehen müssen. Daniela blieb an diesem Tag daheim. Am nächsten Tag kam sie wieder und sagte: „Es geht mir soweit schon wieder ganz gut. Ich krieche noch etwas auf dem Zahnfleisch." Wie recht sie doch hatte! An einer Stelle hatte sie ja auch keinen Zahn mehr und das Zahnfleisch war blank. Doch hatte Daniela keinen Scherz gemacht, auch wenn es vielleicht ein guter Scherz gewesen wäre.

Ihre Chefin hörte interessiert, was ihre Mitarbeiterin sagte, und fragte sie, ob sie ihr wegen ihrer Zahngeschichte etwas zu ihrer Sprache sagen dürfe. Daniela war einverstanden. Sie sagte, dass sie ganz betroffen sei von ihrer Ausdrucksweise: Sie „kriecht auf dem Zahnfleisch", und das nach dem Ziehen eines Zahns! Dann erzählte sie ihr etwas von Lingva Eterna und von den Entsprechungen zwischen dem, was ein Mensch erlebt, und seiner Sprache.

Daniela wurde in dem nun folgenden Gespräch klar, dass sie oft Formulierungen rund um die Zähne gebrauchte. Am häufigsten sagte sie „den Zahn werden wir dem oder dem noch ziehen" und „ich krieche auf dem Zahnfleisch." Sie stellte sich beide Sätze bildlich vor und erschrak. Sie wollte ihre noch verbliebenen Zähne behalten. So wandelte sie ihre Ausdrucksweise.

Danielas Zahngeschichte wurde für sie selbst und auch für ihre Kolleginnen eine einprägsame Erfahrung.

Sie dürfen sich wohlfühlen!

Erlauben Sie sich, sich rundherum wohlzufühlen. Schaffen Sie die Voraussetzungen dafür, dass Ihnen dies möglich ist. Lenken Sie Ihre Aufmerksamkeit auf die Bereiche Ihres Lebens, in denen Sie sich wohlfühlen. Empfinden Sie dafür Dankbarkeit und fühlen Sie bewusst das Wohl, das Sie dabei fühlen. Schenken Sie diesen Bereichen bewusst Ihre liebevolle Aufmerksamkeit. So nähren und pflegen Sie Ihr Wohlergehen. Diese Blickrichtung lässt Sie nach vorn und auf das Erfreuliche schauen.

Viele Menschen fühlen sich nicht: Sie haben den Kontakt zu ihren Gefühlen und zu ihrem Körper verloren. Sie fühlen sich nicht – nicht wirklich. Manchmal wirken sie wie abgeschnitten von sich selbst. Ihr Körper fordert dann ihre Aufmerksamkeit ein. Einschränkungen und Schmerzen lassen sie ihren Körper wieder spüren.

In diesen Augenblicken fühlen Sie sich so deutlich und klar, wie vielleicht schon lange nicht mehr. Und doch sagen sie genau dann, wenn sie sich und ihren Körper fühlen: „Ich fühle mich schlecht!"

Auf die Frage: „Wie fühlen Sie sich?" antworten die meisten Menschen: „Gut!" Ich wünsche ihnen, dass sie sich wirklich fühlen und dass sie sich dabei gut fühlen. Viele Menschen fühlen sich nicht und müssten bei dieser Frage ehrlicherweise sagen: „Ich fühle mich gar nicht!"

Ich wünsche ihnen, dass sie wieder lernen, auf sich zu achten und mit sich gut umzugehen. Dazu gehört, dass sie ihre Bedürfnisse und die Signale ihres Körpers wahrnehmen und auf sie hören. Wer sich gut fühlt und achtsam auf sich selbst schaut, der fühlt sich auch gut.

Die Sprache hilft ihnen dabei, sich bewusst auf das Fühlen einzulassen und sich dann wieder zu fühlen.

Gehören die Wörter „Wohlfühlen", „Wohlergehen", „Wohlbefinden", „Wohlfühlatmosphäre" und andere Wörter mit „Wohl" schon in Ihren Sprachgebrauch?

Ich lade Sie ein, diese Wörter in Ihre persönliche Sprache und damit in Ihr Denken und Fühlen zu integrieren.

Lassen Sie es sich wohlergehen!

Vom Suchen und Finden

Das Suchen ist im allgemeinen Sprachgebrauch weit verbreitet. Zahlreiche Redewendungen und Wörter beinhalten das Wort „suchen". Bei vielen von ihnen ist es den meisten Sprechern,

Hörern und Lesern nicht bewusst, dass sie gerade das Wort „suchen“ oder eine seiner Ableitungen gebrauchen. Und doch hat dies eine Auswirkung auf sie selbst und auf ihr Umfeld. Es zeigt etwas von ihnen und ihrer Prägung. Beides ist bedeutsam.

Wer oft „suchen“ denkt und sagt, der sucht. Er wird sich mit der Zeit als Suchender fühlen und nicht als Findender. Bei manchen Menschen wird das Suchen zur Chronik ihres Lebens. Sie sind immerfort auf der Suche und suchen und suchen. Das Suchen ist für sie ein beständiger Teil ihres Lebens geworden. Sie wären erstaunt, wenn sie auf einmal ankämen und auf das Suchen ein Finden folgen würde.

Bei ihnen haben das Wort „suchen“ und seine Ableitungen einen festen Platz in der Sprache. Sie gebrauchen es immer wieder, meistens ohne sich dessen bewusst zu sein. Darin spiegelt sich ihr andauerndes Suchen wider. Gleichzeitig reaktivieren sie mit ihrem Sprachgebrauch ihr Such-Muster und Erfahrungen mit Suchen, die sie bereits gemacht haben. So laden sie sich immer wieder neue Erfahrungen mit Suchen ein. Auf diese Weise werden sie nur mit größter Anstrengung oder gar nicht aus dem Suchen herauskommen.

Dieses Suchen kann zu einer Sucht werden. Es gibt vielerlei Süchte: die Nikotinsucht, den Alkoholismus, die Arbeitssucht, die Kritiksucht, die Prunksucht, die Gefallsucht, die Eifersucht und weitere Süchte. Auch das Suchen nach sich selbst kann zu einer Sucht werden. Manche Menschen bleiben dabei im Suchen hängen und finden den heiß ersehnten Schlüssel nicht, der ihnen das verschlossene Tor zu sich selbst und zum Mitmenschen öffnet.

Das Wort „Sucht“ hat mit dem „Suchen“ nichts zu tun. Es hat eine andere Wurzel: Es ist verwandt mit den Wörtern „siech“ mit der Bedeutung „krank“ und dem davon abgeleiteten Wort „Siechtum“. Im Mittelhochdeutschen trat das Wort „krank“ an seine Stelle. Es bedeutete ursprünglich „schmal, schlank, schwach“ und war anfangs ein Hüllwort: Es verschleierte das, worum es genau ging.

Das Suchen ist für viele Menschen ein großes Thema. Auch hier gibt es eine Entsprechung auf der sprachlichen Ebene. Die Wörter „suchen“ und „finden“ werden hier zum Schlüssel und eröffnen den Weg zum Finden und Ankommen. Ein Blick auf die Herkunft des Wortes „suchen“ macht seine ursprüngliche Bedeutung klar. Im Indogermanischen bedeutete es „witternd nachspüren“, so wie es der Jagdhund macht, der eine Fährte aufnimmt. Auch das damit verwandte englische Wort „to seek“, „suchen“, bedeutete ursprünglich „suchend nachgehen, nachspüren“.

Menschen, die klare Ziele haben und diese konsequent anstreben, nehmen eine Spur auf und gehen ihr nach. Sie sind gleichsam Jagdhunde, die eine Fährte aufnehmen und der Witterung folgen.

Zielstrebige Menschen sind nicht beständig auf der Suche. Das Wort „suchen“ ist in ihrer Alltagssprache weit seltener als bei den chronisch Suchenden. Sie haben eine andere Sichtweise. Sie wollen etwas finden! Sie sprechen eher davon, wie sie eine Lösung in einer bestimmten Angelegenheit „finden“ können, als dass sie eine Lösung „suchen“.

Bettina suchte eine neue Wohnung

Bettina hatte vor einigen Monaten eine neue Nachbarin bekommen. Sie war Musiklehrerin und spielte jeden Tag ausgiebig Klavier. Das störte Bettina erheblich, und so wollte sie ausziehen. Sie ärgerte sich, dass sie sich schon wieder auf die Suche nach einer neuen Wohnung machen musste. Erst vor zwei Jahren war sie aus einem ähnlichen Grund aus einer anderen Wohnung ausgezogen. Und dummerweise, so sagte sie, machte ihr Auto Schwierigkeiten. Sie wollte es verkaufen und ein neues kaufen. Da musste sie sich auch auf die Suche machen.

Das Suchen schien zu ihr zu gehören. Sie hatte viel „Suchen" in ihrer Sprache. Einige Formulierungen mit Suchen hatte sie in unserem Gespräch bereits in den ersten drei Sätzen geäußert. Ich griff sie etwas später auf und machte sie darauf aufmerksam. Ich bat sie erst, das Wort „suchen" zweimal halblaut und langsam zu sagen und dabei in sich hineinzuhören. Sie sagte, ihrem Muster entsprechend: „Gut. Ich versuch's." Dann begann sie mit der Wortprobe: „Suchen – suchen."

Nach dem dritten Mal atmete sie tief durch und fand es schrecklich. Es erinnerte sie an ihr fortwährendes Suchen. Ihr war klar, dass sie dieses Wort viele Male an einem Tag sagt, ja dass es zu ihrem Grundwortschatz gehört. Ich bat sie, mir drei Sätze zu nennen, die ihr spontan mit „suchen" in den Sinn kommen. Sie antwortete, auch hier ihrem Muster entsprechend: „Da brauche ich nicht lange zu suchen." Mein Ziel war, ihr diese Sätze bewusst zu machen und ihr dafür Alternativen für konkrete Situationen aus ihrem Leben anzubieten. So konnte sie diese in den entsprechenden Situationen gleich einsetzen.

Bettina spürte selbst, dass sie gerade einen mächtigen und wirkungsvollen Schlüssel gefunden hatte, ihr Suchen zu beenden und sich endlich das Finden und Ankommen zu erlauben. Mit dem sprachlichen Muster konnte sie ein tiefsitzendes Handlungsmuster wandeln und so ihrem Leben eine heilsame Wende geben.

Mit großer Freude und großem Ernst machte sie sich daran, Sätze aus ihrem Sprachgebrauch zu finden, in denen das Wort „suchen" vorkam. Sie nannte einige: „Bitte hilf mir, meinen Schlüssel zu suchen! Ich suche eine neue Wohnung. Ich suche ein Auto. Ich suche den Weg. Ich suche und suche - ich suche dauernd!"

Ich bat sie, den ersten Satz zweimal mit einem kurzen Abstand zu sagen und ihn auf sich wirken zu lassen. Sie sagte: „Bitte hilf mir, meinen Schlüssel zu suchen! - Bitte hilf mir, meinen Schlüssel zu suchen.“ Sie empfand diesen Satz völlig normal und schaute mich fragend an. Sie konnte sich nicht vorstellen, wohin ich sie führen würde.

Dann fragte ich sie: „Wollen Sie, dass der andere Ihnen hilft, den Schlüssel zu suchen oder zu finden?“ Sie stutzte: „Natürlich wünsche ich mir, dass er ihn findet.“ – „Dann können Sie ihn auch bitten: ‚Bitte hilf mir, meinen Schlüssel zu finden!‘“ Sie lachte und sagte auch diesen Satz zweimal, mit einem kurzen Abstand dazwischen: „Bitte hilf mir, meinen Schlüssel zu finden! - Bitte hilf mir, meinen Schlüssel zu finden!“ Sie lachte und lachte, bis ihr die Tränen aus den Augen rollten vor Lachen. „Das Wort ‚finden‘ ist für mich neu. Das ist ja so einfach!“ Und sie lachte weiter und hielt sich den Bauch.

Sie erlebte eine Erlösung und fand Spaß an der ebenso neuen wie einfachen Formulierung. Sie wollte auch für die anderen Sätze eine neue Variante kennenlernen. Dann bat ich sie, den nächsten Satz zu wiederholen: „Ich suche eine neue Wohnung.“ Auch diesen Satz sagte sie zweimal und horchte in sich hinein. Da war wieder das Suchen. Sie probierte gleich die Variante mit dem Finden. Doch stimmte sie hier nicht. Sie zögerte.

„Sie brauchen ein ganz anderes Verb. Dann geht es leicht. Ich gebe Ihnen eine Anregung: Sehen Sie sich nach einer neuen Wohnung um. Schauen Sie interessiert in alle Richtungen und sehen sich um. Die gute Lösung ist oftmals ganz nah!“ Das fand sie gut. Ich schaute sie an und schmunzelte: „Seien Sie einfach umsichtig! ‚Umsehen‘ und ‚umsichtig‘ gehören zusammen. Sie haben dieselbe Wurzel.“

Auf diese Weise betrachteten wir weitere Sätze aus ihrem konkreten privaten und beruflichen Alltag und fanden Alternativen. So hatte sie gleich einige Sätze für mehrere Situationen parat, die sie in den entsprechenden Situationen jeweils einsetzen konnte. Und damit hatte sie ein sprachliches Geländer an der Hand, mit dem sie das Muster des chronischen Suchens auf der sprachlichen Ebene ausmustern konnte. So begann sie, von Grund auf ihr Denk- und Lebensmuster des Suchens zu wandeln. Nun gab sie dem Finden und dem Ankommen Raum.

Danach betrachteten wir Zusammensetzungen mit dem Wort „suchen“. Auch hier wurden wir fündig. Bettina nickte bei jedem Wort, das ich ihr nannte. Sie meinte, dass ich ihr gerade ihren gesammelten Wortschatz nenne: etwas „versuchen“, jemanden „besuchen“, jemanden „aufsuchen“, etwas „absuchen“, etwas „aussuchen“, eine „Untersuchung“, „das Weite suchen“ und noch weitere Redewendungen. Sie erkannte in ihrem sprachlichen Muster ihr Lebensthema wieder und war tief berührt.

Sie schwieg eine Weile. Dann fragte sie fast ratlos: „Ich bin Verkäuferin. Zu mir kommen Kunden, die sich etwas aussuchen wollen. Ich sage ihnen dann, dass sie sich gern etwas aussuchen können. Das sage ich viele Male an einem Tag. Ja, was kann ich denn sagen statt ‚aussuchen‘?“

Ich bot ihr eine Alternative für den Umgang mit ihren Kunden an: „Sie dürfen gerne etwas auswählen.“ Das war für sie eine weitere Erkenntnis: „Wählen statt suchen. So leicht kann das Leben sein!“ Sie lachte und strahlte.

Wie finden Sie sich?

Ja, wie finden Sie sich? Diese Redewendung enthält das Finden. Wie können Sie sich finden?

Finden ist erst dann möglich, wenn wir bereit sind, etwas zu sehen und hinzuschauen. Solange wir mit unseren Gedanken abschweifen und gedanklich in die Fremde gehen, entgehen uns viele kostbare Dinge und Begebenheiten, die auf unserem Weg liegen und über die wir achtlos hinweggehen.

Sie können das Kostbare in sich selbst sehen, wenn Sie bereit sind, es anzusehen und anzunehmen. Jeder Mensch trägt in seinem Innersten einen Diamanten. Erlauben Sie sich, ihn sichtbar zu machen. Erlauben Sie sich, ihn freizulegen und ihn zum Strahlen zu bringen.

Sobald ein Mensch den Diamanten in sich erkannt hat und damit beginnt, ihn zum Strahlen zu bringen, kann er den Diamanten auch im anderen sehen, selbst wenn der andere ihn bei sich noch nicht entdeckt hat. Menschen, die das Schöne im anderen sehen, werden auch selbst immer schöner.

Anders ist es mit Menschen, die sich oder andere ablehnen oder gar hassen. Das Wort „hässlich" leitet sich von „Hass" ab. Hassen macht hässlich, und lieben macht schön.

Die Bereitschaft, das Schöne in sich und im anderen zu sehen, begünstigt das eigene Wachstum und auch das des anderen. Das, was wir in uns und im anderen erkennen und wertschätzen, wird wachsen.

Die Sprache weist uns den Weg. Die Redewendung „Wie findest du die neue Kollegin?" lädt uns ein, in uns und in der Kollegin etwas zu finden, was noch nicht sichtbar ist. Wir hören nur mit dem Herzen gut.

19. Tipp für den Alltag

Wie oft gebrauchen Sie das Wort „suchen"?

Wählen Sie drei oder mehr Sätze aus Ihrem Alltag, die das Wort „suchen" oder eine seiner Ableitungen enthalten. Schöpfen Sie aus dem Reichtum der deutschen Sprache und finden Sie jeweils eine mögliche Alternative für diese Ausdrucksweise.

Integrieren Sie diese neuen Sätze in Ihren Alltag. Achten Sie vier Wochen auf diese Sätze und lassen Sie mit dieser gezielten sprachlichen Änderung das übertriebene Suchen hinter sich.

Geben Sie parallel dem Wort „finden“ bewusst Raum.

Beobachten Sie, welche Auswirkung dies auf Ihr Leben hat.

Die Ahnen klopfen an

Manche Redewendungen muten erstaunlich an. Bei genauem Betrachten benennen sie oftmals etwas Wesentliches auf eine faszinierend verschlüsselte Art und Weise. Sie bringen etwas ans Licht, was verborgen war. Ich zeige Ihnen das anhand zweier beispielhafter Geschichten.

Hildegard hatte keine Ahnung

Hildegard hatte Sorgen wegen ihres 16-jährigen Sohnes Fabian. Sie berichtete, dass er in der Schule schlecht sei. Er lernte daheim fleißig, und doch schrieb er in der Schule schlechte Noten. Das machte ihn abwechselnd wütend und verzweifelt. Auch Nachhilfestunden änderten an der Situation nichts dauerhaft.

Ich hatte Hildegard in einem ersten Gespräch einige Fragen gestellt und sie gebeten, auf bestimmte sprachliche Einzelheiten zu achten. Beim nächsten Gespräch sollte sie davon berichten. Als ich sie auf meine Fragen von der letzten Stunde ansprach, sagte sie: „Ich habe keine Ahnung. Mir ist nichts eingefallen …“ Ich merkte mir diesen Satz. Er erwies sich später als wertvoller Schlüssel.

Im Hintergrund gab es eine verworrene Familiengeschichte. Hildegards Mutter hat ihren Vater kaum gekannt. Er war im Krieg gefallen, als sie ein kleines Mädchen war. Hildegards Mutter nahm daraufhin einen zweiten Mann und stellte ihn ihrer Tochter als Papa vor. Von dem leiblichen Vater war nicht mehr die Rede. Es gab nur noch den zweiten Mann. Er galt als der Papa.

Hildegard wuchs in dem Glauben auf, dass dieser Mann ihr Opa sei. Sie hatte den Kontakt zu dem wahren Ahnen nicht herstellen können. Sie wusste gar nichts von ihm. So hatte sie ganz wörtlich „keine rechte Ahnung".

Durch die Art, wie Hildegard sprach, erkannte ich, dass das Wort „keine Ahnung" ein Schlüssel für ihre Geschichte und für die ihres Sohnes Fabian sein konnte. Den zweiten Schlüssel gab der Satz: „Mir ist nichts eingefallen." Auch dieser Satz klang bei ihr eigenartig. In dem Wort „eingefallen" schwang noch eine zweite Botschaft mit. Ich fragte sie, ob jemand in der Familie gefallen sei. Sie verneinte erst die Frage. Doch dann nickte sie heftig und sagte: „Ja doch, freilich, mein echter Opa ist im Krieg gefallen. Da war meine Mutter zwei Jahre alt!" Das war ihr in diesem Moment wieder „eingefallen".

Sie sagte mir dann, dass ihr Sohn Fabian sich lebhaft für seine Ahnen interessiere und immer wieder Fragen stellte. Sie war noch nie auf die Idee gekommen, ihm von seinem wahren Uropa zu erzählen. Sie hatte „keine Ahnung" – so sagte sie wörtlich –, dass dieser Mann für den Urenkel von Bedeutung sein könnte. Sie meinte, dass Fabian ihn ja gar nicht einmal kenne.

Hier hatte sie nur teilweise recht: Die Seele kennt jeden, der zur Familie gehört, und will einen jeden geachtet wissen. Bislang hatte sie Fabian gesagt, für Ahnenforschung sei noch genug Zeit, wenn er seine Fünfer aus dem Zeugnis habe. Er solle erst einmal das Wichtige tun.

Nun erwies sich, dass Fabian mit seinem bohrenden Fragen auf der richtigen Spur war. Hier war der Schlüssel, der Fabians

Leben und auch dem seiner Mutter eine Wende gab. Die Ausdrucksweise der Mutter hatte mich aufhorchen lassen. Damit sprach sie unbewusst genau das an, worum es wirklich ging.

Ich bat Hildegard, Fabian von seinem Uropa zu erzählen und ihrerseits achtsam zu sein mit der Redewendung „keine Ahnung". Sie hatte ihre Ahnung jetzt wieder gewonnen: Der leibliche Opa war für sie von nun an der Opa Ernst und der zweite Mann ihrer Großmutter der Opa Hermann.

Die Mutter befolgte meine Empfehlung und erzählte Fabian von seinem Uropa Ernst. Und sie bat ihn, ihr zu helfen, die Redewendung „keine Ahnung" hinter sich zu lassen. Fabian zeigte lebhaftes Interesse und fand damit mehr und mehr seine Wurzeln. Damit konnte er endlich in seine wahre Kraft kommen.

Tobias war zwanghaft zerstreut

Fabians Geschichte ist keine Ausnahme. Auch bei Tobias zeigte die Sprache der Familie nach jahrelangem Suchen den Weg zur Lösung.

Karin Bürger rief mich an und erbat meinen Rat wegen ihres 18-jährigen Sohnes Tobias. Sie hatte ihn wegen seiner Schulschwierigkeiten schon seit Jahren immer wieder neuen Therapeuten vorgestellt. Seine Konzentrationsstörungen waren aus ihrer Sicht das Hauptproblem. Sie schilderte ihren Sohn mit den Worten: „Tobias ist zwanghaft zerstreut." Ich lauschte ihrer Schilderung noch eine Weile und griff dann diese Formulierung auf. Mir erschien diese Wendung für einen 18-Jährigen merkwürdig. Ich stellte der Mutter einige Fragen.

Dabei kam heraus, dass ihre Mutter als kleines Mädchen mit ihrer Familie aus Schlesien fliehen musste und dass die

Familie in zwei Flüchtlingstrecks geteilt wurde. Sie wurden zwanghaft zerstreut und fanden sich erst Monate später wieder. Der Enkel lebte diese Energie noch und zeigte sie auf einer anderen Ebene, nämlich auf der der Konzentration. Beim sprachlichen Benennen des Störungsbildes wurde der Zusammenhang hörbar.

Weitere Fragen ergaben, dass Tobias ein lebhaftes Interesse für Schlesien und die Heimat seiner Großmutter und seiner Urgroßeltern hatte. Niemand aus der Familie hatte sich mit diesem Thema befassen wollen, und so hatte der Enkel bis zu diesem Zeitpunkt keinerlei weiterführende Antworten erhalten. Er hatte nicht einmal gewusst, dass die Familie zwanghaft zerstreut worden war. Die Familie wollte diese Gräuel nicht noch einmal aufleben lassen.

Ich begleitete die Mutter dabei, sich nach langen Jahren wieder mit Schlesien zu befassen und so die Heimat wieder in die Erinnerung zu holen und natürlich dem Sohn davon zu erzählen. Ich ermunterte sie, sich mit schlesischem Brauchtum zu befassen und in Erfahrung zu bringen, wie das Haus ausgesehen hatte, in dem die Familie in Schlesien gewohnt hatte, und wie der Garten ausgesehen hatte.

Karin Bürger war erleichtert, dass sie ausführlich von dem ganz normalen Leben erzählen durfte und von den vielen schönen Dingen, die es davon zu berichten gab. Sie hatte geglaubt, sie müsse von all dem Schrecklichen berichten, das ihre Familie dort erlebt hatte, und das wollte sie nicht.

Jetzt wuchs in ihr das Interesse, selbst einmal dorthin zu fahren und sich auf die Spuren der Ahnen zu begeben. Sie sagte mir, dass es noch einen alten Onkel gebe, der in Schlesien die ersten Jahre seiner Kindheit erlebt hat. Seit dem Tod der Mutter hatten sie den Kontakt zu ihm gemieden, da er immer nur von Schlesien erzählen wollte. Das wollte sie nun eilig ändern und gleich mit ihm Kontakt aufnehmen.

Tobias interessierte sich lebhaft für den Großonkel und seine Erzählungen von Schlesien. Als er endlich wusste, wo seine Wurzeln sind, und er von der Heimat und dem Schicksal seiner Oma erfahren hatte, konnte er endlich damit aufhören, stellvertretend „zwanghaft zerstreut“ zu sein. Er kam in seine Kraft und blühte sichtlich auf.

Das Störungsbild des Enkels und die merkwürdige Ausdrucksweise der Mutter hatten hörbar gemacht, um was es hier in der Tiefe ging.

Voller Name – volle Kraft

Vornamen sind ein Kapitel für sich. Und sie sind ein eigenes Kapitel für sich wert. Bei unseren Seminaren erleben wir mit ihnen immer wieder Überraschungen. Je nach dem äußeren Rahmen schätze ich es, die Seminarteilnehmer per Sie und beim Vornamen anzusprechen.

So sehe und höre ich, wie sich die einzelnen Seminarteilnehmer vorstellen. Die meisten Teilnehmer und Teilnehmerinnen sagen ihren vollen Vornamen, zumindest in dieser Runde. Im Freundeskreis und auch in der Arbeitssituation ist dies oft anders.

Andere Seminarteilnehmer kürzen ihren Vornamen ab. Sie sind die Gabi, der Uli, der Andi, der Pitti, die Bine usw. Für die Abkürzungen gibt es die unterschiedlichsten Begründungen. Die einen finden ihren Vornamen unsäglich hässlich und sind ihren Eltern dafür noch heute böse. Andere sagen, dass noch niemand sie jemals anders genannt habe als bei ihrem abgekürzten Vornamen und dass sie noch nie darüber nachgedacht hätten.

Wieder andere stellen sich mit einem Phantasie-Vornamen vor, den sie in Wahrheit gar nicht haben. Den haben sie sich ausgedacht, weil sie den Namen ablehnen, den ihre Eltern ihnen gegeben haben. Etwas gänzlich anderes sind die Namen, die Ordensleute tragen. Diese haben eine eigene und kostbare Geschichte.

Die Wahrheit ist in meinen Augen, dass jeder und jede genau den richtigen Vornamen hat. Unsere Eltern haben ihn für uns ausgewählt und ihn uns gegeben. Sie haben ihn mit Sicherheit nicht ausgewählt, um uns zu ärgern. Es ist wichtig, seinen Vornamen anzunehmen und in ihm richtig anzukommen. Wenn Menschen sich gegen ihren Vornamen wehren, dann sind sie meistens mit ihren Eltern noch nicht im Reinen. Doch ist das ein wichtiger Prozess: Niemand, der wirklich glücklich sein will, kommt darum herum, seine Eltern in Liebe anzunehmen. Wir alle können unsere Talente erst dann zum Blühen und zur vollen Entfaltung bringen, wenn wir unsere Eltern so annehmen, wie sie sind. Von ihnen haben wir unsere Leben bekommen und unsere Talente geerbt.

Als Kinder haben viele Menschen die Erfahrung gemacht, dass ihre Eltern oder auch Lehrer sie vor allem dann mit dem vollen Vornamen ansprachen, wenn sie sie tadelten. Doch sind Namen keine Schimpfwörter - sie sind nicht zum Schimpfen da.

Aufgrund dieser belastenden Kindheitserfahrungen haben viele Erwachsene Hemmungen, ihren vollen Namen zu gebrauchen. Sie greifen dann manchmal spontan zu einer Ausrede und sagen: „Ja, was denken denn die anderen, wenn sie auf einmal zu mir ‚Stefanie' statt ‚Steffi' sagen sollen?"

Dann gebe ich Ihnen gern einen etwas humorigen Tipp: Sie können antworten: „Ich habe mich am Wochenende gefunden! Ich bin gar nicht Steffi – ich bin Stefanie!" Dann ist ihnen ein Lacher sicher.

Aus Uli wird Ulrich

Ulrich stellte sich im Seminar als Uli vor. Er erzählte, dass er in seinem Betrieb Schwierigkeiten mit der Disziplin seiner drei Mitarbeiter habe. Er ärgerte sich, dass sie sich nicht an seine Anweisungen hielten. Er meinte, dass er diese Anweisungen klar gebe und dass sie genau wüssten, was sie zu tun hätten. Er fühlte sich nicht ernst genommen.

Ich fragte Ulrich erst, wie er seinen Mitarbeitern die Anweisungen gibt. Diese waren im Wesentlichen klar und eindeutig. Danach sprach ich ihn auf seinen Vornamen an und fragte, wie er sich von den Mitarbeitern ansprechen lasse.

Er und seine Mitarbeiter haben einen, wie er es nannte, lockeren Umgangston. Bei ihnen ist es üblich, dass sie sich duzen. Ja, und er ist bei ihnen der Uli. Seine Mitarbeiter sind der Michi, der Ferdi und der Thomas. Mit Thomas hatte er die größten Schwierigkeiten. Der beanspruchte nach seiner Aussage immer die Führung. Ich merkte an, dass Thomas der einzige von ihnen ist, der keinen Kindernamen mehr führt.

Dies ließ Ulrich aufhorchen. So hatte er sich die Angelegenheit noch nie betrachtet. Ich bot ihm an, selbst den Unterschied zu erleben und sich von der Gruppe eine Rückmeldung geben zu lassen.

Ich bat ihn, einen Gesprächspartner zu wählen und sich ihm vorzustellen. Zweimal sollte er dies mit „Uli“ machen und danach zweimal mit „Ulrich“. Dies tat er: „Ich bin der Uli. – Ich bin der Uli.“ Nach einer kurzen Pause sagte er: „Ich bin Ulrich. – Ich bin Ulrich.“ Interessanterweise sagte er beim zweiten Mal den Artikel nicht mehr. So brachte der vollständige Name mehr in Bewegung, als er dies bewusst gewollt hatte.

Er bekam interessante Rückmeldungen: Bei „Ulrich“ richtete er sich auf. Er saß auf einmal gerade da. Seine Stimme war tiefer und erwachsener als bei „Uli". Das Wort klang voller als das kurze „Uli". Kurzum, als „Uli" war er ein Kind und bei „Ulrich" ein Mann in seiner vollen Kraft.

Diese angenehmen und anerkennenden Rückmeldungen machten es ihm leicht, seinen vollen Vornamen anzunehmen. Er stellte sich von nun an nur noch als Ulrich oder als Ulrich Bäcker vor. Manche Freunde übernahmen den vollen Vornamen, andere blieben bei der Abkürzung. Bedeutsam war es, dass Ulrich selbst wusste, dass er Ulrich ist.

So zeigte er sich von nun an in einer Weise, in der er sich bislang noch nicht gezeigt hatte. Er änderte den Text auf seinem Anrufbeantworter und auch das Klingelschild und seine private E-Mail Adresse. Nun zeigte er sich als der, der er in Wirklichkeit ist.

Damit hatte er natürlich auch eine andere Wirkung nach außen. In der Folge änderte sich seine Wirklichkeit. Seine Mitarbeiter fühlen sich von ihm nun gut geführt und tun inzwischen bereitwillig, was er ihnen aufträgt.

Flo hatte ein sprunghaftes Wesen

Andreas schlug sich mit der flachen Hand auf die Stirn, als er von der Kraft der Vornamen hörte. Er wurde abwechselnd kreidebleich und rot. Ich fragte ihn, was mit ihm los sei.

Ihm war ein Licht aufgegangen. Sein Sohn war 19 Jahre alt und bereitete ihm große Sorgen. Er hatte die Schule am Beginn der elften Klasse abgebrochen. Danach hatte er wechselnde Jobs gehabt und dreimal eine Lehre begonnen und sie jedes Mal wieder abgebrochen. Er war beängstigend sprunghaft. „Was kann ein Flo anderes sein als ein sprunghaftes Wesen! Von dieser Sekunde an werde ich ihn nur noch Florian nennen. Ich werde ihm das sagen. Mein Gott! Mein Florian. Er ist, nein, er war für mich noch immer unser Jüngster, unser Kleiner. Jetzt lasse ich ihn groß werden." Tief bewegt schwieg er und schrieb seinem Sohn noch am selben Tag einen Brief.

Florians vollständiger Vorname ist ein kleiner Baustein auf seinem Lebensweg und wird alleine nicht alle seine Schwierigkeiten lösen. Und doch ermöglicht er allen Beteiligten einen neuen Blick auf Florian, auch Florian selbst. Dies wird einen Einfluss auf sein Selbstbild haben.

Ein anderer Seminarteilnehmer war von Florians Geschichte berührt und sprach von seinem Sohn Ferdinand-Ludwig: „Mein Sohn ist 23 Jahre alt. Wir haben ihn von klein auf immer Ferdinand-Ludwig genannt und ihn auch konsequent nur so angesprochen. Das war manchmal lästig für uns Eltern und forderte unsere Disziplin. Das war vor allem auf dem Spielplatz so. Dann sagten wir: ‚Ferdinand-Ludwig, gib Maria-Theresia bitte die Schaufel!' Das klang natürlich anders als ‚Lugi, gib der Resi bitte die Schaufel!' Unser Sohn ist über die Jahre in seinen Namen hineingewachsen und ist ein stabiler, hoffnungsfroher junger Mann. Wir hatten damals nichts von der Wirkung der vollständigen Namen gewusst. Wir hatten einfach das Empfinden, dass es so stimmt. Ich bin dankbar, dass alles so gekommen ist."

Ob Kinder dann viel Verbotenes anstellen und kräftig über die Stränge schlagen, wenn sie unbewusst wollen, dass ihre Eltern und Großeltern sie bei ihrem vollen Vornamen ansprechen? Vielleicht brauchen sie das.

Eine erfahrene Erzieherin äußerte mir gegenüber diesen Verdacht. Wenn dem so ist, dann können Eltern, ErzieherInnen und LehrerInnen sich und ihren Kindern das Leben wesentlich erleichtern, indem sie die Kinder mit ihrem vollen Vornamen ansprechen.

Mit Sicherheit können Kinder, Jugendliche und auch Erwachsene ihr Potenzial mit dem vollen Namen viel leichter entfalten, als wenn sie ihren Namen fast immer nur als Abkürzung hören und auch jeder ihn in dieser Form gebraucht, egal ob Erzieher, Lehrer, Ausbilder, Kollege, Vorgesetzter oder nahe Freunde und Familie.

Der Kosename darf als Kosename natürlich bleiben, eben als Kosename fürs Kosen.

5 Sprache und Wert

Im dritten Kapitel dieses Buches habe ich Sie zu alltäglichen Situationen geführt und Ihnen gezeigt, welche Zusammenhänge von Sprachgebrauch und individueller Wirklichkeit sichtbar werden und welche Möglichkeiten sich mit Lingva Eterna auftun. Im vierten Kapitel habe ich Sie auf vielfältige Entsprechungen von persönlichen Lebensthemen und individuellem Sprachgebrauch aufmerksam gemacht.

In diesem fünften Kapitel lenke ich Ihren Blick auf einen weiteren Bereich, in dem unser Lingva Eterna Sprach- und Kommunikationskonzept eine segensreiche Wirkung entfaltet: Dies ist der Umgang mit Werten.

Der alltägliche Sprachgebrauch zeigt, welchen Stellenwert, welchen Wert das Wort „Wert" in unserer Gesellschaft bekommen hat. Dies gilt für das Wort „Wert" mit seinen Zusammensetzungen ebenso wie für seine Ableitungen mit Vor-und Nachsilben.

Die Bezeichnung einzelner Werte sowie ihr jeweiliger Stellenwert sind eine umfangreiche Betrachtung wert. Das gilt gleichermaßen für die Sprache eines Einzelnen, einer Familie und auch für die ganze Gesellschaft.

Werte, die hoch im Kurs stehen, haben Wörter, die diesen Wert benennen. Andere Werte haben keine eindeutigen Bezeichnungen mehr, oder das entsprechende Wort hat eine Bedeutungsverschiebung erfahren. Damit ist auch die Bedeutung des Wertes ins Wanken geraten. Mit dem schwindenden Bewusstsein für einen Wert geht das dazugehörende Wort unter. Ebenso gilt, dass mit einem untergehenden Wort auch der dazugehörende Wert an Bedeutung verliert.

Uns sind Werte wichtig, und es ist uns ein Anliegen, dass sie auch ihren Platz in der gesprochenen Sprache haben und behalten. Wir pflegen sie und machen sie bewusst. Bei manchen Werten sind die dazugehörigen Wörter selten geworden. Die mittlere Generation kennt sie noch, doch gebrauchen viele Menschen diese Wörter nicht in ihrer aktiven Sprache. Ihre Kinder und jungen Mitarbeiter haben dann keine oder nur wenig Gelegenheit, diese Wörter kennenzulernen. Dazu gehören beispielsweise die Wörter „behutsam" und „Behutsamkeit". Auch der Fleiß ist ein wichtiger Wert. In Arbeitszeugnissen kommt das Wort „fleißig" kaum mehr vor.

Wir holen diese Wörter wieder aus der Versenkung hervor, stauben sie gleichsam ab und beleben sie wieder.

Etliche von ihnen finden allmählich, Schritt für Schritt und Wort für Wort, wieder ihren Weg in die allgemeine Sprache.

Jedes Wort wirkt, und natürlich auch die Wörter aus dem großen Bereich der Werte. Ich lade Sie ein, sich auf diese wunderbaren Möglichkeiten einzulassen und dem Wert und den Werten in Ihrem Denken und Sprechen bewusst Raum zu geben.

Der „Wert" in der Alltagssprache

Als erstes lade ich Sie ein zu einer Wortprobe mit dem Wort „Wert". Sagen Sie es bitte zweimal halblaut und langsam: „Wert – Wert."

Horchen Sie in sich hinein. Wie klingt dieses Wort in Ihnen nach? Welche inneren Bilder steigen in Ihnen auf? Schenken Sie sich dafür Zeit. Was sind Ihre ersten spontanen Bilder, Assoziationen und Empfindungen?

Das Wort „Wert" klingt bei mehreren Sprechern oft ganz und gar unterschiedlich. Bei manchen klingt es nach einem kleingeschriebenen „wert" und wieder bei anderen nach einem großgeschriebenen „Wert". Bei den einen hat es viel Kraft und bei den anderen wenig. Bei den einen klingt es nach einem materiellen Wert und bei anderen nach einem inneren Wert.

Manche stellen mit diesem Wort eine Frage: „Wert?“ oder auch „wert?“. Bei ihnen klingt „Wert“ so, als ob sie wissen wollten, was ein Wert ist oder ob etwas einen Wert hat.

Bei manchen klingt „Wert“ nicht nach „Wert“. Bei ihnen hat das Wort einen anderen Klang und auch eine andere Bedeutung: Es klingt nach „wehren“. Jemand „wehrt“ sich. Entweder wehren sie sich selbst, oder jemand anderes wehrt sich. Bei dieser Speicherung ist es Menschen schwer, sich mit Werten anzufreunden. Bei ihnen klingeln gleich die inneren Alarmglocken.

Auch wenn dies so ist, oder auch gerade dann, wenn dies so ist, eröffnet der bewusste Umgang mit dem Wort „Wert“ und seinen Ableitungen neue Blickwinkel. Auf diese Weise wandelt sich die innere Einstellung und ermöglicht ein Heilen alter mit diesem Wort gespeicherten Verletzungen und Bedrohungen. Freilich hilft nicht allein das Wandeln dieses einen, einzigen Wortes. Es bedarf noch einiger weiterer gezielter sprachlicher Interventionen. Doch hat es sicher eine Schlüsselposition und berührt bei vielen Menschen den Kern.

Wertvoll, Wertstoffhof und andere Wörter mit „Wert“

Das Wort „Wert“ hat in seinen Zusammensetzungen und Ableitungen einen festen Platz im täglichen Sprachgebrauch. Doch ist das Wort „Wert“ dabei vielfach weder dem Sprecher noch dem Hörer oder Leser bewusst. Der „Wert“ hat in seinen Zusammensetzungen vielfach seinen ursprünglichen Wert, seine ursprüngliche Bedeutung verloren.

Da gibt es beispielsweise den „Entwerter“. Der „entwertet“ eine Fahrkarte. Die „Wertstofftonne“ und der „Wertstoffhof“

nehmen vorsortierten Müll auf. Der „Wertverlust“ stellt den Mangel in den Vordergrund. Bei Zusammensetzungen kann das Wort „Wert“ auch am Wortende stehen. Davon gibt es noch weit mehr Kombinationen als bei den Zusammensetzungen mit dem vorangestellten „Wert“: den „Stellenwert“, die „Zahlenwerte“, die „DAX-Werte“, die „Blutwerte“, den „Einkaufswert“, den „Freizeitwert“ und viele mehr.

Des Weiteren gibt es zahlreiche Ableitungen von dem Wort „Wert“ mit Vor-und Nachsilben. Eine Auswahl mag genügen, um Umfang und Art und Weise des alltäglichen Gebrauchs sichtbar zu machen: „abwerten“, „aufwerten“, „auswerten“, „bewerten“, „verwerten“, „wertlos“ und „wertvoll“, „wertschätzen“, „hochwertig“„ „minderwertig“, „werthaltig“ und viele mehr.

Wir lenken den Blick auf einen achtsamen Umgang mit den Werten und damit auch mit dem Wort „Wert“. Das neu gewonnene Bewusstsein für Werte beginnt mit einem neuen Erfassen und Begreifen des Wortes an sich.

Wie sagen Sie „Wert“?

Entdecken Sie dieses Wort neu. Finden Sie heraus, wie Sie es sagen. Geben Sie sich Zeit, den Wert neu zu entdecken. Ich lade Sie ein, jedem einzelnen Laut nachzuspüren.

Beginnen Sie mit dem „W“. Formen Sie es bitte mit Ihrem Mund. Wie machen Sie es? Legen Sie dafür die Unterlippe an die oberen Schneidezähne und lassen Sie die Luft durch den dabei entstehenden Spalt strömen. Bis hierher ist der Laut ein „F“. Nun geben Sie noch Stimme dazu. Erlauben Sie sich zu spüren, wie weit die Schwingung des stimmhaften „W“ Ihren Mund, Ihren Hals und Ihren Oberkörper schwingen lässt. Das „W“ ist ein stimmhafter Reibelaut. Als Nächstes formen Sie das „E“. Das „E“ in „Wert“ ist ein geschlossenes, langes „E“ wie in „Meer“.

Formen Sie behutsam das lange, geschlossene „E“. Fühlen Sie die Position Ihrer Zunge und die Position Ihrer Lippen. Nehmen Sie auch die Stellung des Kiefers wahr und damit die Öffnung des Mundes. Werte wachsen langsam und haben Bestand. Schnelllebige Werte gibt es nicht. Das lange „E“ entspricht der Aussage dieses Wortes.

Der dritte Laut des Wortes „Wert“ ist ein „R“. Schreiben Sie es nur, oder artikulieren Sie es in diesem Wort als ein „R“? Bei vielen Menschen klingt dieser Laut in dem Wort eher wie ein „A“. Sie sagen „W-E-A-T“. „Weat“ klingt und schwingt anders als „Wert“. Damit hat es auch eine andere Wirkung. Geben Sie dem Wert mit dem bewusst artikulierten „R“ seine Kraft wieder!

Probieren Sie beide Varianten aus, einmal als „W-E-A-T“ und einmal als „W-E-R-T“. Lassen Sie sich beide auf der Zunge zergehen. Hören und fühlen Sie den Unterschied.

Nun werde ich noch genauer. Es geht nun um die Art und Weise, wie Sie ein „R“ in Ihrem Mund bilden. Wir können diesen Laut im Deutschen auf zweierlei Weisen bilden. Das eine ist das Zungenspitzen-R und das andere das Zäpfchen-R. Beide sind richtig. Es geht um die Bewusstheit für das, was Sie üblicher Weise machen. Durch das bewusste Lautieren gewinnt ein Wort an Wirkkraft.

Formen Sie bitte Ihr „R“ und sagen es: „RRRRRR“. Wo formen Sie es?

Fühlen und erleben Sie die Wirkung, wenn Sie eine Zeitlang „RRRRRRR“ sagen. Das „R“ bringt immer etwas in Schwingung und damit in Bewegung. Wenn Sie Spaß daran haben, dann probieren Sie auch die andere Variante mit „R“ aus. Wenn Sie es gerade vorne im Mund gebildet haben, dann machen Sie es einmal hinten oder umgekehrt. Entdecken Sie den Unterschied! Nach dem „R" folgt in dem Wort „Wert" das „T". Beim „T" bilden Sie mit der Zungenspitze an den Zahntaschen der oberen Schneidezähne einen harten Verschluss. Mit dem Ende des „T" öffnet sich ein Verschluss. Das „T" hat etwas mit Tun und mit Tatkraft zu tun. Von nichts kommt nichts, schon gar nicht etwas Wertvolles.

Diese Laute sind genau richtig für das, was das Wort „Wert" bedeutet.

Nach dieser Betrachtung der einzelnen Laute füge ich diese wieder zu einem Wort zusammen und bitte Sie, das Wort „Wert" nochmals halblaut zu sagen und eine erneute Wortprobe zu machen: „Wert – Wert".

Wie klingt das Wort jetzt in Ihren Ohren? Ist es genauso wie am Anfang?

Oder ist etwas anders als vorhin? Was ist es?

Bewerten – was ist das?

Das Wort „bewerten" heißt genau genommen „einen Wert geben" oder einen Wert benennen. Die Vorsilbe „be-" zeigt eine Hinbewegung. Bei einer „Behandlung" legt der oder die Behandelnde seine Hände auf den Körper des Behandelten. Wenn jemand einen anderen Menschen „begutachtet", dann schreibt er ein Gutachten mit Blick auf diesen Menschen. Und beim „Beleuchten" leuchtet eine Lampe einen Gegenstand oder einen Menschen an.

Das „Bewerten" ist als solches neutral und im ursprünglichen Sinn des Wortes wertschätzend. Doch bedeutet es im allgemeinen Sprachgebrauch vielfach ein Abwerten oder begünstigt zumindest ein solches. Stellen Sie sich vor, dass jemand Sie nach Ihrer Meinung zur Neuinszenierung eines Theaterstückes fragt. Er kann fragen: „Wie bewertest du die Neuinszenierung der Meistersinger?“ Oder er kann fragen: „Wie findest du die Neuinszenierung der Meistersinger?“ Je nach der Art der Frage werden Sie vermutlich bei Ihrer Antwort unterschiedliche Akzente setzen.

Ich wähle einen alltäglichen Satz, der so oder ähnlich in vielen beruflichen und privaten Situationen gängig ist, und lade Sie ein, diesen Satz selbst auszuprobieren. Sagen Sie bitte zweimal halblaut und langsam: „Wie bewertest du ihre Bemerkung? – Wie bewertest du ihre Bemerkung?“ Horchen Sie in sich hinein und lassen Sie diesen Satz in sich nachklingen. Welche Wirkung hat er auf Sie?

Probieren Sie nun eine Alternative: „Wie siehst du ihre Bemerkung? – Wie siehst du ihre Bemerkung?“ Horchen Sie auch hier in sich hinein und lassen den Satz in sich nachklingen. Achten Sie auch hier darauf, welche Wirkung der Satz auf Sie hat. Mit dieser Variante sprechen Sie das Sehen an. Sie können ebenso gut das Hören oder das Fühlen ansprechen. Dann fragen Sie: „Wie klingt ihre Bemerkung für dich?“ Oder: „Wie empfindest du ihre Bemerkung?“ Sie können auch fragen: „Was sagst du zu ihrer Bemerkung?“

Jede dieser Varianten hat einen eigenen Klang und eine eigene Wirkung. Bedeutsam an dieser Stelle ist einzig, dass Sie eine Alternative für das Wort „bewerten“ finden. Das Bewerten kommt aus dem Kopf und aus dem Denken und ist oft in Wahrheit ein Abwerten.

Erlauben Sie sich, den Wert zu sehen und diesen auch zu benennen.

20. Tipp für den Alltag

Schenken Sie für eine Woche dem Wort „Wert“ und seinen Ableitungen Ihre erhöhte Aufmerksamkeit. Sprechen Sie das „R“ bewusst.

Beobachten Sie die Wirkung in Ihrem Leben.

Dorothea hob mit dem Wort „Wert“ einen Schatz

Dorothea hatte beruflich und auch privat in ihrem Leben vieles erreicht. Und doch war sie unglücklich. Sie hatte immer wieder das Empfinden, dass sie nicht gut genug war. Sie wusste lange nicht, wie sie dieser Vorstellung eines andauernden Mangels beikommen konnte. Vom Kopf her war ihr klar, dass sie allen Grund hatte, mit dem Ergebnis ihres Tuns zufrieden zu sein. Doch hatte sie diesen Frieden noch nicht finden können.

Das Wort „Wert“ wurde für sie ein Schlüssel. Sie erkannte beim wiederholten Aussprechen des Wortes, dass sie hinter dem Wort „Wert“ ein Fragezeichen empfand. Sie zweifelte an ihrem Wert. Und tatsächlich gebrauchte sie das Wort „Wert“ fast nie in seinem ursprünglichen Sinn.

„Wert“ war für sie eins mit „wertlos“, „abwerten“, „entwerten“, „minderwertig“ und natürlich mit „Minderwertigkeitskomplex“.

Selbst wenn sie einmal von „wertvoll“ sprach, schwang in diesem Wort die Speicherung des Mangels mit. Diese belastende Speicherung war so stark, dass sie immer und überall durchdrang.

So leitete ich Dorothea an, das Wort „Wert“ zu wandeln und mit einem neuen Inhalt zu füllen. Ich bat sie, ein Blatt Papier zu nehmen und auf der linken Seite von oben nach unten in großen Buchstaben das Wort „Wert“ zu schreiben. Dahinter sollte sie jeweils ein Wort schreiben, das mit dem jeweiligen Buchstaben beginnt. Dieses Wort sollte ein Wort sein, das ihr gut tut und ihr ein Wohlgefühl gibt.

Dorothea begann: Für das „W“ wählte sie „Wohlfühlen“, für das „E“ „Erdbeereis“, für das „R“ Rosenduft und für das „T“ „Tanzen“. Sie strahlte, als sie diese Wörter untereinander stehen sah. Alles davon mochte sie. Dorothea hatte Freude an dieser Übung. Sie lachte und bildete einen Satz aus ihren vier Wörtern: „Ich fühle mich wohl, esse Erdbeereis, rieche Rosenduft und tanze.“ Spontan juchzte sie auf und strahlte übers ganze Gesicht.

Diese Übung hat eine spielerische und heitere Leichtigkeit. Gleichzeitig hat sie eine tiefgehende, heilsame Wirkung.

Dorothea spürte dies und wollte nun das Wort „Wert“ in ihre aktive Sprache aufnehmen. Sie fand einige Sätze, in denen sie es gebrauchen konnte. Außerdem wählte sie einige wenige Zusammensetzungen mit „Wert“ aus, die ihr gut taten. Das Wort „wertvoll“ war eines davon.

Die abwertenden Wörter mit dem Wortstamm „Wert“ wie „bewerten“ und „wertlos“ ersetzte sie nach Möglichkeit durch andere Wörter.

Das Wort „Wert“ wurde für sie zum Schlüsselwort. Ich begleitete Dorothea noch einige Wochen und erlebte mit, wie sie aufblühte. Sie fühlte sich wohl und empfand sich als einen wertvollen Menschen. Sie fühlte nun bis in die letzte Pore, dass sie in Ordnung ist, so wie sie ist. Dieses Wissen war bei ihr vom Kopf in den Bauch gerutscht.

Ehrlich und unehrlich

Das muss ich einmal ehrlich sagen!

Die Ehrlichkeit ist ein grundlegender Wert. Einem ehrlichen Menschen können Sie glauben, und Sie können ihm trauen. Ehrlichkeit ist eine grundlegende Basis für ein stabiles, wohlwollendes Zusammenleben und ebenso für eine Zusammenarbeit, die Bestand haben kann.

Das Fehlen von Ehrlichkeit führt zu peinlichen Heimlichkeiten und zu Betrug. Im großen Maßstab erwachsen daraus dicke Skandale. Diese gibt es im privaten Bereich ebenso wie in der Wirtschaft und der Politik.

Bedeutsam ist bei alledem, dass jeder Einzelne sich bewusst macht, ob Ehrlichkeit für ihn einen hohen und erstrebsamen Wert darstellt oder nicht und was Ehrlichkeit für ihn konkret bedeutet. Hier stelle ich die Frage in den Raum, wie oft bei jedem Einzelnen und auch wie oft in den Medien von „Ehrlichkeit" die Rede ist und wie oft von „Unehrlichkeit" oder „Betrug" Der alltägliche Sprachgebrauch zeigt die innere Ausrichtung.

Nach bewährter Vorgehensweise lade ich Sie wieder zu einer Wortprobe ein. Sagen Sie bitte zweimal halblaut und langsam: „ehrlich – ehrlich". Horchen Sie wieder in sich hinein. Wie geht es Ihnen mit diesem Wort?

Bei Margot war „ehrlich" ein Füllwort

Margot hatte geklagt, dass so viele Menschen unehrlich sind. Sie fühlte sich belogen und betrogen. Das hatte sie nicht nur einmal oder zweimal erlebt. Dieses unglückliche Muster begleitete sie schon viele Jahre. Sie war verzweifelt.

Ich fragte sie, ob sie häufiger von „unehrlich“ oder von „ehrlich“ sprach. Diese Frage konnte sie spontan beantworten: „Natürlich spreche ich häufiger von ‚unehrlich‘ als von ‚ehrlich‘. Das erlebe ich ja auch andauernd!“

Ich antwortete ihr: „Ich glaube Ihnen das. Sie denken ja häufiger an ‚unehrlich‘ als an ‚ehrlich‘. Sie denken in die falsche Richtung! Damit geht dieses Thema immer weiter. Ändern Sie Ihre Ausrichtung hin zur Ehrlichkeit statt zu ihrem Gegenteil! Mit dem Denken in der richtigen Richtung wird sich in Ihrem Leben bestimmt etwas ändern.“

Margot sah mich fragend an: „Ehrlich? – Ehrlich gesagt kommt mir dieser Ansatz etwas zu einfach vor. Na ja, vielleicht hilft er ja. Das wäre ehrlich große Klasse!“

Die Ehrlichkeit war ihr Kern-Thema. Ihr Sprachgebrauch zeigte dies deutlich. Dieses Thema kam bei ihr an vielen Ecken und Enden hervor, ohne dass ihr dies bewusst war.

Ich begleitete Margot dabei, Sätze und Redewendungen mit dem Wort „ehrlich“ zusammenzustellen und auf die Anwendung dieser Wörter in ihrem Sprachgebrauch zu achten. Margot erkannte staunend, dass sie „ehrlich“ entweder als Floskel oder in der Verneinung gebrauchte: „Unehrlich“ war ihr wesentlich vertrauter als „ehrlich“. Ihr Sprachgebrauch entsprach dem, was sie in ihrem Leben erlebte.

Hier konnte und wollte sie etwas wandeln. Wir betrachteten Situationen, in denen sie von „ehrlich“ und von „Ehrlichkeit“ sprechen kann. Diese Sätze und Redewendungen nahm sie in ihren Alltag mit und integrierte sie in ihren Wortschatz. Für die Floskeln mit „ehrlich“ und für die Sätze mit „unehrlich“ fanden wir Alternativen, mit denen sie sich wohlfühlte. Auch diese Sätze integrierte sie Schritt für Schritt in ihren alltäglichen Sprachgebrauch.

Ich gab ihr auch das Wort „aufrichtig" mit. Es kommt von „aufrichten". Aufrichtige Menschen können sich aufrichten und dem anderen gerade ins Gesicht sehen. Diese Redewendung wirkt sich auch auf die körperliche Haltung aus: Sie richtet mit dem Menschen auch seinen Rücken auf.

Margot griff auch diese Anregung gerne auf. Dann machte sie einen bemerkenswerten Kommentar: „Ehrlich gesagt – also nicht ehrlich, nein, schon ehrlich ..." Sie unterbrach sich und lachte. Dann setzte sie wieder an: „Also: Das Wort ‚aufrichtig' ist für mich richtig neu. Ich habe es bislang nur bei Beerdigungen gesagt, wenn ich jemandem aufrichtiges Beileid gewünscht habe. Auch dieses Wort werde ich vermehrt in meinen Wortschatz aufnehmen. Von ‚aufrichtigen Menschen' habe ich bislang noch gar nicht gesprochen. Damit kann ich ja einmal anfangen!"

21. Tipp für den Alltag

Lenken Sie Ihre Aufmerksamkeit auf das Thema Ehrlichkeit.

Geben Sie den Worten „ehrlich" und „aufrichtig" Raum in Ihrem Denken und Sprechen.

Finden Sie jeweils drei Sätze, in denen diese beiden Wörter einen guten Platz haben. Integrieren Sie sie in Ihren Sprachgebrauch.

Beobachten Sie, was in dieser Zeit in Ihrem Leben geschieht. Machen Sie diese Übung vier Wochen lang.

Die Treue in der Alltagssprache

So eine treulose Tomate!

Die Treue ist ein weiterer hoher Wert. Wir sprechen von der Treue in einer Ehe, in einer Partnerschaft und in einer Freundschaft. Treue Freunde sind ein großer Schatz. Die Treue ermöglicht es den Beteiligten, auch durch Schwierigkeiten hindurch beieinander zu bleiben und füreinander da zu sein.

Nicht nur Menschen, auch Tiere können treu sein. Es gibt rührende Geschichten von manch einem treuen Hund, der beharrlich auf dem Grab seines verstorbenen Herrn sitzen geblieben ist. Das ist Treue bis über den Tod hinaus.

Es gibt einen weiteren großen Bereich, in dem das Wort „treu" selten geworden ist oder sogar fehlt: Es ist der große berufliche Bereich. Manche Mitarbeiter bleiben ihrer Firma über viele Jahre treu. Das sagt nur noch kaum jemand so. Heute heißt es eher, dass jemand „schon seit Ewigkeiten" in der Firma ist.

Inzwischen ist es eher die Ausnahme, wenn ein Mitarbeiter zwanzig und mehr Jahre in einer Firma bleibt. Ist in Firmen mit dem Wort „treu" auch diese lange Betriebszugehörigkeit verschwunden? Es mag lohnend sein, das Wort wieder in Betriebe zu tragen und es dort regelmäßig zu gebrauchen – wohlbemerkt als „treu" und nicht als „untreu".

In den Medien ist eher das Wort „Veruntreuung" zu hören als das Wort „treu". Das sollte uns zu denken geben.

Ich gehe einen Schritt weiter. Wie steht es mit der Treue zu sich selbst? Wenn Menschen sich selbst treu bleiben, dann bedeutet dies, dass sie zu ihren Zielen und ihrer inneren Grundeinstellung, zu ihren Werten stehen. Dies wiederum setzt voraus, dass sie Ziele und Werte haben und diese auch kennen. Wenn Menschen ihre Ziele und Werte verraten, dann werden sie sich selbst untreu. Dann gehen sie gleichsam mit sich selbst fremd.

Menschen, die sich selbst nicht treu sind, kommen in ihrem Leben leicht aus der Spur. Sie sind wie ein Fähnchen im Wind. Ihnen fehlt ein innerer Halt. Dann klammern sie sich hilfesuchend an eine anderen und suchen an ihm Halt. Doch machen sie dies nicht aus Treue.

Interessanterweise kommt das Wort „Halt“ in der Alltagssprache weit häufiger vor als das Wort „Treue“ und mögliche Ableitungen davon. „Halt“ ist oft eine Floskel und sagt scheinbar nichts – und doch zeigt der Sprecher damit viel: „Ich rufe dich halt an. Dann kommst du halt noch einmal zu mir.“ In dem „Halt“ können mehrere Bedeutungen mitschwingen. Der Halt, nach dem jemand sucht, ist häufig. Der Partner jedoch will gern ein echter Partner sein und kein Rettungsanker auf Dauer.

Das Wort „Treue“ spielt in der Alltagssprache eine erschreckend geringe Rolle. Dafür gebrauchen manche Menschen es da, wo es wirklich fehl am Platz ist: Was hat eine Tomate mit Treue zu tun? Was ist eine „treulose Tomate“? Bedauerlicher Weise finden manche Menschen diese Bezeichnung witzig – doch gehen sie recht nachlässig mit dem Begriff der Treue um.

Das Wort „Treue“ kommt in der Alltagssprache in etlichen Zusammensetzungen und Ableitungen vor. Sie haben eine neutrale Bedeutung und haben wenig mit „Treue“ zu tun:

Dazu gehören Wörter wie „Treuhänder“, „Treuhandgesellschaft“ und „Betreuer“. Ein „Betreuer“ verwaltet die Aufgaben eines Menschen, der dazu selbst nicht oder nicht mehr in der Lage ist und „unter Betreuung“ steht. Der Betreuer hat selten ein persönliches Interesse an dem, den er „betreut“. Die irreführende Bezeichnung dieser Berufsgruppe lässt leicht falsche

Erwartungen entstehen, den die einzelnen Betreuer kaum erfüllen können.

In den Wörtern „treudoof", „treulos", „untreu" und „veruntreuen", steht „treu" in einer negativen Bedeutung. Der „Getreue" ist aus der Mode gekommen – hoffentlich nur das Wort.

22. Tipp für den Alltag

Schenken Sie dem Wort „Treue" Ihre Aufmerksamkeit. Wann sagen Sie es?

Schreiben Sie auf, wem oder was Sie treu sind oder lange Jahre treu geblieben sind.

Schreiben Sie auch auf, wer Ihnen treu ist oder über eine lange Zeit treu war: Familienangehörige, Freunde, Mitarbeiter, Kollegen, ein Tier … Fühlen Sie bitte den Dank für das Geschenk der Treue, das andere Ihnen machten und machen.

Beobachten Sie, was als Folge Ihrer erhöhten Aufmerksamkeit für das Wort „Treue" in Ihrem Leben geschehen wird.

Achtung: Achtung!

Das Wort „Achtung" ruft bei den einzelnen Menschen unterschiedliche Bilder hervor. Bevor ich dieses Thema näher beleuchte, lade ich Sie ein, mit dem Wort „Achtung" eine Wortprobe zu machen. Sagen Sie bitte zweimal halblaut und langsam: „Achtung – Achtung." Horchen Sie bitte wieder in sich hinein.

Wie klingt das Wort in Ihnen nach? Welches Bild haben Sie vor Ihrem inneren Auge?

Vielleicht gehören Sie zu den Menschen, die eine Gefahr vor sich sehen und einen anderen Menschen mit dem Ausruf oder Hinweis „Achtung!“ warnen.

Es kann auch sein, dass Sie die Achtung empfinden, die ein Mensch vor einem anderen Menschen hat.

Und als drittes kann es sein, dass Sie mit „Achtung“ den militärischen Appell „Achtung!“ gespeichert und gleich die Hacken zusammengeschlagen haben.

Ich nehme an, dass Sie das Wort „Achtung“ in unterschiedlichen Bedeutungen und in unterschiedlichen inhaltlichen Zusammenhängen gebrauchen. Was auch immer Sie sagen oder sagen wollen – Ihre Speicherungen schwingen bei jeder Meinungsäußerung und in jedem Gespräch mit und haben Einfluss auf die Botschaft, die den Gesprächspartner erreicht, selbst wenn Ihnen und ihm dies nicht bewusst ist. Diese unterschwelligen Botschaften können das Gespräch stören und sind eine Quelle für Missverständnisse.

Gleichzeitig reaktivieren Sie als Sprechender die Erfahrungen, die Sie mit dem Wort „Achtung“ gemacht haben, und laden neue Situationen der gleichen Art in Ihr Leben ein.

Die Grundform von „Achtung“ ist das Wort „achten“. Bereits hier gibt es mehrere Möglichkeiten, dieses Wort zu gebrauchen: Ich kann „jemanden oder etwas achten“ und ich kann auch „auf jemanden oder etwas achten“.

Das Wort „achten“ findet sich in vielen Ableitungen und Redewendungen. Ich nenne eine Auswahl: „jemanden oder etwas beachten“, „beachtlich“, „Beachtung“, „beobachten“, „Beobachtung“, „eine Sache für gut erachten“, ein „Gutachten“, „jemanden oder etwas missachten“, „Missachtung“ und „jemanden oder etwas verachten“ und die „Verachtung“.

Mit der Nachsilbe „-sam“ gibt es des Weiteren das Wort „achtsam“ und davon abgeleitet die „Achtsamkeit“. Diese letzten beiden Wörter sind im Allgemeinen kaum gebräuchlich.

Ich lade Sie ein zu betrachten, welche Wörter mit „achten" Sie in Ihrer Sprache haben. Machen Sie sich dabei bitte bewusst, dass sie alle das Grundwort „achten" beinhalten.

Mit dem bewussten „Achten" wächst der achtsame Umgang mit uns selbst und mit unserem Umfeld. Achten bedeutet, jemanden und etwas so anzunehmen, wie er, sie oder es ist, und achtsam mit ihm umzugehen. Achten bedeutet nicht, dass jemand alles gut heißt, was ein anderer Mensch gemacht hat oder macht.

Das Achten gehört zu den Grundwerten in unserem Umgang miteinander und mit der Schöpfung. Es ist Teil des vierten Gebotes: „Du sollst Vater und Mutter ehren, damit du lange lebest und es dir wohlergehe auf Erden." Interessanterweise ist dies das einzige Gebot, das eine Verheißung enthält. Hier wird klar: Es geht um uns selbst. Nicht die Eltern profitieren in erster Linie von unserer Achtung. Die Achtung vor den Eltern ist fundamental.

Manche Menschen sagen, dass sie bestimmte Eigenschaften ihrer Eltern achten können und andere wieder nicht. Das ist weit entfernt vom wahrhaftigen Achten. Achtung ist unteilbar. Die Achtung vor den Eltern schafft Frieden im eigenen Herzen und in der Folge auch im Umfeld.

Diese innere Haltung braucht Zeit, um zu wachsen. Bedeutsam ist die eigene Bereitschaft, damit zu beginnen, einen jeden Menschen zu achten – auch sich selbst. Den Entschluss für diese Entwicklung kann jeder jederzeit fassen. Dies ist die Frage eines Bruchteils einer Sekunde.

Beides hat miteinander zu tun. Doch ist es wichtig zu wissen: Erst kommt das Geben und erst danach das Nehmen.

Das heißt, wenn jemand sich wünscht, dass andere ihn achten, dann liegt es an ihm, zuerst seinerseits andere Menschen zu achten - auch solche, die er noch nicht achten kann.

Die Sprache hilft auch hier.

Julia wählte „achtsam"

Julia hatte mit dem Wort „Achtung" nur Gefahr gespeichert. Sobald sie dieses Wort hörte, geriet sie innerlich in starke Anspannung. Sie hatte mit ihm etliche schreckliche Erlebnisse gespeichert. Es war für sie anfangs ein Reizwort.

So bot ich ihr ein anderes Wort aus derselben Wortfamilie an. Ich wählte das Wort „achtsam". Es war für sie völlig neu. Sie hatte es in ihrem Leben noch nie bewusst gebraucht. Es kam ihr fremd und sonderbar vor. Doch löste es bei ihr anders als das Wort „Achtung" weder Anspannung noch Angst aus. So war sie bereit, sich auf dieses für sie neue Wort einzulassen.

Ich bat sie, das Wort „achtsam" einmal ganz langsam zu sagen und sich dabei jeden einzelnen Laut auf der Zunge zergehen zu lassen. Ich sagte es ihr zweimal vor. Dabei artikulierte ich das Wort langsam und deutlich: „achtsam". Ich sprach die Nachsilbe „-sam" mit einem stimmhaften „S" wie in „Sonne" und „summen" und mit einem deutlichen „A".

Mir war bekannt, dass die meisten Menschen diese Nachsilbe mit einem stimmlosen „S" und mit einem etwas verwaschenen „A" aussprechen. Ich wollte Julia das Wort gleich so vorgeben, wie es am schönsten klingt und schwingt. Dann bat ich sie um eine Wortprobe. Sie sagte zweimal „achtsam – achtsam". Sie machte es spontan mit einem stimmlosen „S". Ich machte sie darauf aufmerksam. Sie wollte die Wortprobe noch einmal machen. Beim zweiten Mal gelang ihr das stimmhafte „S" leicht. Sie wiederholte noch einige Male „achtsam – achtsam –achtsam –achtsam", innerlich tastend und in sich hinein horchend.

Dann sagte sie: „Ich merke, dass mir das Wort gut tut. Das Wort nehme ich in meine Sprache auf!" Dann lachte sie kurz auf und meinte mit einem breiten Grinsen: „Das stimmhafte

„S“ wird eine spezielle Herausforderung für mich!“ und strahlte fröhlich in die Runde.

In den nächsten Tagen und Wochen integrierte sie das Wort „achtsam“ in ihren Sprachgebrauch. Sie sagte dem Kollegen nun nicht mehr: „Martin, sei vorsichtig mit dem neuen Gerät.“ Jetzt sagte sie stattdessen „Martin, sei bitte achtsam mit dem neuen Gerät!“

Sie fand im Beruf und auch privat zahlreiche Gelegenheiten, dem neuen Wort in ihrem Denken, Sprechen und Fühlen Raum zu geben. Sie spürte, dass es ihr gut tat.

In einem weiteren Schritt bot ich Julia das Verb „achten“ und seine Ableitungen an. Mit dieser Vorbereitung konnte sie dann auch das Substantiv „Achtung“ in ihre Sprache aufnehmen, und zwar in der Bedeutung, dass jemand einem anderen Menschen Achtung erweist.

Mit diesen gezielten, wohldosierten Änderungen der gewohnten Ausdrucksweise machte Julia eine bemerkenswerte Entwicklung. Ihre frühere fast dauerhafte Anspannung ließ schon bald nach, und sie gewann sichtbar Selbstvertrauen und Sicherheit.

Thomas lernte seinen Chef zu achten

Thomas hatte seit einigen Wochen einen neuen Chef. Er fand ihn furchtbar und war froh, wenn er ihn weder sah noch hörte. Der Chef hatte erst kürzlich seine Position bekommen und führte das erste Mal eine so große Zahl von Mitarbeitern. Bei aller fachlichen Kompetenz, die er hatte, benahm er sich wie ein Elefant im Porzellanladen. Ihm ermangelte es an jeglichem Einfühlungsvermögen für seine Mitarbeiter. Er forderte und überforderte sie. Gleichzeitig herrschte er sie an und machte sie schlecht. Die Stimmung war allgemein miserabel.

Aus dieser Situation schien es für Thomas keinen Ausweg zu geben. Er litt und krankte an den zahlreichen Kränkungen. Gespräche mit dem Chef fruchteten nicht. Er schmetterte sie ab. In der Folge erkrankte Thomas wiederholt.

Ich begleitete Thomas schon seit einigen Monaten. Er hatte bereits einige sprachliche Anregungen aufgenommen und in seinen Alltag integriert. Auf diese Weise hatte er schon viel erreicht. Nur mit seinem neuen Chef kam er beim besten Willen nicht weiter.

So fragte er mich erneut um Rat. Ich sagte, dass aus meiner Sicht die Achtung vor dem Chef der Schlüssel zur Lösung sei, und fragte ihn, ob er seinen Chef in seiner Position als Chef achten könne. In einer Mischung von Fragen und Entsetzen antwortete er mir daraufhin: „Nein! Unmöglich! So einen Unmenschen kann und will ich nicht achten!"

Wir hatten schon eine Weile vorher ein ausgiebiges Gespräch zum Thema Achten gehabt. Dies griff ich nochmals auf. Achten bedeutet, einen Menschen in seinem So-Sein, in seiner Position und mit seiner Geschichte als Menschen zu achten. Achten ist keineswegs gleichbedeutend damit, das, was er tut oder getan hat, gutzuheißen. In Hinblick auf Thomas' Chef bedeutete dies, dass Thomas ihn als seinen Chef achtet und seine Position anerkennt.

Thomas hatte zwei Möglichkeiten, die ihn weiterbringen konnten: Entweder er achtet ihn als seinen Chef oder er kündigt und geht. Die dritte Möglichkeit wollte er nicht weiter leben: Er hadert weiter mit ihm, missachtet ihn als Chef und leidet an der Situation und wird am Schluss möglicherweise richtig krank.

Als Thomas erkannte, dass er letztlich sich selbst etwas Gutes tut, wenn er seinen Chef als seinen Chef achtet, entschied er sich bewusst dafür, ihn zu achten. Er freundete sich allmählich mit dem Gedanken an, seinen Chef in der weit entfernten Firmenzentrale anzurufen und ihm seine Achtung zum Ausdruck zu bringen.

Ich machte ihm klar, dass seine Achtung für den Chef noch lange nicht bedeutet, dass der Chef auch ihn als Mitarbeiter achtet. Ich warnte ihn ausdrücklich davor, irgendeine Erwartung in dieser Richtung zu entwickeln. Jedoch sagte ich ihm, dass die Achtung, die er dem Chef gebe, irgendwann auch ihm selbst wieder zuteilwerden würde, wenn auch wahrscheinlich auf einem ganz anderen Weg und in einem gänzlich anderen Kontext und auch von einem anderen Menschen.

Schließlich konnte Thomas sich auf meine Empfehlung einlassen. Er empfand die nun folgenden Sätze tief und ehrlich. Nun konnte er anrufen. Er setzte sich in seinem Büro auf seinen Stuhl, stellte beide Füße auf den Boden, sammelte sich und wählte die Telefonnummer. Dann hörte er das Telefon in der weit entfernten Stadt klingeln. Die Assistentin hob das Telefon ab. Er grüßte sie freundlich und ließ das Gespräch zu seinem Chef durchstellen. Dieser meldete sich kurz und knapp: „Bäumler, ja bitte?"

Thomas meldete sich ausführlich: „Guten Morgen, Herr Dr. Bäumler! Ich bin Thomas Weidlinger aus X. – Herr Dr. Bäumler, ich will Ihnen etwas Bedeutsames sagen: Ich achte Sie als meinen Chef! Sie sind der Chef und ich bin Ihr Mitarbeiter. Ich danke Ihnen für alles, was ich bei Ihnen lernen darf und sicher auch noch lernen werde!"

Danach folgte eine kurze Pause. Diese wurde zur Ewigkeit. Thomas hörte nur das Knacken in der Leitung und seinen eigenen Pulsschlag. das Herz klopfte ihm bis zum Hals. Er atmete tief und gleichmäßig und bewahrte so seine Ruhe so gut als möglich. Dann hörte er Herrn Dr. Bäumlers Stimme. Er räusperte sich und sagte dann: „Herr Weidlinger, ich danke Ihnen für Ihre Worte. Ach, wissen Sie, ich bin zu jung für diesen Job. Ich bin gerade zwei Monate älter als Sie!“ Dann folgte wieder ein Schweigen.

Nun sagte Thomas: „Herr Dr. Bäumler, ich ahne, wie es Ihnen geht. Ich tue von hier aus für Sie, was ich kann, und ich bin Ihnen gegenüber loyal! Darauf können Sie zählen.“

Mit diesem Gespräch wendete Thomas das Blatt. Herr Dr. Bäumler wurde in dem Maß, wie es ihm möglich war, im Umgang mit Thomas spürbar freundlicher. Und Thomas fand seinen Frieden mit ihm. Er konnte ihn von nun an nehmen, wie er ist.

Einige Wochen später kam der nächste Schritt: Thomas bekam wieder einen neuen Chef und seine nächste Lernaufgabe. Die eine hatte er bravourös gelöst.

Die Achtung, die Thomas seinem Chef gegenüber zum Ausdruck gebracht hatte, erfuhr er seinerseits Monate später in vielfacher Weise in einem neuen Umfeld. Durch sein eigenes mutiges Handeln hatte er beständig Achtung und Wertschätzung in sein eigenes Leben eingeladen. Nun konnte er ernten.

Ausklang

Jedes Wort wirkt und schafft Wirklichkeit. Es ist eine der größten Gaben der Menschheit, dass wir durch unser Denken und Sprechen nicht nur Geschöpfe, sondern auch Schöpfer sind.

Wir leben in einer Zeit der globalen Wandlung. Jeder Einzelne hat dabei die Möglichkeit und auch die Verantwortung, Neues mitzugestalten. Er kann und soll das in die Welt hineinbringen, was er sich und der Welt wünscht. Mit seinem Denken und Sprechen formuliert er eine neue Wirklichkeit.

Jedes Wort wirkt! Lingva Eterna erinnert an dieses uralte Wissen und weist einen Weg, achtsam mit der Kraft der Sprache umzugehen. Jeder Mensch kann in seinem persönlichen Lebens- und Wirkungsbereich auf seine eigene Sprache achten und sich damit verantwortungsvoll in die Gesellschaft einbringen.

Glauben Sie nicht, dass es die Umstände sind, die Sie an Ihrem Glück hindern oder dass andere sich ändern müssen, damit es Ihnen besser geht. Glauben Sie auch nicht, dass Sie zu klein sind und selbst nur wenig ausrichten können.

Glauben Sie jedoch an Ihre eigene Kraft und an die Kraft Ihrer Gedanken und Ihrer bewussten Sprache!

Wir können alle viel mehr bewirken als wir ahnen – wenn wir es nur wollen und daran glauben. Die nötige Hilfe wird dabei von oben kommen.

Ich wünsche Ihnen mit Lingva Eterna viel Freude, Leichtigkeit und Wunder-volle Erfahrungen.

Seien Sie behütet!

Erlangen, Juni 2022
Mechthild R. von Scheurl-Defersdorf

Anhang

Kontaktadresse

Haben Sie Interesse, das im Buch Erfahrene zu vertiefen? Dafür bietet das Lingva Eterna Institut für bewusste Sprache Seminare, Coaching und Ausbildungen an:

Lingva Eterna Institut für bewusste Sprache
Mechthild R. von Scheurl-Defersdorf
Gartenstraße 4
90762 Fürth
Tel. 0911-47774560
Fax 0 0911-47774568
www.lingva-eterna.de
mechthild.v.scheurl-defersdorf@lingva-eterna.de

Bei Interesse nehmen Sie bitte Kontakt auf.

Literaturhinweise zum Lingva Eterna Konzept

Bücher:

Deutlich reden, wirksam handeln. Wie Kinder das Leben entdecken, Mechthild R. von Scheurl-Defersdorf, überarbeitete Neuausgabe 2021, Herder Verlag Freiburg

Ein lautes Ja zum Leben sagen. Zufrieden werden mit bewusster Sprache, Mechthild R. von Scheurl-Defersdorf und Theodor von Stockert, 1. Aufl. 2020, Herder Verlag Freiburg

Ich verstehe, was du meinst. Die Kraft der Sprache für ein glückliches Miteinander, Mechthild R. von Scheurl-Defersdorf, überarbeitete und erweiterte Neuausgabe 2018, Herder Verlag Freiburg

Jedes Wort wirkt. LINGVA ETERNA in der Pädagogik, Hrsg. Mechthild R. von Scheurl-Defersdorf, überarbeitete und erweiterte Neuausgabe 2020, Lingva Eterna Verlag Erlangen

Meine Sprache und ich. Mit Sprachstruktur Persönlichkeit entwickeln, Theodor von Stockert, 2. Aufl. 2016, Lingva Eterna Verlag Erlangen

Sieben Tage achtsam sprechen, Mechthild R. von Scheurl-Defersdorf, Neuausgabe 2021, Herder Verlag Freiburg

Sprache und Wirkung. Das Praxishandbuch für erfolgreiche Kommunikation, Mechthild R. von Scheurl-Defersdorf und Theodor von Stockert, 1. Aufl. 2020, Lingva Eterna Verlag Fürth

Hörbuch:

In der Sprache liegt die Kraft. Sich selbst und andere führen, Mechthild R. von Scheurl-Defersdorf und Theodor von Stockert, 2. Aufl. 2012, Lingva Eterna Verlag Erlangen

Audiobook zum Downloaden und Streamen:

Einfach mehr erreichen – das LINGVA ETERNA® Konzept, Mechthild R. von Scheurl-Defersdorf und Theodor von Stockert, 1. Aufl. 2020, Lingva Eterna Verlag

Kartensätze:

Das Kommunikationsmodell, Kartenset mit Begleitbuch, überarbeitete Neuausgabe 2021, Lingva Eterna Verlag Erlangen

Die Kraft der Sprache, 80 Karten für den täglichen Sprachgebrauch, Mechthild R. von Scheurl-Defersdorf, überarbeitete Neuausgabe 2020, Lingva Eterna Verlag Erlangen

Die Kraft der Sprache, 40 Karten für Pädagogen, Mechthild R. von Scheurl-Defersdorf, 2. Aufl. 2016, Lingva Eterna Verlag Erlangen

Die Kraft der Sprache, 40 Karten für die Sprache im Pflegebereich, Mechthild R. von Scheurl-Defersdorf, 4. Aufl. 2018, Lingva Eterna Verlag Erlangen

Register

A

drei A 138–141
aber 157–159
achtsam 230, 232
Achtung 229–236
Ahnung, keine 204–206
Aktiv 93–97
aufrichtig 226
Aufforderungssatz, siehe Satzarten
Aussagesatz, siehe Satzarten
Ausstrahlung 41, 51, 92, 155

B

Bandwurmsätze, siehe Satzbau
behutsam 30, 216
bejahen, 102, 110, 116, 117, 119, 123, 194
bewerten 106, 218, 220–223
Bogensätze 61–64, 164, 168–171
brauchen 124–126

D

danken 161, 171–175
Dankbarkeit 55, 112, 174, 175, 196
Dativ 87–93
denken 11–13, 17–19, 23–28, 44, 55–57, 68, 69, 85, 92–94, 114–117, 179
Denkmuster 13, 92, 100, 117, 137, 149, 202
Druck 19, 30, 31, 45, 46, 63, 104–109, 128
dürfen, siehe Modalverben

E

ehrlich 65, 98, 111, 122, 156–159, 174, 224–226
Eigenverantwortung 61, 93
einkaufen 66, 149–153, 163
entscheiden 38
Entsprechungen 14, 35, 117, 177, 178, 194, 196
Entsprechungsprinzip 14, 117, 178
Essen bestellen 142–145
Etymologie 123

F

Feldenkrais-Methode 19
Fleiß 216
finden 197–204
Fragesatz, siehe Satzarten
Frieden 192, 194, 222, 231
fühlen 23–25, 27, 28, 31, 41, 42, 104, 196, 197
Futur, siehe Zeiten

G

geben 92, 173,192, 231
Gedanken 15, 23–26, 28, 31, 43, 52, 59, 61
Genitiv 87–93
Geschenk 28, 171–175, 178, 189, 190, 229
Gesundheit 33, 62, 118, 127, 128, 194
Gewalt 184–189

H

Handeln 11, 13, 25, 38, 41, 57, 67, 68, 85, 94, 95, 113, 128
Hetze 179

K

klappen 36, 37, 50
Klarheit 15, 21, 27, 56, 66–68, 73, 82, 86, 100, 144, 163, 165, 169
können, siehe Modalverben
Körper 25, 28, 30, 37, 70–72, 118, 161, 184, 194–197
Körperhaltung/-bewegung 36, 39, 40, 51, 72, 97, 226
Körpersprache 36, 37, 70, 71, 72
Komplimente 156–163
Kopf 23, 26, 27, 37, 40, 76, 97, 119, 132, 194, 221–223
Kraft 16, 23, 25, 28, 31, 40–42, 119, 133–136, 208, 219, 237
Krieg 43, 124, 153, 184, 189–195

L

Laute 123, 129–136, 220
Lautieren 131, 133, 135, 219
Lebensthemen 35, 177–179, 215

M

Modalverben:
brauchen, nicht 99
dürfen 99, 100, 110–114
können 66, 99, 102–104, 110–112, 142, 144, 151, 152
mögen 99, 101, 143
müssen 30, 45, 46, 99, 100, 104–109, 11, 114, 124, 180, 183, 184

sollen 99, 100
wollen 99–102, 111
mögen, siehe Modalverben
Mußestunden 182, 183
Muster 13, 41, 48, 69, 73, 92, 112, 143, 158, 167, 177, 198, 200, 202, 225
müssen, siehe Modalverben

N

Namen, vollständige 147, 211, 212
Negationen 114, 116–123, 137
nehmen 173, 231

O

Ordnung 55, 56, 73, 84, 89, 163, 165, 167

P

Passiv 12, 69, 94–98, 100, 162
Pausen 30, 59, 60–63, 90, 96, 111, 113, 139, 141, 163–165, 171, 235
Perfekt, siehe Zeiten
Plusquamperfekt, siehe Zeiten
Präsens, siehe Zeiten
Potenzial 25, 27, 131, 212
Prägung 35, 43, 59, 100, 119, 137, 150, 154, 172, 198
Präsenz 14, 15, 27, 40, 41, 119
Präteritum, siehe Zeiten
Problem 40, 45–47
Punkt 18, 50, 57, 58–64, 163, 170, 171

S

Satzarten
Aufforderungssatz 51, 64, 65, 168
Aussagesatz 51, 57, 58, 64, 65, 69, 70, 163, 168, 171
Fragesatz 62, 64, 65, 70
Satzbau
Bandwurmsätze 165, 166
Stummelsätze 52, 53, 137
Sätze, vollständige 15, 18, 50, 52–54, 57, 143, 152, 159, 161, 162, 170, 171
Sätze, vollständige, siehe Satzbau
Satzmelodie 57, 64, 67, 70, 74, 92, 108, 142, 163–165, 168–171, 177, 178
Säulen, drei 14, 15
Satzprobe 146, 157, 164, 167
schnell 12, 30, 37, 104, 126, 179, 180, 184
sollen, siehe Modalverben
Speicherungen 19, 29, 31, 32, 35, 36, 230
Sprachmuster 138, 143, 149, 152, 177, 188, 200, 202
sprechen 11, 13, 31, 41, 62–64, 83, 107, 129–131, 138–140, 159, 164–167, 178–180
Sprechtempo 29, 36, 108
stärken 14, 99, 107, 112, 148
Stummelsätze, siehe Satzbau
suchen 197–204

T

telefonieren 145–149
Treue 227–229

V

Verstand 24, 55, 56
Verneinungen, sehe Negationen
Vorname 208–213
Vorwurf 70, 71, 91, 97

W

wählen 38, 146, 171, 202
Wechselwirkung 14, 32, 56, 57, 61, 75, 152, 177, 178
weil 56, 166
Werte 215–223, 227, 228, 231
Wertschätzung 7, 15, 66, 84, 111, 236
Wirksamkeit 12, 31, 68
wohlfühlen 13, 128, 131–134, 192, 196, 197
wohlwollend 152, 194, 224
wollen, siehe Modalverben
Wortprobe 28–32, 46, 90, 124, 131, 183, 190, 216, 224, 229, 232
Wortschatz 9–15, 29, 32, 34, 42, 43, 126, 149, 163, 177–179, 184, 186, 188, 189, 193, 202, 225, 226
Wortwahl 13, 44, 45, 63

Z

Zeiten
Futur 81–86, 108, 109, 111, 122
Perfekt 75–83
Plusquamperfekt 77, 78, 80
Präsens 76, 78, 81–83
Präteritum 76–80